Ghisl

Hector Malot

Alpha Editions

This edition published in 2024

ISBN : 9789361479519

Design and Setting By
Alpha Editions
www.alphaedis.com
Email - info@alphaedis.com

As per information held with us this book is in Public Domain.
This book is a reproduction of an important historical work. Alpha Editions uses the best technology to reproduce historical work in the same manner it was first published to preserve its original nature. Any marks or number seen are left intentionally to preserve its true form.

Contents

PREMIÈRE PARTIE...- 1 -
DEUXIÈME PARTIE...- 50 -
TROISIÈME PARTIE..- 99 -
QUATRIÈME PARTIE..- 151 -
NOTICE SUR «GHISLAINE»...- 229 -

PREMIÈRE PARTIE

I

Une file de voitures rangées devant le double portique de l'ancien hôtel de Brissac, devenu aujourd'hui la mairie du Palais-Bourbon, provoquait la curiosité des passants qui savaient lire les armoiries peintes sur leurs panneaux, ou simplement les couronnes estampées sur le cuivre et l'argent des harnais:—couronne diadémée et sommée du globe crucifère des princes du Saint-Empire, couronne rehaussée de fleurons des ducs, couronne des marquis et couronne des comtes.

—Un grand mariage.

Mais à regarder de près, rien n'annonçait ce grand mariage: ni fleurs dans la cour, ni plantes dans le vestibule, ni tapis dans les escaliers; comme en temps ordinaire, le va-et-vient continuel des gens qui montaient aux bureaux de l'état-civil ou à la justice de paix, dont c'était le jour de conciliation sur billets d'avertissement et de conseils de famille.

Au haut de l'escalier, dans le grand vestibule du premier étage et dans les étroits corridors du greffe, ceux qui étaient appelés pour les conciliations et pour les conseils de famille attendaient pêle-mêle; de temps en temps un secrétaire appelait des noms et des gens entraient tandis que d'autres sortaient dans l'escalier à double révolution. C'était un murmure de voix qui continuaient les discussions que la conciliation du juge de paix n'avait pas apaisées.

Le secrétaire cria:

—Les membres du conseil de famille de la princesse de Chambrais sont-ils tous arrivés?

Alors il se fit un mouvement dans un groupe composé de six hommes, d'une dame et d'une jeune fille qui attendaient dans un coin, et qu'à leur tenue, autant qu'à leur air de n'être pas là, il était impossible de confondre avec les gens de toutes classes qui encombraient la salle.

—Oui, répondit une voix.

—Veuillez entrer.

—Mon oncle, dit la jeune fille en s'adressant à celui qui venait de répondre, lady Cappadoce demande si elle doit nous accompagner.

—Ma foi, je n'en sais rien.

—Puisque c'est le conseil de la famille, dit lady Cappadoce d'un air de regret et avec une intonation bizarre formée de l'accent anglais mêlé à l'accent marseillais, je suppose qu'il est mieux que je reste ici.

—Probablement. Veuillez donc nous attendre. Prends mon bras, mignonne.

Tandis que les membres du conseil de famille suivaient le secrétaire, lady Cappadoce, restée seule debout au milieu de la salle, regardait autour d'elle.

—Si madame veut en user, dit un tonnelier qui causait avec un croque-mort assis à côté de lui sur un banc, on peut lui faire une petite place.

—Merci.

—Où il y a de la gêne, il n'y a pas de plaisir. C'est de bon coeur.

Elle s'éloigna outragée dans sa dignité de lady que cet individu en tablier se permît cette familiarité, suffoquée dans sa pudibonderie anglaise qu'il lui proposât une pareille promiscuité; et elle se mit à marcher d'un grand pas mécanique, les mains appliquées sur ses hanches plates, les yeux à quinze pas devant elle.

Pendant ce temps le conseil de famille était entré dans le cabinet du juge de paix.

La ligne paternelle à droite de la cheminée, dit le secrétaire en indiquant des fauteuils, la ligne maternelle à gauche.

Prenant une feuille de papier, il appela à demi-voix:

—Ligne paternelle: M. le comte de Chambrais, oncle et tuteur; M. le duc de Charment, cousin; M. le comte d'Ernauld, cousin. Et mademoiselle? demanda-t-il en s'arrêtant.

—Mademoiselle Ghislaine de Chambrais, pour l'émancipation de laquelle nous sommes ici, dit M. de Chambrais.

—Très bien.

Puis se tournant vers la gauche, il continua:

—Ligne maternelle: M. le prince de Coye, M. le comte de La Roche-Odon, M. le marquis de Lucilière, amis.

Il vérifia sa liste:

—C'est bien cela. M. le juge de paix est à vous tout de suite.

Assis à son bureau, le juge de paix était pour le moment aux prises avec un boucher, dont le tablier blanc, retroussé dans la ceinture, laissait voir un fusil à aiguiser les couteaux, et avec une petite femme pâle, épuisée manifestement autant par le travail que par la misère.

—Contestez-vous le chiffre de la dette? demandait le juge de paix à la femme.

—Non, monsieur.

—Alors nous disons dette reconnue, continua le juge de paix en écrivant quelques mots sur un bulletin imprimé. Quand paierez-vous ces vingt-sept francs soixante qui, avec les quatre-vingt-dix centimes pour avertissement, font vingt-huit francs cinquante?

—Aussitôt, que je pourrai, n'ayez crainte, nous sommes assez malheureux de devoir.

—Il faut une date; quel délai demandez-vous?

—La fin du mois, dit le boucher, il y a assez longtemps que j'attends.

—Nous voilà dans la morte saison. Mon homme est à l'hôpital, il n'y a que mon garçon et moi pour faire marcher notre boutique de reliure... S'il y avait de l'ouvrage!

—Croyez-vous pouvoir payer cinq francs par mois régulièrement? demanda le juge de paix.

—Je tâcherai.

—Il faut promettre et tenir votre promesse, ou bien vous serez poursuivie.

—Je tâcherai; la bonne volonté ne manquera pas.

—C'est entendu, cinq francs par mois, allez.

Le boucher paraissait furieux, et la femme était épouvantée d'avoir à trouver ces cinq francs tous les mois.

Mademoiselle de Chambrais, qui avait suivi cette scène sans en perdre un mot, se leva et se dirigea vers la femme qui sortait:

—Envoyez, demain, à l'hôtel de Chambrais, rue Monsieur, lui dit-elle vivement, on vous donnera une collection de musique à relier.

Et sans attendre une réponse, elle revint prendre sa place.

Libre enfin, le juge de paix s'excusait, en s'adressant à tous les membres du conseil de famille, de les avoir fait attendre.

—C'est sur la demande de M. le comte de Chambrais, dit-il, que vous êtes convoqués pour examiner la question de savoir s'il y a lieu d'émanciper sa pupille, mademoiselle Ghislaine de Chambrais, qui vient d'accomplir ses dix-huit ans, d'hier, si je ne me trompe?

—Parfaitement, répondit le comte de Chambrais.

Un sourire passa sur le visage de tous les membres du conseil, mais le juge de paix garda sa gravité.

—C'est pour que vous voyiez vous-même que ma nièce est en état d'être émancipée, continua M. de Chambrais, que je l'ai amenée.

—Je ne vois pas que mademoiselle de Chambrais ait l'air d'une émancipée, dit le juge de paix en saluant.

C'était, en effet, une mignonne jeune fille, plutôt petite que grande, au type un peu singulier, en quelque sorte indécis, où se lisait un mélange de races, et dont le charme ne pouvait échapper même au premier coup d'oeil. Ses cheveux, que la toque laissait passer en mèches sur le front, derrière en chignon tordu à l'anglaise sur la nuque, étaient d'un noir violent, mais leur ondulation et leurs frisures étaient si souples et si légères que cette chevelure profonde, coiffée à la diable, avait des douceurs veloutées qu'aucune teinte blonde n'aurait pu donner.

Bizarre aussi était le visage fin, enfantin et fier à la fois, à l'ovale allongé, au nez pur, au teint ambré éclairé par d'étranges yeux gris chatoyants, qui éveillaient la curiosité, tant ils étaient peu ceux qu'on pouvait demander à cette figure moitié sévère, moitié mélancolique qui ne riait que par le regard et d'un rire pétillant. Il n'y avait pas besoin de la voir longtemps pour sentir qu'elle était pétrie d'une pâte spéciale et pour se laisser pénétrer par la noblesse qui se dégageait d'elle. Sa bonne grâce, sa simplicité de tenue ne pouvaient avoir d'égales, et dans son costume en mousseline de laine gros bleu à pois blancs, avec son petit paletot de drap mastic démodé dont la modestie voulue montrait un mépris absolu pour la toilette, elle avait un air royal que l'être le plus grossier aurait reconnu, et qui forçait le respect; et c'était précisément à cet air que le juge de paix avait voulu rendre hommage, en vieux galantin qu'il était.

—Au reste, c'est au conseil de se prononcer, dit-il.

—Nous sommes d'accord sur l'opportunité de cette émancipation, répondit M. de Chambrais.

Les cinq membres du conseil firent un même signe affirmatif.

—Alors, je n'ai qu'à déclarer l'émancipation, continua le juge de paix, et vous, messieurs, il ne vous reste plus qu'à nommer le curateur. Qui choisissez-vous pour curateur?

Cinq bouches prononcèrent en même temps le même nom:

—Chambrais.

—Comment! moi! s'écria le comte, et pourquoi moi, je vous prie, pourquoi pas l'un de vous?

—Parce que vous êtes l'oncle de Ghislaine.

—Parce que vous êtes son plus proche parent.

—Parce que vous avez été son tuteur.

—Parce que ses intérêts ne peuvent pas avoir un meilleur défenseur que vous.

Ces quatre répliques étaient parties en même temps. Il allait leur répondre, quand le vieux comte de La Roche-Odon, qui n'avait rien dit, plaça aussi son mot:

—Parce que, depuis huit ans, vous avez été le meilleur des tuteurs, parce que vous l'aimez comme une fille, parce qu'elle vous aime comme un père.

M. de Chambrais resta bouche ouverte, et son visage exprima l'émotion en même temps que la contrariété:

—Certainement, dit-il, j'aime Ghislaine, elle le sait, comme je sais qu'elle m'aime; mais enfin, vous me permettrez bien de m'aimer aussi un peu, moi, et de penser à moi. C'est pour suivre ma fantaisie que je ne me suis pas marié. Quand mon aîné a pris femme, je suis resté auprès de notre mère aveugle, et pendant treize ans elle ne s'est pas un seul jour appuyée sur un autre bras que le mien pour monter à sa chambre. L'année même où nous l'avons perdue, cette enfant—il se tourna vers Ghislaine—est devenue orpheline, et j'ai dû veiller sur elle. Aujourd'hui, la voilà grande et, par le sérieux de l'esprit, la sagesse de la raison, la droiture du coeur, en état de conduire sa vie; elle a dix huit ans, moi j'en ai cinquante.... Il s'arrêta et se reprit—enfin j'en ai plus de cinquante, il me reste peut-être cinq ou six années pour vivre de la vie que j'ai toujours désirée...je vous demande de m'émanciper à mon tour; il n'en est que temps.

—Je ferai remarquer à ces messieurs, dit le juge de paix, que M. le comte de Chambrais, ayant été tuteur et ayant, en cette qualité, un compte de tutelle à rendre, ne peut assister la mineure émancipée à la reddition de ce compte en qualité de curateur, puisqu'il se contrôlerait ainsi lui-même.

—Vous voyez, messieurs, s'écria M. de Chambrais triomphant.

—Mais, continua le juge de paix, si vous nommez un tuteur *ad hoc* à l'effet de recevoir le compte de tutelle, vous pouvez, si telle est votre intention, confier la curatelle à M. le comte de Chambrais.

—Vous voyez, s'écrièrent en même temps les cinq membres du conseil de famille.

—Je vois que c'est odieux, que c'est une tyrannie sans nom.

—La mission du curateur ne consiste pas à agir pour le mineur émancipé, dit le juge de paix d'un ton conciliant, mais seulement à l'assister pour la bonne administration de sa fortune et dans quelques autres actes.

—Mais comment voulez-vous que j'assiste utilement ma nièce dans l'administration de sa fortune, quand j'ai si mal administré la mienne?

—En huit ans vous avez accru d'un quart celle de votre pupille.

Toutes les protestations de M. de Chambrais furent inutiles; malgré lui et malgré tout, il fut nommé curateur.

Quand on sortit du cabinet du juge de paix, il resta en arrière avec le duc de Charmont.

—Que faites-vous ce soir? demanda-t-il.

—Nous dînons avec des gueuses au café Anglais, et après nous allons à la première des Bouffes.

—Si Ghislaine ne me retient pas à dîner, j'irai vous rejoindre; en tout cas, gardez-moi une place dans votre loge.

II

Un haut mur, une grande porte, des branches au-dessus, c'est tout ce qu'on voit de l'hôtel de Chambrais dans la rue Monsieur, où il a son entrée; mais quand cette porte s'ouvre pour le passage d'une voiture, on l'aperçoit dans sa belle ordonnance, au milieu de pelouses vallonnées qui, entre des murailles garnies de lierres et masquées par des arbres à haute tige, se prolongent jusqu'au boulevard des Invalides. Enveloppée dans les jardins des couvents voisins, il semble que ce soit plutôt une habitation de campagne que de ville, et ses deux étages en pierre jaune, sans aucun ornement, élevés au-dessus d'un perron bas, ses persiennes blanches; son toit d'ardoises à lucarnes toutes simples accentuent encore ce caractère.

Évidemment, quand les Chambrais ont, au dix-huitième siècle, abandonné leur vieil hôtel du quartier du Temple pour faire bâtir celui-là, ils avaient en vue le confortable et l'agrément plus que la richesse de l'architecture ou de la décoration, et leur but a été atteint: il y a de plus belles, de plus somptueuses demeures dans ce quartier, il n'y en a pas de mieux ensoleillée l'hiver et de plus discrètement ombragée l'été, de plus agréable à habiter, avec de la lumière, de l'air, de l'espace, de plus tranquille, où l'on soit mieux chez soi.

Quand Ghislaine et son oncle revinrent de la justice de paix, ils n'entrèrent pas dans l'hôtel.

—Si nous faisions une promenade dans le jardin, proposa M. de Chambrais.

Ghislaine savait ce que cela voulait dire; c'était le moyen que son oncle employait lorsqu'il voulait l'entretenir en particulier, en se tenant à distance de lady Cappadoce et de ses oreilles toujours aux aguets: le temps était doux, le ciel radieux, le jardin se montrait tout lumineux et tout parfumé des fleurs de mai avec les reflets rouges des rhododendrons épanouis qui éclairaient les murs, les oiseaux chantaient dans les massifs; ce désir de promenade devait donc paraître tout naturel sans qu'on eût à lui chercher des explications de mystère ou de secret, mais précisément rien ne paraissait naturel à la curiosité de lady Cappadoce, et tout lui était mystères qu'elle voulait pénétrer.

Pourquoi se serait-on caché d'elle? Ne devait-elle pas connaître tout ce qui touchait son élève? Si à chaque instant elle affirmait bien haut «qu'elle n'était pas de la famille,» en réalité, elle estimait que Ghislaine était sa fille. Ce n'est pas en gouvernante qu'elle l'avait élevée, c'était en mère. Une Cappadoce n'est pas gouvernante. Si le malheur des temps l'avait obligée, à la mort de son mari, officier dans l'armée anglaise, à accepter de diriger l'éducation de cette enfant, elle n'avait pas pour cela cessé d'être une lady, et c'était en lady qu'elle voulait être traitée, le malheur n'avait point abattu sa fierté, au contraire; les

Cappadoce valaient bien les Chambrais sans doute, et même, en remontant dans les âges, il était facile de prouver qu'ils valaient mieux.

Quand elle vit le comte et Ghislaine se diriger vers le jardin, elle fit quelques pas en avant pour se rattacher à eux:

—Que faisons-nous ce soir? demanda-t-elle, restons-nous à Paris, ou partons-nous pour Chambrais?

—Mon oncle, c'est à vous que la question s'adresse, dit Ghislaine; si vous me faites le plaisir de rester à dîner je couche ici, sinon je retourne à Chambrais.

Le comte parut embarrassé, Il y avait tant de tendresse dans l'accent de ces quelques mots, qu'il comprit qu'il allait la peiner s'il n'acceptait pas cette invitation; mais d'autre part il sentait que ce serait un si cruel désappointement pour lui de ne pas rejoindre le duc de Charmont, qu'il ne savait quel parti prendre.

—C'est que Charmont m'a demandé de dîner avec lui, dit-il enfin.

Le regard que sa nièce attacha sur lui l'arrêta.

—Je ne lui ai pas promis, reprit-il vivement, parce que je pensais bien que tu voudrais me garder; et cependant il a beaucoup insisté, il s'agit pour lui d'une décision grave à prendre.

—Il faut y aller, mon oncle.

—Si tu le veux....

—Nous partirons pour Chambrais à cinq heures, dit Ghislaine en se tournant vers lady Cappadoce.

—Comme tu dois revenir à Paris très prochainement pour la reddition du compte de tutelle, nous dînerons ensemble ce jour-là, je te le promets.

Satisfait de cet arrangement qui, selon lui, conciliait tout, M. de Chambrais passa son bras sous celui de sa nièce, et l'emmena dans le jardin. Penché vers elle, en lui effleurant les cheveux de sa barbe à la Henri IV qui commençait à grisonner, il avait l'air d'un grand frère qui s'entretient avec sa petite soeur bien plus que d'un tuteur ou d'un oncle. Et en réalité, c'était un frère qu'il avait toujours été pour elle, en frère qu'il l'aimait, en frère qu'il l'avait toujours traitée sans pouvoir jamais s'élever à la dignité d'oncle ou de tuteur. Tuteur, pouvait-on l'être quand pour la jeunesse du corps, de l'esprit et du coeur on n'avait pas trente ans? Il eût voulu jouer dans la vie les Bartolo, que pour son élégance et sa désinvolture, pour sa souplesse, son entrain, on eût bien plutôt vu en lui Almaviva, un peu marqué peut-être, mais à coup sûr un vainqueur.

—Et maintenant, mignonne, dit-il lorsqu'ils furent à l'abri des oreilles curieuses, que comptes-tu faire?

—Comment cela, mon oncle?

—Je veux dire: maintenant que tu es émancipée, comment veux-tu arranger ta vie?

—Est-ce que cette émancipation m'a métamorphosée d'un coup de baguette magique?

—Certainement.

—Je suis autre aujourd'hui que je n'étais hier, cet après-midi que je n'étais ce matin?

—Sans doute.

—Je ne le sens pas du tout, même quand vous me le dites.

—Tu as la volonté, la liberté; et je te demande comment tu veux en user.

—Mais simplement en continuant la semaine prochaine ce que j'ai fait la semaine dernière: demain, M. Lavalette viendra à Chambrais et me fera une conférence de littérature sur le Chatterton d'Alfred de Vigny; après-demain, je viendrai à Paris et je travaillerai de une heure à trois, dans l'atelier de M. Casparis, à mon groupe de chiens qui avance; vendredi, c'est le jour de M. Nicétas; nous ferons de la musique d'accompagnement.

—C'est le grand jour, celui-là; tu aimes mieux Mozart qu'Alfred de Vigny, et M. Nicétas que M. Lavalette.

—Je vous assure que M. Lavalette est très intéressant, il sait tout et il vous fait tout comprendre.

—Cependant tu préfères le jour de M. Nicétas.

—Je reconnais que la musique est ma grande joie.

—Pendant que j'ai encore une certaine autorité sur toi....

—Mais vous aurez toujours toute autorité sur moi, mon oncle.

—Enfin, laisse-moi te dire, ma chère enfant, que tu te donnes trop entièrement à la musique. Plusieurs fois, je t'ai adressé des observations à ce sujet. Aujourd'hui, j'y reviens et j'insiste, car tu m'inquiètes.

—Vous n'aimez pas la musique!

—Tu te trompes; j'aime la musique comme distraction, je ne l'aime pas comme occupation, et ce que je te reproche, c'est de ne pas t'en tenir à la simple distraction. Il en est d'elle comme des parfums; respirer un parfum par hasard, est agréable; vivre dans une atmosphère chargée de parfums, est aussi désagréable que dangereux. Tandis que la pratique des autres arts fortifie, celle de la musique poussée à l'excès affaiblit. Quand tu as modelé pendant deux ou trois heures dans l'atelier de Casparis, tu sors de ce travail allègre et vaillante; quand, pendant deux heures, tu as fait de la musique avec M. Nicétas, tu sors de cette séance les nerfs tendus, l'esprit alangui, le coeur troublé. On dit et l'on répète que la musique est le plus immatériel des arts; c'est le contraire qui est vrai: il est le plus matériel de tous. Il semble qu'elle agisse à l'égard de certaines parties de notre organisme en frappant dessus, comme les marteaux dans un piano frappent sur les cordes. Nos cordes à nous, ce sont les nerfs. Sous ces vibrations répétées, nos nerfs commencent par se tendre, et quand ils ne cassent pas ils finissent par s'user. De là ces virtuoses dévastés, détraqués, déséquilibrés que je pourrais te nommer, si cela n'était inutile avec les exemples que tu as sous les yeux. Trouves-tu que Nicétas, avec ses mouvements de hanneton épileptique, ses yeux convulsionnés, ses grimaces, soit un être équilibré? Cependant il est grand, fort, bien bâti, et a vingt-trois ans; il pourrait passer pour un beau garçon, sans ces tics maladifs. Trouves-tu que son maître Soupert, qui n'est qu'un paquet de nerfs, ne soit pas plus inquiétant encore dans sa maigreur décharnée?

—Est-ce que vraiment je suis menacée de tout cela? demanda-t-elle avec un demi-sourire.

—Je parle sérieusement, ma mignonne, et c'est sérieusement que je te demande de comparer Soupert à Casparis, puisque ce sont les seuls artistes que tu connaisses. Vois le statuaire superbe dans sa belle santé physique et morale; et, d'autre part, vois le musicien maladif et désordonné.

—Est-il donc certain que M. Casparis soit superbe par cela seul qu'il est statuaire, et que M. Soupert soit maladif par cela seul qu'il est musicien; leur nature n'est-elle pour rien dans leur état? En tout cas, comme vous n'avez pas à craindre que j'approche jamais du talent de M. Soupert, ni simplement de celui de M. Nicétas, j'échapperai sans doute à la maigreur de l'un comme aux tics épileptiques de l'autre. Je ne suis pas d'ailleurs la musicienne que vous imaginez, il s'en faut de beaucoup. Si j'ai fait trop de musique, c'est que j'étais dans des conditions particulières qui ont peut-être eu plus d'influence sur moi que mes dispositions propres. J'aurais eu des frères, des soeurs, des camarades pour jouer, que j'aurais probablement oublié mon piano bien souvent. Vous savez que mes seules lectures ont été celles que lady Cappadoce permettait, et ce que lady Cappadoce permet n'est pas très étendu. Je n'ai jamais été au théâtre. Dans la musique seule, j'ai eu et j'ai liberté complète. Voilà pourquoi je l'ai aimée; non seulement pour les distractions présentes, pour les sensations qu'elle me donnait, mais encore pour les ailes qu'elle mettait à mes rêveries... quelquefois lourdes... et tristes.

Il lui prit la main et affectueusement, tendrement, il la lui serra:

—Pauvre enfant! dit-il.

—Je ne me plains pas, mon oncle, et si j'avais des plaintes à former, je ne les adresserais certainement pas à vous, qui avez toujours été si bon pour moi.

—Ce que tu dis des tristesses de tes années d'enfance, je me le suis dit moi-même bien souvent, mais sans trouver le moyen de les adoucir. C'est le malheur de ta destinée que tu sois restée orpheline si jeune, sans frère, ni soeur, n'ayant pour proche parent qu'un oncle qui ne pouvait être ni un père ni une mère pour toi! Heureusement ces tristesses vont s'évanouir puisque te voilà au moment de faire ta vie et de trouver dans celle que tu choisiras les affections et les tendresses qui ont manqué à ton enfance.

—Vous voulez me marier? s'écria-t-elle.

—Non; je veux que tu te maries toi-même, et pour cela je demande qu'à partir d'aujourd'hui, quand tu mettras comme tu dis des ailes à ta rêverie, ce ne soit pas pour te perdre dans les fantaisies que la musique pouvait suggérer à ton imagination enfantine, mais pour suivre les pensées sérieuses que le mariage fait naître dans l'esprit et le coeur d'une fille de dix-huit ans.

—Vous avez quelqu'un en vue?

—Oui.

—Quelqu'un qui m'a demandée?

—Non; mais quelqu'un qui serait heureux de devenir ton mari, je le sais.

—Qui, mon oncle, qui?

—Je ne veux pas prononcer de nom; si je t'en dis un, tu partiras là-dessus, tu n'auras plus ta liberté; cherche dans notre monde qui tu accepterais pour mari, et aussi qui peut prétendre à ta main; quelqu'un que tu connais, au moins pour l'avoir vu; quand tu auras fait cet examen, nous en reparlerons.

—Quel jour? demain?

—Non, non, pas demain?

—Alors, après-demain?

—Eh bien! oui, après-demain! tu viendras pour travailler avec Casparis, je dînerai avec toi, et tu te confesseras. Je suis heureux de voir à ton impatience que tu n'es pas rétive à l'idée de mariage.

III

Malgré le trouble que lui avaient causé les paroles de son oncle, Ghislaine n'oublia pas la femme de la justice de paix; aussitôt que M. de Chambrais l'eut quittée, elle s'occupa à réunir tout ce qu'elle put trouver de musique non reliée.

Surprise de cet empressement, lady Cappadoce voulut savoir ce qu'elle faisait là, et Ghislaine le lui expliqua.

—Comment! s'écria le gouvernante, vous allez donner votre musique à relier à des gens qui n'ont pas de travail; mais s'ils n'ont pas de travail c'est qu'ils sont de mauvais ouvriers, et votre musique sera perdue. Croyez-moi, laissez une aumône si vous tenez à lui faire du bien.

—Elle ne demande pas l'aumône.

—Si elle est réduite à la misère que vous dites, comment voulez-vous qu'elle achète ce qui doit entrer dans ces reliures: la peau, le carton, le papier?

—Vous avez raison, je vais lui laisser une avance pour qu'elle puisse faire ces achats.

—Et dans la note qu'elle écrivait pour indiquer comment elle voulait que ces reliures fussent faites, elle plia un billet de cent francs.

A cinq heures, un coupé attelé en poste vint se ranger devant le perron, car pour aller à Chambrais, qui se trouve entre Orsay et Montlhéry, ou pour venir de Chambrais à Paris, ce n'était point l'habitude qu'on prit le chemin de fer: quatre postiers étaient attachés à ce service, et en leur laissant un jour de repos sur deux, ils battaient les locomotives de Sceaux—ce qui d'ailleurs n'est pas bien difficile.

Quand lady Cappadoce s'était trouvée exclue du tête-à-tête que M. de Chambrais avait voulu se ménager avec Ghislaine, elle avait compté sur ce voyage pour apprendre ce qui s'était dit dans cette longue promenade autour du jardin. Et ce n'était pas une curiosité vaine qui la poussait, le seul désir de savoir pour savoir, c'était son intérêt.

Maintenant que Ghislaine était émancipée, qu'allait-il se passer? Était-ce d'un projet de mariage que M. de Chambrais l'avait entretenue? La question. était pour elle capitale. Bien qu'elle montrât une navrante mortification d'en être réduite, elle, une lady, à vivre dans une position subalterne, en réalité, elle tenait à cette position qui n'était pas sans avantages. Et bien qu'elle affectât aussi de n'avoir que du dédain pour la France, le pays, ses moeurs et ses usages, en réalité elle tenait beaucoup à ne pas quitter cette France détestée pour retourner dans son Angleterre adorée. Superbe, l'Angleterre, admirable, incomparable pour tout... mais de loin. En somme, si malheureuse qu'elle fût, elle ne craignait rien tant que d'être obligée, par le mariage de Ghislaine, de renoncer à son malheur et à son humiliation.

A peine le coupé quittant la rue Oudinot roulait-il sur le boulevard des Invalides, qu'elle commença ses questions:

—Cette émancipation va-t-elle changer quelque chose dans nos habitudes? dit-elle de son ton le plus affable.

—C'est justement ce que mon oncle vient de me demander.

—Et vous lui avez répondu?

—Qu'étant aujourd'hui ce que j'étais hier, je ferais la semaine prochaine ce que j'avais fait la semaine dernière.

—Il est certain que l'émancipation ne confère pas tout d'un coup des grâces spéciales.

—Je ne sens pas qu'elle m'en ait conféré; et, si vous le voulez bien, je vais préparer ma leçon pour M. Lavalette, en lisant *Chatterton*.

Ce que lady Cappadoce voulait, c'était continuer la conversation sur ce sujet, mais déjà Ghislaine avait pris le Théâtre d'Alfred de Vigny dans une poche de la voiture et sa lecture était commencée; elle dut donc se contenter du peu qu'elle avait obtenu, ce qui d'ailleurs était rassurant: une enfant, qui pendant un certain temps encore ne serait qu'une enfant.

Mais quand elle remarqua les distractions avec lesquelles Ghislaine, ordinairement attentive et appliquée, faisait sa lecture, l'inquiétude prit la place de la confiance; certainement il s'était dit, entre l'oncle et la nièce, autre chose que ce que Ghislaine lui avait répété, et cette lecture n'était qu'un prétexte pour penser librement à cette autre chose.

A un certain moment, mordue plus fort par la curiosité, elle la questionna de nouveau; mais cette fois indirectement:

—Il me semble que *Chatterton* ne vous intéresse guère?

—Je réfléchis.

—C'est précisément ma remarque.

—Vous m'avez toujours dit qu'il ne fallait pas dévorer ses lectures.

—Encore faut-il les suivre.

—C'est ce que je vais faire.

Elle se plongea dans son livre sans relever les yeux, sinon pour lire, au moins pour échapper à ces interrogations. Elle avait bien l'esprit à la lecture, vraiment! aux amertumes de Chatterton ou aux gronderies du quaker! Quel sens pouvaient avoir ces paroles vaines, quand dans ses oreilles et dans son coeur retentissaient encore celles de son oncle?

Elle n'avait pas attendu le jour de son émancipation pour se dire qu'elle ne trouverait que dans le mariage les affections et les tendresses qui avaient si tristement manqué à sa première jeunesse; mais les idées qui depuis longtemps flottaient dans son esprit venaient de prendre corps par la forme précise que son oncle leur avait données et elles la jetaient dans un trouble qui l'emportait.

Quel était ce mari? Réaliserait-il les rêveries et les espérances dont son coeur se nourrissait depuis qu'elle avait commencé à juger la vie?

Jusqu'à sa dixième année, il n'y avait pas eu d'enfance plus heureuse que la sienne, et les souvenirs qui lui restaient de ce temps étaient tous pleins de joies: un père, une mère qui l'adoraient, et dont l'unique souci semblait être son bonheur; autour d'elle, une existence de fêtes qui lui avait laissé comme des visions de féeries: au château, dans les allées du parc, les brillantes cavalcades auxquelles elle était mêlée, galopant sur son poney à côté de sa mère; à l'hôtel de la rue Monsieur, les splendeurs des bals qu'elle entrevoyait avant l'arrivée des invités, et la musique qui, la nuit, la berçait dans son lit, et toujours à Paris, à la campagne, un entourage d'amis, une sorte de cour.

Et tout à coup la nuit s'était faite: plus de père, plus de mère, plus de fêtes, plus d'amis, l'abandon, la solitude, le silence. Le père avait été tué dans un accident de chasse. Huit jours après, la mère était morte d'un accès de fièvre chaude.

Du côté de son père, il lui restait un oncle, le comte de Chambrais, dont on avait fait son tuteur, et de nombreux cousins qui la rattachaient aux grandes familles de l'aristocratie française; du côté de sa mère, Espagnole de naissance, elle avait des oncles et tantes; mais, fixés tous en Espagne, ils ne pouvaient guère s'acquitter de leurs devoirs de parenté envers cette petite Française qu'ils connaissaient à peine.

Plus de tendresse, plus de caresses, plus de chaude affection dans la maison déserte: seulement de temps en temps un mot amical, un baiser de son oncle quand il venait la voir au château ou à l'hôtel, et plus souvent à l'hôtel qui était à Paris qu'au château où l'on n'arrivait qu'après un petit voyage. Et toujours la parole grave, le geste solennel, la leçon à propos de tout, de lady Cappadoce, bonne femme dans le coeur, mais dans le caractère, les manières, l'attitude toujours gouvernante, et gouvernante anglaise, froide, impeccable, infatuée de sa naissance, exaspérée de sa pauvreté, et convaincue qu'elle grandissait sa situation par sa dignité.

A dix ans, à onze ans, jusqu'à quatorze ans, Ghislaine avait accepté cette vie monotone, soumise et résignée, sans échappée au dehors, n'imaginant pas dans son impuissance enfantine qu'elle pût être autre. Si enfant qu'elle fût, elle comprenait que c'était par scrupule et pour qu'on ne l'accusât point de s'être débarrassé d'un devoir difficile, que son oncle, au lieu de la mettre au couvent, avait voulu cette éducation. Et quand elle le voyait se faire jeune et affectueux pour lui en adoucir les sévérités; quand elle voyait lady Cappadoce toujours attentive et toujours appliquée à sa tâche, ne pas dire un mot, ne pas faire une observation qui ne fussent dictés par la justice même, elle sentait qu'elle eût été ingrate de se plaindre. On était pour elle ce que les circonstances permettaient qu'on fût: un oncle n'est pas un père; une gouvernante n'est pas une mère; c'était là le malheur, la tristesse de sa situation qu'elle ne pouvait pas leur reprocher.

Mais la floraison de la quinzième année avait suscité en elle des échappées au dehors, qui étaient nées de ses souvenirs mêmes.

C'était en se rappelant les regards émus et les paroles de tendresse que sa mère et son père échangeaient en l'embrassant, qu'elle s'était dit que la morne solitude et les tristesses de son enfance ne se dissiperaient que le jour où elle se marierait. Pourquoi, alors, ne serait-elle pas heureuse comme sa mère l'avait été? Pourquoi le babil d'un enfant n'amènerait-il pas sur ses lèvres ces sourires qu'elle avait vu le sien provoquer sur celles de sa mère?

Et de même c'était en se rappelant les illuminations et les fleurs des grands appartements de l'hôtel aujourd'hui toujours fermés; c'était en retrouvant dans sa mémoire l'aspect superbe de la cour d'honneur du château les jours des grandes chasses, ou celui de la salle de spectacle les soirs où l'on jouait la comédie, qu'elle avait compris que tout cela ressusciterait quand elle se marierait.

Et voilà que le mari qu'elle avait rêvé; sans lui donner un corps, l'être idéal qui flottait indécis dans les féeries de son imagination devenait un personnage réel; il existait, il la connaissait; tout au moins il l'avait vue.

Où?

Elle n'était point de ces petites bourgeoises mondaines qui, à dix-huit ans, ont été partout; en vraie fille du monde où les traditions sont une religion, elle n'avait été nulle part! les offices à Saint-François-Xavier, quand parfois elle passait un dimanche à Paris; quelques rares visites chez des parentes à qui elle avait des devoirs à rendre, en janvier ou à de certains anniversaires; en mai, des séances d'étude au Salon depuis qu'elle travaillait la sculpture, et c'était tout; il lui était donc facile de remonter dans ses souvenirs en se demandant où elle avait vu «l'homme de son monde qu'elle accepterait pour mari et qui pouvait prétendre à sa main».

Évidemment, elle n'avait pas à chercher au Salon. Jamais personne n'y avait fait attention à elle. Tout d'abord, elle en avait été mortifiée, s'imaginant qu'elle valait bien un regard; mais elle n'avait pas tardé à comprendre que ceux qui ne la connaissaient pas n'allaient pas accorder ce regard à une fille simplement habillée, que pour le costume on pouvait prendre pour une jeune femme de chambre accompagnant sa maîtresse, plutôt que pour une fille de grande maison accompagnée de sa gouvernante.

C'est donc seulement dans des visites qu'elle avait pu se rencontrer avec ce mari, et parmi les jeunes hommes qui semblaient réunir les qualités dont parlait son oncle, elle n'en trouvait qu'un, un seul qui les eût toutes,—celles-là et beaucoup d'autres qu'elle était disposée à lui reconnaître,—le comte d'Unières. En tout elle ne l'avait pas vu trois fois, et ils n'avaient pas échangé dix paroles; mais certainement il était le seul qui fût l'incarnation vivante de l'être idéal dont elle avait si souvent rêvé.

Pourquoi? En quoi? Elle eût été bien embarrassée de le dire, ne sachant rien ou presque rien de lui, mais enfin elle sentait qu'il en était ainsi.

IV

C'était une règle, établie que Ghislaine se coucha tous les soirs à neuf heures et demie. Mais ce jour-là, si elle entra dans sa chambre à l'heure réglementaire, ce ne fut pas pour se mettre au lit. Elle était trop agitée pour penser à dormir, et après avoir fait le voyage de Paris à Chambrais sous les regards curieux de lady Cappadoce qui ne la quittaient pas, elle avait besoin d'être libre pour réfléchir: sa porte close, elle l'était.

Jusqu'à quinze ans, elle avait habité sa chambre d'enfant, à côté de sa gouvernante, au premier étage. Mais alors son oncle avait voulu qu'elle prît l'appartement de sa mère, qui se composait de quatre pièces au rez-de-chaussée, dans l'aile droite du château: un petit salon, une chambre à coucher qui était immense avec six fenêtres, deux sur la cour d'honneur, deux sur l'avant-cour et deux sur les jardins; un vaste cabinet de toilette avec salle de bain, et un autre cabinet où couchait une femme de chambre.

Lady Cappadoce s'était opposée à ce changement qui lui semblait amoindrir son autorité; mais c'était justement en vue de cet affaiblissement d'autorité que M. de Chambrais avait imposé sa volonté. Ne fallait-il pas préparer l'enfant à l'émancipation? Pour cela le mieux était de l'habituer à une certaine liberté. Chez elle, dans l'appartement qu'avaient toujours habité les princesses de Chambrais depuis deux cents ans, Ghislaine n'était plus une petite fille.

Une fois dans sa chambre, Ghislaine commença par éteindre sa lampe, puis ouvrant une des fenêtres qui donnent sur les jardins, elle resta à rêver en laissant sa pensée se perdre dans les profondeurs du parc qu'éclairait la pleine lune.

Respectueux de la tradition, les princes de Chambrais n'avaient apporté aucun changement aux dispositions primitives de leur château et de leur parc: tels ils les avaient reçus de leurs pères, tels il les avaient conservés. Chaque fois que les dégradations du temps l'avaient exigé, ils avaient fait réparer le château, mais sans jamais accepter des restaurations plus ou moins savantes qui auraient altéré son caractère. De même, pour le mobilier, ils avaient changé les étoffes toutes les fois qu'elles s'étaient trouvées usées, mais toujours en respectant l'harmonie de l'ensemble: ainsi, le meuble de la chambre de Ghislaine, qui dans son neuf, sous Louis XIV, était en velours de Gênes, avait été recouvert de velours à parterre sous Louis XVI et de nouveau en velours de Gênes lorsque plus tard celui-ci avait repris son ancien nom.

Dessinés par Le Nôtre, les jardins et le parc qui leur faisait suite n'avaient jamais subi les embellissements des paysagistes, et tandis qu'on voyait à Versailles le bassin de l'île d'Amour devenir le jardin du Roi, aux Tuileries les vieux parterres se moderniser, Chambrais restait ce qu'il avait toujours été avec ses avenues droites, ses arabesques de gazon et de buis, ses charmilles en portiques, ses ifs et ses cyprès taillés, ses pièces d'eau, ses bassins, ses escaliers, ses terrasses, ses balustres, ses vases de marbre et ses statues.

Bien souvent depuis trois ans, en entrant dans sa chambre, elle était ainsi venue s'asseoir à cette place. Certaine de n'être pas surprise par lady Cappadoce qui, habitant au-dessus d'elle, ne voyait pas cette fenêtre, elle pouvait rester là aussi longtemps qu'elle voulait. C'étaient les seuls moments de la journée où elle eût sa liberté d'esprit et ne fut pas exposée à entendre sa gouvernante, toujours aux aguets, lui dire de sa voix des rappels à l'ordre: «A quoi pensez-vous donc, mon enfant? Ne vous abandonnez pas aux fantaisies de la rêverie, n'est-ce pas?»

Quand on a soeurs, amis, camarades, confidents, on peut n'être pas bavard avec soi-même; mais des confidents elle n'en avait pas d'autres que cette partie du jardin et du parc que de cette fenêtre son regard embrassait. Sans doute, de dedans son lit, elle eût pu bien tranquillement se confesser à quelque coin de sa chambre ou à quelque meuble, mais ils n'eussent été que de muets confesseurs, tandis que le jardin et le parc étaient des êtres vivants qui lui parlaient. Que la neige couvrit la terre de son drap blanc, qu'au contraire le parfum des orangers passât dans l'air tiède, pourvu que la lune brillât, c'étaient de longues conversations qu'elle engageait avec ces arbres et ces statues: elle leur disait ce qu'elle avait dans le coeur ou dans l'esprit, et ils lui répondaient; et toujours elle les trouvait en accord avec ses sentiments: triste, ils étaient tristes aussi: «Tu te plains d'être abandonnée; mais nous? Tu te plains de ta solitude; mais la nôtre? Tu penses mélancoliquement au présent et à l'avenir en te rappelant le passé; et nous?»

Mais, ce soir-là, ce ne fut pas par des plaintes que ses confidents lui répondirent. Comme ils s'étaient associés à ses tristesses, ils s'associèrent à ses espérances: on allait donc revoir les fêtes d'autrefois; les promenades des amis dans les allées; les danses dans les charmilles illuminées; les joyeuses cavalcades qui traverseraient le parc pour gagner le rendez-vous de chasse dans la forêt.

L'entretien se prolongea, et la nuit était si douce, éclairée par la pleine lune de mai, parfumée par les senteurs des roses et des chèvrefeuilles, qu'il était tard lorsqu'elle se décida à fermer doucement sa fenêtre et se mettre su lit. Mais le sommeil ne vint pas tout de suite, et quand à la fin elle s'endormit, ce fut pour continuer son rêve de la soirée.

Le temps avait marché: on célébrait son mariage avec le comte d'Unières, dans l'église Saint-François Xavier; elle avait la toilette ordinaire des mariées, la robe de satin blanc et le voile en point d'Alençon. Mais le comte était en prince Charmant, celui de la *Belle au Bois dormant*, tel qu'elle l'avait vu dans les dessins de Doré: justaucorps de satin rose, toque à plumes, épée; en même temps, par un dédoublement de personnalité tout naturel dans un songe, elle assistait au baptême de son premier né.

Ce n'était point l'habitude de Ghislaine d'être distraite pendant ses leçons; mais le lendemain, quand M. Lavalette commenca son explication de *Chatterton*, elle montra une inattention qui frappa lady Cappadoce: évidemment, il se passait quelque chose d'extraordinaire.

Quand, la leçon finie, M. Lavalette se retira, la gouvernante l'accompagna jusque dans la cour où attendait la voiture qui devait le reconduire à la station.

—Je suppose, dit-elle en marchant près de lui, que vous avez remarqué le trouble de votre élève?

—Mon Dieu non, répondit le professeur qui n'était pas homme à remarquer quoi que ce fût quand il s'écoutait parler.

—C'est à peine si elle vous a entendu.

—Vraiment?

—Son esprit était ailleurs, et il n'y a rien d'étonnant à cela avec un pareil sujet.

—Mais il est anglais, ce sujet.

—Non, monsieur; dites que les personnages ont des noms anglais, je vous l'accorde, mais pour les sentiments, les idées, les moeurs, les actions, ces gens-là sont des Français, et voilà le mal, le danger: croyez-vous qu'un pareil sujet, traité comme il l'est, ne soit pas de nature à éveiller les idées d'une jeune fille?

—Et comment voulez vous que j'enseigne notre littérature contemporaine sans parler de ses oeuvres, typiques?

—Eh bien! monsieur, ne l'enseignez pas; tenez-vous en à des modèles plus anciens; pour moi, j'ai appris le français dans les *Mémoires de Joinville*, et je m'en suis bien trouvée.

—C'est un point de vue, dit le professeur, qui ne voulait pas engager une discussion inutile, je le soumettrai à M. le comte de Chambrais.

—Alors, je l'en entretiendrai moi-même demain, répliqua lady Cappadoce qui n'avait jamais admis qu'on lui répondit ironiquement.

Mais le lendemain elle ne put pas réaliser ce dessein, car lorsque M. de Chambrais arriva, il emmena Ghislaine dans le jardin comme il l'avait fait le jour de l'émancipation, et elle en fut réduite à les observer de derrière une persienne pour tâcher de comprendre à leur pantomime ce qu'ils se disaient; malheureusement, elle était si discrète, cette pantomime, qu'elle ne laissait rien deviner: la pluie, le beau temps, un mariage, une affaire d'intérêts, il pouvait être aussi bien question de ceci que de cela.

—Eh bien! mon enfant, as-tu pensé à ce que je t'ai dit avant-hier, avait commencé M. de Chambrais lorsqu'ils avaient été à une certaine distance de la maison?

—Oh! mon oncle, pouvez-vous le demander!

—Et tu as trouvé?

—Comment voulez-vous que je sache?

—En me disant le nom ou les noms qui te sont venus à l'esprit.

—Mais je vous assure que cela m'est tout à fait difficile; je n'ose pas.

—Pourquoi? Nos sentiments ne se décident-ils pas le plus souvent en vertu de certaines affinités mystérieuses dans lesquelles notre volonté ne joue aucun rôle? Ce que je te demande, c'est uniquement si parmi les jeunes gens que tu as vus et qui peuvent être des maris pour toi, il en est un, ou plusieurs, pour qui tu te sentes de la sympathie. Cela, rien de plus.

—Il y en a un qu'une jeune fille dans ma position pourrait, il me semble, accepter pour mari.

—Un seul?

—J'ai vu si peu de monde!

—C'est vrai. Eh bien! quel est ce mari possible?

Elle hésita un moment, détournant la tête pour cacher sa confusion, car il lui semblait que c'était là un aveu.

Son oncle lui prit le bras et, le passant sous le sien, il continua d'un ton tout plein d'une tendre affection:

—Crois-tu que je ne t'aime pas assez pour mériter d'être ton confident?

—Ce n'est pas du confident que j'ai peur, c'est de la confidence. Mais j'ai tort, je le sais, et ne veux pas plus longtemps me défendre sottement: j'ai pensé à M. d'Unières.

Il poussa une exclamation de joie.

—Eh bien! ma mignonne, c'est précisément de d'Unières qu'il s'agit. Tu vois maintenant combien j'ai eu raison de t'imposer cette épreuve... un peu aventureuse, j'en conviens. Elle est décisive, et me prouve que nous pouvons nous engager dans ce mariage avec la certitude qu'il sera heureux. Vous vous êtes vus quatre ou cinq fois....

—Trois.

—C'est encore mieux; les affinités dont je parlais se manifestent plus franchement; sans vous connaître, vous avez été l'un à l'autre attirés, par une sympathie qui ne demande qu'à devenir un sentiment plus tendre, et qui le deviendra. Tu m'aurais demandé un mari que je ne t'en aurais pas choisi un autre que d'Unières; tu as fait ce choix toi-même, c'est beaucoup mieux. De tous les jeunes gens que j'ai observés en pensant que j'aurais un jour la responsabilité de ton mariage, je n'en connais aucun qui soit comme lui digne de toi. Sa maison est ancienne; si sa fortune n'est pas l'égale de la tienne, elle est cependant suffisante; enfin c'est un homme d'intelligence supérieure et d'esprit sérieux. Au lieu de perdre sa jeunesse dans les frivolités à la mode, il a travaillé; il a fait de bonnes études en droit; il a voyagé, en séjournant dans les pays étrangers où il y a à apprendre, en Angleterre, en Allemagne, aux États-Unis, et avec le don de la parole qui est naturel chez lui, on peut être certain que, quand il entrera à la Chambre, il sera un des meilleurs députés de notre parti.

—Quel âge a-t-il donc?

—Il aura juste vingt-cinq ans à son élection. C'est pour la préparer qu'il est en ce moment dans son département. Il en reviendra dans six semaines. Et alors nous déciderons le mariage. Tu seras comtesse d'Unières, ma mignonne; et comme tu apporteras à ton mari la Grandesse d'Espagne, il pourra timbrer ses armes de la couronne ducale.

V

Si lady Cappadoce ne supportait que difficilement et à son corps défendant les leçons de littérature française contemporaine, par contre elle était passionnée pour celles de musique; que cette musique fût allemande, italienne ou française, ancienne ou nouvelle, peu importait, pour elle il n'y avait ni nationalité, ni âge. Tout à craindre de Lamartine, Hugo, Musset, Balzac, qui ne sont, comme chacun le sait, que des corrupteurs. Rien à redouter de Beethoven, Rossini, Verdi, qui sont des charmeurs. Infâme le rapt de la fille de Triboulet par François Ier; innocent, celui de la fille de Rigoletto par le duc de Mantoue.

Pour elle, il en était des professeurs comme de leur science ou de leur art; c'était ce qu'ils enseignaient qui les faisait prendre en grippe ou en tendresse et qui leur donnait certaines qualités ou certains défauts: M. Lavalette, le professeur de littérature française, ne pouvait être qu'un sacripant, et Nicétas, le professeur d'accompagnement, qu'un charmant jeune homme. A la vérité, on lui avait dit et répété sur tous les tons que M. Lavalette était un critique de grand talent, un esprit distingué, une conscience droite, en tout le plus honnête homme du monde, mais son antipathie ne pouvait pas admettre cela: on ne savait pas, on se trompait. Au contraire, elle était disposée à voir un ange dans Nicétas: en pouvait-il être autrement avec l'âme et la verve qu'il mettait dans son exécution?

Le supplice qu'elle éprouvait à écouter les leçons de l'un toujours trop longues, se changeait en ravissement à celles de l'autre toujours trop courtes. Installée dans un fauteuil vis-à-vis de Nicétas, elle ne le quittait pas des yeux, et tant que durait le morceau qu'il exécutait, elle restait plongée dans sa béatitude, dodelinant de la tête, battant la mesure avec ses deux pieds, et laissant de temps en temps échapper de petits cris que l'excès du plaisir lui arrachait.

Avec M. Lavalette, elle veillait de près à ce que l'heure de la leçon ne fût pas dépassée, et s'il se laissaient entraîner à des développements qui l'intéressait lui-même, ou s'il s'oubliait, elle avait une façon de tirer sa montre qui lui coupait net la parole; mais avec Nicétas, elle n'avait jamais eu de montre, et tant qu'il voulait bien jouer, elle écoutait: un morceau de musique ne s'interrompt pas comme une scène de comédie ou comme une pièce de vers; on va jusqu'au bout. Encore avait-elle d'ingénieuses ressources pour allonger la séance et même quelquefois pour la doubler.

Tout à coup, retrouvant sa montre oubliée, elle s'apercevait qu'il était trop tard pour que Nicétas pût prendre le train; il partirait par le suivant. Ou bien il pleuvait trop; ou bien il faisait trop chaud, ou bien trop froid: et, passant par dessus les règles de l'étiquette et des convenances, qui pourtant lui étaient si chères, elle le gardait à dîner au château. Que faire en attendant l'heure du dîner? De la musique. Et comme il eût été indiscret de continuer le travail de la leçon, ce qui eût ressemblé à une sorte d'exploitation, elle demandait les morceaux qui lui plaisaient.

Aucun autre professeur, n'eût été honoré par elle d'une pareille faveur, et le soleil eût pu dévorer la plaine, le verglas eût pu rendre la route impraticable sans qu'elle pensât à les retenir, mais Nicétas n'était pas un professeur comme les autres: d'abord il était musicien, et ce titre seul suffisait pour justifier toutes les faiblesses qui pour lui n'en étaient pas; et puis il y avait dans sa vie, sa naissance, ses habitudes et même dans son attitude des côtés mystérieux dont on parlait tout bas, qui plaisaient à l'imagination romanesque et chevaleresque de lady Cappadoce.

Jusqu'à l'année précédente, le maître de musique de Ghislaine avait été le compositeur Soupert, qu'on avait choisi autant pour son nom que parce que c'était un voisin de campagne: habitant Palaiseau, il lui serait facile de venir à Chambrais, sans grand dérangement et sans perte de temps. Mais si Soupert était un musicien de talent, par contre c'était bien pour la régularité le plus détestable professeur qu'on pût trouver: il n'y avait pas de meilleures leçons que les siennes; seulement, il fallait qu'il les donnât et surtout qu'il fût en état de les donner, ce qui n'arrivait que rarement.

Après une période d'éclat qui avait duré une vingtaine d'années, Soupert était redevenu dans sa vieillesse le bohème qu'il avait été dans sa jeunesse: rôdeur de brasserie de dix-huit à trente ans; habitué des salons où il promenait de trente à cinquante une fille de grande naissance qu'il avait épousée; à soixante, il vivait dans une masure du plateau de Palaiseau avec une blanchisseuse dont il avait fait sa seconde femme, sans avoir nettement conscience de la distance qui séparait celle-ci de celle-là.

Quand il avait été question de le donner pour professeur à Ghislaine, c'était à l'auteur du *Croisé* et des *Abencerrages* que M. de Chambrais avait pensé et non au vieux bohème de Palaiseau: de l'auteur du *Croisé* il se rappelait les succès au temps où il l'avait rencontré dans le monde, la réputation, le mariage extraordinaire; du bohème, il ne savait rien, si ce n'est qu'il habitait à une assez courte distance de Chambrais pour qu'on eût l'idée de s'adresser à lui, plutôt qu'à un musicien qui viendrait de Paris.

Mais il n'avait pas fallu longtemps pour que le bohème se montrât tel que la vie, la lutte et «le pas de chance» l'avaient fait. Partant de chez lui le matin pour venir à Chambrais, il s'arrêtait au premier cabaret de la côte de Palaiseau pour boire le vin blanc sur le zinc et prendre la force d'accomplir cette odieuse corvée qui consiste à donner une leçon de piano, au lieu de rester attablé tranquillement avec les ouvriers carriers et les paysans qui composaient maintenant sa société. Au cabaret du bas de la côte, il faisait une seconde halte. Au café de la Gare, il en faisait une troisième. S'il ne trouvait personne à qui causer, c'était bien, il prenait le train. Mais si un visage ami ou simplement connu lui souriait, il s'asseyait; les verres se succédaient, et au lieu d'être à Chambrais dans la matinée comme il le devait, il n'y arrivait qu'à deux ou trois heures de l'après midi.

—Retenu; à mon grand regret empêché; vous comprenez.

Et lady Cappadoce, si scrupuleusement exacte cependant, comprenait parfaitement.

—Les artistes sont esclaves de l'inspiration, tout le monde sait cela. Nous ne pouvons pas vous en vouloir d'un retard qui, peut-être, nous vaudra un nouveau chef-d'oeuvre.

En attendant le chef d'oeuvre qui se faisait attendre, ce que ce retard valait à Ghislaine et à lady Cappadoce, c'était une odeur de vin blanc mêlée à celle des liqueurs qui emplissait la salle de travail, et quand Soupert se mettait au piano, c'était qu'il frappât un *la* ou un *fa* au lieu d'un *sol*, incapable qu'il était de diriger ses doigts tremblants.

Un professeur de lettres ou de sciences eût apporté ces parfums, que lady Cappadoce n'eût éprouvé aucun embarras avec lui: elle l'eût tout de suite remercié; mais ce procédé expéditif était-il applicable à un musicien? à un maître tel que Soupert, dont elle avait les romances dans le coeur et les airs de danse dans les jambes? Elle ne l'avait pas pensé. Il fallait aviser, s'ingénier, chercher, trouver quelque moyen qui empêchât ces accidents de se produire. Que Soupert partît de chez lui pour venir directement sans s'arrêter en route, il n'aurait pas d'occasions de se parfumer à l'anisette ou au cassis. Pour cela, il n'y avait qu'à l'envoyer chercher en voiture.

Lorsqu'elle lui avait fait, avec toute la diplomatie dont elle était capable, cette proposition, il avait commencé par refuser:

—La promenade du matin est hygiénique.

Mais elle s'était montrée si pressante, qu'il avait dû accepter.

Il avait été calculé qu'il arriverait au château un peu avant neuf heures: la première fois qu'on alla le chercher, il arriva à dix heures et demie, et lady Cappadoce eut la douleur de constater que le professeur et le cocher étaient exactement dans le même état, pour s'être arrêtés à tous les bouchons de la route.

Boire avec un valet!

Il avait fallu prendre un parti, et Soupert avait été prévenu que, «à cause de l'irrégularité dans ses heures, qui dérangeaient tous les autres professeurs», mademoiselle de Chambrais renonçait à ses leçons.

Un autre que Soupert se fût fâché de ce remerciement; mais lui n'était pas homme à le prendre par le mauvais côté, et, bien qu'il lui enlevât deux cents francs par semaine, qui étaient à peu près sa seule ressource, il s'était tout de suite consolé en se disant que c'était la liberté qu'il recouvrait; maître de son temps désormais et n'ayant plus à se préoccuper de ces leçons, il aurait le loisir de faire les démarches nécessaires pour que son répertoire fût repris: c'était parce qu'on ne le voyait pas assez souvent qu'on le négligeait; il se montrerait.

Une seule chose l'avait contrarié: l'abandon d'une élève qui l'intéressait; elle était née musicienne, cette jeune fille, et il serait vraiment dommage qu'elle tombât entre de mauvaises mains: il ne fallait pas, il ne voulait pas qu'elle reçût maintenant les leçons de gens qu'il méprisait; et pour que cela n'arrivât pas, il avait proposé à lady Cappadoce de le remplacer par un de ses anciens élèves, celui qu'il avait formé avec le plus d'amour, en qui il mettait le plus d'espérances, qui le continuerait peut-être un jour: Nicétas.

Bien que les déceptions que Soupert lui avait causées eussent été cruelles et mortifiantes, lady Cappadoce avait encore assez confiance en sa probité d'artiste pour le croire en un pareil sujet. D'ailleurs, Nicétas offrait des garanties personnelles, il était premier prix de violon du Conservatoire de Vienne, premier prix également du Conservatoire de Paris. Et quand Soupert affirmait que le meilleur accompagnateur que pût trouver mademoiselle de Chambrais était ce jeune musicien, il semblait qu'on pouvait se fier à cette parole.

Mais Soupert, ne s'en tenant pas à ces titres sérieux qui recommandaient l'artiste, avait ajouté tout bas et confidentiellement des détails particulier sur l'homme dont lady Cappadoce s'était émue.

—Je dois vous dire que ce qu'est Nicétas au juste, je n'en sais rien.

—Mais alors....

—Évidemment il flotte dans une atmosphère mystérieuse. Quelle est sa nationalité? Je n'ai que des probabilités à ce sujet. Comment se nomme-t-il de vrai? Je l'ignore.

—Et vous le recommandez!

—Qu'il soit Russe, Français, Italien, qu'il s'appelle Alexis, Jacques, Emilio, cela ne lui donne ni ne lui retire du talent, et il me semble que c'est le talent seul qui doit vous influencer. En tout cas, c'est lui qui m'a fait m'intéresser à Nicétas. Un jour il vint me trouver à Palaiseau et me demander mes conseils, sinon mes leçons. Nous étions en été, et la poussière couvrait ses chaussures, la sueur ruisselait sur son visage comme s'il avait fait la route à pied. Je le questionnai. Il me répondit qu'en effet il était venu à pied. Huit lieues aller et retour pour me demander un conseil, cela me toucha. Je lui offris de se rafraîchir. Il dévora une miche de pain. Je me mis à sa disposition pour lui donner autant de leçons qu'il voudrait en prendre; ce fut le commencement de nos relations. Elles continuèrent sans que j'apprisse rien, ou à peu près rien sur lui, tant il était réservé et discret: il était remarquablement doué pour la musique; en toutes choses, son éducation avait été poussée beaucoup plus avant que ne l'est ordinairement celle des virtuoses; il parlait plusieurs langues, voilà tout ce que je savais de lui. Il y avait à peu près un an que je le connaissais, lorsque par hasard je lui parlai d'une de mes anciennes élèves que j'aimais beaucoup, qui allait partir pour la Russie et que j'aurais voulu servir dans ce pays. La façon dont je m'exprimais lui montra combien je m'intéressais à elle.—Je puis lui donner des lettres qui lui ouvriront quelques portes, me dit-il.—Vous avez habité la Russie?—Oui. Il me donna ces lettres; l'une était pour une grande duchesse, les autres pour des personnages de la plus haute noblesse. Vous comprenez ma stupéfaction: comment avait-il des relations dans ce monde, et telles qu'il pouvait y présenter quelqu'un? Malgré ma curiosité, je ne lui adressai pas de questions. A quelque temps de là, le hasard me fit monter chez lui, car après l'avoir fait engager aux Concerts populaires, je lui avais trouvé aussi quelques leçons, et il avait maintenant un chez lui, sous les toits. C'était la première fois que j'entrais dans sa chambre, sa pauvre chambre; au mur était accrochée une gravure, un portrait, celui d'un personnage revêtu d'un uniforme étranger chamarré de décorations: un nom avait été gravé au dessous, mais il était effacé; à côté se lisait, de l'écriture de Nicétas, que je connais bien, cette étrange inscription: «Haine éternelle.»

—Voilà qui est bizarre.

—Ce qui l'est plus encore, c'est qu'entre le personnage qui représente ce portrait et Nicétas, il y a une ressemblance frappante.

—Son père, alors.

—Je ne suis pas naturellement bien curieux, mais j'avoue que cette histoire du portrait, s'ajoutant à celle des lettres, m'intéressa. Je voulus en savoir un peu plus long, et sans forcer les confidences de Nicétas par des questions, lever un coin du voile dans lequel il s'enveloppe.

—Et vous y êtes arrivé?

—Non pas avec certitude, mais au moins avec des probabilités. Il serait le fils d'un personnage russe qui l'aurait eu d'une jeune fille de Nice, aimée pendant un séjour que ce personnage aurait fait dans le Midi. Obligé de retourner en Russie, ce personnage maria sa maîtresse à un professeur du Conservatoire de Marseille, et celui-ci, moyennant le paiement d'une grosse somme, reconnut l'enfant. Pendant sept ou huit ans, Nicétas vit auprès du mari de sa mère, mais martyrisé par celui-ci, il écrit à son vrai père qui vient le reprendre, le rachète, l'emmène en Russie et le fait élever dans sa propre famille avec ses autres enfants. Ce serait pendant ce temps qu'il aurait été le camarade de ceux et de celles pour qui il m'a donné des lettres de recommandation. Un jour son père meurt et l'enfant naturel est chassé de la maison paternelle. Jeté sur le pavé, il vient je ne sais comment à Vienne, entre au Conservatoire où il obtient un premier prix, et arrive enfin à Paris où il en obtient un autre.

Il n'en fallait pas tant pour que l'esprit romanesque de lady Cappadoce s'enflammât; mais c'était presque un personnage de roman, ce jeune musicien; de plus, il avait de la naissance, une naissance illustre, à coup sûr, car sur ce point sa certitude d'Anglaise affolée de supériorité aristocratique allait plus vite et plus loin que les probabilités de Soupert.

—Amenez-le, cher monsieur Soupert.

Quand elle l'avait vu arriver au château, amené par Soupert, elle n'avait plus douté de cette naissance illustre.

Évidemment ce jeune homme de vingt-trois ans, de grande taille, large d'épaules, à la tête énergique et bizarre, aux longs cheveux noirs qui lui retombaient sur le cou et sur le front en boucles frisées, était quelqu'un.

Peut-être y avait-il de l'affectation dans le désordre voulu de cette chevelure tortillée en serpents; peut-être les yeux ardents qui brillaient, à travers ces mèches ramenées en avant, au lieu d'être rejetées en arrière, cherchaient-ils à donner à leur regard une expression peu naturelle, toujours en quête d'un effet quelconque; mais qu'importait, cela n'empêchait pas qu'il fût étrangement original,—comme il convenait à un homme de son sang.

Un Romanof—elle était sûre que c'en était un—maître de musique de la princesse de Chambrais; au-dessus de lui une Cappadoce, c'était bien.

VI

Autant Soupert avait été irrégulier dans ses leçons, autant Nicétas était exact dans les siennes; si l'un avait toujours été en retard, l'autre était toujours en avance.

Quand il arrivait ainsi trop tôt, il demandait au concierge de ne pas l'annoncer par un coup de cloche, et se glissant par la petite grille entr'ouverte, il se promenait en attendant son heure dans les jardins: lady Cappadoce le voyant alors errer à petits pas, la tête tournée vers le château, s'attendrissait sur lui:

—Le pauvre garçon, se disait-elle, il rêve au château de ses pères.

Et, par la pensée, elle s'envolait sur les bords de la Néva, où elle avait décidé, sans aucune raison pour cela bien entendu, que devait se trouver ce château.

—Comme il doit souffrir de cette misérable vie de musicien en la comparant à celle de ses frères, et jamais une plainte, jamais une allusion; le stoïcisme!

Elle trouvait que, par là, il se rapprochait d'elle, qui jamais non plus ne faisait allusion à ses grandeurs déchues, et cette ressemblance le lui rendait plus sympathique encore.

Elle eût voulu lui offrir les consolations d'un coeur qui avait passé par ces épreuves, mais comment? Il portait si dignement le malheur.

Ne pouvant rien pour lui franchement, elle s'ingéniait par de petits moyens détournés à lui prouver qu'une femme qui avait, elle aussi, du sang royal dans les veines—elle descendait des rois d'Écosse incontestablement—compatissait à son infortune et qu'il n'était pas seul. Quand il arrivait par un temps froid, elle veillait à ce qu'il se réchauffât avant sa leçon; quand c'était par une journée de soleil, elle lui faisait servir des rafraîchissements, quoi qu'il fît pour s'en défendre; tout cela accompagné de bonnes paroles, de câlineries, de cajoleries; une mère n'eût pas eu plus de prévenances avec un fils.

Dans son élan de compassion elle eût souhaité que Ghislaine s'associât à elle, sinon avec la même franchise, au moins avec une sympathie secrète. Malheureusement, Ghislaine ne voyait dans Nicétas qu'un professeur comme les autres, moins ennuyeux que certains autres, parce qu'elle aimait l'art qu'il enseignait; mais c'était tout. Si lorsqu'il entrait, elle l'accueillait toujours avec plaisir, ce plaisir était simplement celui d'une musicienne heureuse de jouer avec un artiste de talent; elle n'avait aucune arrière-pensée et ne se doutait pas que cet artiste, réduit à toucher un cachet, était un Romanof. Comment l'idée lui en serait-elle venue? Ce n'était pas à une jeune fille de son âge, élevée comme elle l'avait été, qu'on pouvait parler des hontes de cette illustre origine.

C'était le lundi et le vendredi que Nicétas venait à Chambrais; le vendredi qui suivit l'émancipation de Ghislaine, il arriva comme toujours en avance. L'heure de la leçon était trois heures; un peu après la demie de deux heures, lady Cappadoce l'aperçut se promenant dans le jardin; en apparence il donnait toute son attention aux fleurs des plates-bandes, mais en réalité il tournait assez souvent la tête vers le château pour qu'on devinât sa préoccupation: il pensait à la Néva!

La journée était brûlante; d'un ciel bleu vaporeux pommelé de blanc tombait une chaleur lourde qui le força à s'abriter dans un berceau d'ifs taillés ras, et là, ne se sachant pas observé, il resta la tête franchement levée sur l'aile du château qu'il avait devant lui,—celle habitée par Ghislaine. De la fenêtre derrière laquelle elle était, lady Cappadoce ne lui voyait point les yeux, cachés qu'ils étaient comme toujours par les cheveux rabattus sur le front, mais à l'attitude générale, on pouvait suivre sa pensée: Chambrais lui rappelait le château de la Néva, et en l'observant avec cette fixité, il revivait, le pauvre jeune homme, les années de sa jeunesse, celles qu'il avait passées dans les joies de la famille et la paix du coeur, auprès de son père, entre ses frères et soeurs.

Au coup de trois heures, il se leva et, après avoir secoué sa longue chevelure emmêlée et l'avoir arrangée avec ses doigts sur son cou et sur son front, il se dirigea vers le château. Aussitôt, lady Cappadoce descendit pour être auprès de Ghislaine quand il entrerait.

Elle était toujours bizarre cette entrée, et étudiée pour produire un effet quelconque. Tantôt il paraissait tomber du ciel, engourdi dans un ravissement séraphique; tantôt, au contraire, on aurait pu croire qu'il surgissait directement de l'enfer, désespéré.

Ce jour-là, c'était la période du recueillement; après avoir adressé une longue et basse inclinaison de tête à Ghislaine sans prononcer un mot, une autre un peu moins longue et moins basse à lady Cappadoce, il tira son violon de la boîte dans laquelle il dormait depuis trois jours, l'accorda avec soin, et se mit à son pupitre; alors seulement il daigna ouvrir les lèvres:

—Quand vous voudrez, mademoiselle.

La séance devait se composer de deux parties l'une réservée au déchiffrage, l'autre à l'exécution de morceaux déjà travaillés; ce fut par le déchiffrage qu'ils commencèrent, et comme pendant les hésitations, les arrêts, les reprises, lady Cappadoce pouvait se laisser distraire par les choses extérieures, elle remarqua bientôt que le ciel se couvrait et que le vent s'était élevé.

—Un orage! Mais alors elle aurait un prétexte pour retenir Nicétas, et prolonger la musique de deux heures au moins.

Cependant, avec sa prudence accoutumée, elle ne dit rien tout de suite; ce fut seulement quand les roulements du tonnerre se rapprochèrent qu'elle prépara son invitation.

—Est-ce que votre soirée est engagée aujourd'hui? demanda-t-elle, entre deux morceaux.

—Non, madame

—C'est heureux, car je crains bien que vous ne puissiez pas partir à votre heure habituelle; je crois que nous allons être assaillis par un orage terrible.

Il ne répondit rien, mais si elle l'avait observé d'un peu près, elle aurait remarqué qu'il attachait sur Ghislaine un regard dont l'expression était pour le moins étrange.

Les coups de tonnerre éclatèrent de plus en plus forts, l'obscurité s'épaissit, les nuages que roulait le vent crevèrent en une trombe d'eau.

Ghislaine s'arrêta de jouer.

—Décidément, dit lady Cappadoce, vous ne pourrez pas partir.

Mais Ghislaine, qui avait depuis longtemps deviné les malices de sa gouvernante, et trouvait qu'il était peu délicat de payer d'un dîner les heures prises de cette façon, voulut intervenir:

—Si vous avez besoin de rentrer à Paris, dit-elle, on fera atteler pour vous reconduire à la gare.

—Je n'ai nullement besoin de rentrer; personne ne m'attend.

—Alors nous vous gardons à dîner, dit lady Cappadoce.

—Mais, madame....

—C'est entendu....

Elle sonna pour qu'on transmît ses ordres au maître d'hôtel.

L'orage, qu'elle avait annoncé terrible, fut au contraire assez faible, les roulements du tonnerre s'éloignèrent, la pluie cessa, et Nicétas aurait très bien pu repartir pour la gare à son heure habituelle, mais puisqu'il avait promis de rester, il n'était pas décent qu'il reprît sa liberté; aussi, quand la séance de travail fut finie, eut-elle la joie de se faire jouer jusqu'au dîner les morceaux qu'elle demandait.

Ce n'était pas seulement pour Nicétas que Ghislaine trouvait les artifices de sa gouvernante désagréables et mauvais, c'était aussi pour elle-même. Tant que durait la leçon, elle était parfaitement à son aise; tout à la musique qu'elle jouait, elle ne voyait en lui que l'accompagnateur, et il réalisait toutes les qualités qu'elle pouvait désirer; c'était bien l'artiste de talent, de grand talent, le musicien que Soupert avait recommandé. Mais à table, l'artiste devenait un invité, comme un autre, un monsieur quelconque, et cet invité, ce monsieur la mettait mal à l'aise; à table, elle ne se laissait pas emporter comme au piano, elle avait tout son calme, sa raison, et ce qu'elle voyait la blessait comme ce qu'elle entendait: la façon dont il la regardait à la dérobée l'obligeait le plus souvent à tenir ses yeux sur son assiette; quand elle les levait, elle le voyait prendre des attitudes mélancoliques ou inspirées qu'elle trouvait grossièrement ridicules; et quand il parlait, il y avait dans les discours qu'il adressait généralement à lady Cappadoce ou dans les moindres mots qui tombaient de ses lèvres une affectation à la bizarrerie, une tension à la pose dont elle ne pouvait pas ne pas être blessée, elle qui était la franchise même. Cela l'avait frappée le premier jour, et, depuis, s'était toujours continué: l'un des valets qui faisait le service de table lui ayant offert du vin, il avait refusé en disant qu'il ne buvait que de l'eau glacée et que plus elle était glacée meilleure il la trouvait.

Elle ne pensait point que boire du vin fût un mérite et boire de l'eau un vice, mais le ton sublime de cette réponse l'avait choquée, et comme depuis, à chaque instant, il en avait eu du même genre, elle dut le juger pour ce qu'il était et pour ce qu'elle méprisait le plus:—un comédien.

Aussi quand lady Cappadoce avait réussi à le retenir, ce qui d'ailleurs n'était guère difficile depuis quelque temps, cherchait-elle toujours à abréger le dîner.

Ce soir-là, l'orage lui fournit un prétexte:

—Si vous voulez, dit-elle à sa gouvernante, un peu avant de quitter la table, nous ferons ce soir un tour dans le parc; après la pluie il est agréable de marcher sous bois.

Il n'y avait pas à insister pour garder Nicétas; à son grand regret, lady Cappadoce, qui, au lieu de s'exposer à l'humidité des bois, aurait mieux aimé passer la soirée au coin du piano à entendre de la musique, dut se conformer à cette invitation.

En sortant de la salle à manger, Nicétas tourna à droite, Ghislaine tourna à gauche accompagnée de lady Cappadoce, et tandis qu'elles descendaient le perron du vestibule qui accède aux jardins, il descendait, lui, celui de la cour d'honneur.

—Je crois que nous aurions pu garder M. Nicétas ce soir, dit lady Cappadoce, continuant son idée.

—C'est justement pour ne pas le garder que j'ai proposé cette promenade.

—Et pourquoi ne vouliez-vous pas le garder?

—Parce que mon oncle trouve que je fais trop de musique et désire que j'en fasse moins.

—Il n'aime pas la musique, M. de Chambrais.

Comme il ne convenait pas à Ghislaine de soutenir une discussion sur les idées et les goûts de son oncle, elle ne répondit pas, mais lady Cappadoce, qui était outrée, continua:

—Je regrette que M. de Chambrais ne m'ait pas adressé son observation; puisque j'ai la direction de votre travail, c'était à moi qu'elle devait être présentée.

—Mon oncle n'avait pas en vue les heures du travail, mais celles de la distraction, et c'est pour cela qu'il m'a fait son observation amicale au lieu de vous l'adresser.

Si doux qu'eût été le ton de cette réponse conciliante, il ne désarma point lady Cappadoce qui ne savait de quoi elle était le plus furieuse, ou de l'atteinte portée à son autorité, ou de la suppression des séances supplémentaires de musique.

—Je ne connais pas de distractions mieux employées que celles qu'on donne à la musique, plus saines, plus morales.

Ghislaine n'avait rien à répondre; elle était débarrassée de ces dîners, cela suffisait, et pour l'heure présente, plutôt que de discuter, elle aimait mieux être tout au plaisir de la promenade et de la rêverie: le soir tombait, et de la terre trempée par l'orage montait avec des buées blanches le parfum des fleurs du jardin mêlé à l'âcre odeur des herbes et des mousses du parc; après la chaleur du jour il était réconfortant de se baigner dans cette fraîcheur, comme il était doux aux yeux, après les violentes clartés du matin, de se perdre dans les vapeurs grises qui rampaient aux extrémités des longues allées droites.

C'était bien à Nicétas qu'elle allait penser vraiment, de lui qu'elle allait s'occuper!

VII

Ce n'était point l'habitude de Nicétas d'être affable pour les domestiques de Chambrais, hautain au contraire et dédaigneux avec affectation, à ce point que ceux qui avaient de l'autorité dans la maison s'étaient entendus pour ne pas le servir; lorsqu'on devait le conduire à la gare, c'était le second cocher que déléguait le premier; lorsqu'il arrivait, les valets de pied se sauvaient pour ne pas lui ouvrir la porte, et à table, le maître d'hôtel le livrait dédaigneusement aux mains d'un subalterne.

Mais ce soir-là, lorsqu'il passa devant le pavillon du concierge, il s'arrêta pour échanger quelques mots avec ce fonctionnaire qui soupait la fenêtre ouverte, en compagnie de sa femme et de ses enfants.

—Bonsoir, bonsoir.

—Bonsoir, Monsieur.

—Qu'est-ce que vous pensez du temps, je vous prie?

—Le temps? Ah! oui, le temps, fameux pour les biens de la terre.

—Je veux dire: Est-ce que vous croyez que je pourrai arriver à la station sans pluie?

—Oh! pour sûr.

Il salua poliment et sortit, tandis que le concierge et sa femme se regardaient en se demandant ce qu'il pouvait y avoir sous ces questions peu naturelles.

Il était parti d'un pas pressé en homme qui a hâte d'arriver, mais il ne tarda pas à ralentir sa marche, longeant le parc, il s'était arrêté à un endroit où le mur abattu sur une vingtaine de mètres était remplacé par un simple grillage en fil de fer tendu sur des poteaux; suffisant pour empêcher la sortie des lièvres, des chevreuils et des daims, ce grillage n'était qu'une défense insignifiante pour quelqu'un qui voudrait sauter par-dessus en s'aidant des tas de moellons préparés de chaque côté des fondations commencées. A cet endroit il n'y avait pas de maisons le long de la route vis-à-vis le mur, seulement des champs et des prairies, à cette heure déserts. Il regarda autour de lui, et ne voyant personne, n'entendant aucun bruit, il enjamba par-dessus le grillage.

Il était dans le parc d'où il venait de sortir en prenant soin de faire constater sa sortie par le concierge; rapidement il se dirigea vers le château, mais en s'arrêtant de temps en temps pour écouter et regarder. Il ne tarda pas à entrer dans les jardins, et bientôt à arriver au berceau d'ifs où dans l'après-midi il s'était assis. Mais à ce moment, il ne pouvait plus être question de reprendre cette place où il se trouverait en vue du château, aussi s'embusqua-t-il derrière, ne risquant qu'un oeil par un trou qui s'était fait dans ce mur de verdure.

Autour de lui, tout était silencieux; depuis longtemps, les jardiniers étaient rentrés chez eux; et c'était dans une partie opposée du parc que Ghislaine et lady Cappadoce avaient dirigé leur promenade; il n'avait donc pas à craindre que personne vînt le déranger. A ce moment même, une femme de chambre parut à l'une des fenêtres de l'appartement de Ghislaine, et tirant les volets, elle les ferma; puis elle passa à une seconde, et ainsi successivement pour toutes, une seule exceptée, qu'elle laissa ouverte, en se contentant de rapprocher les volets de façon à ce que l'air frais du dehors pénétrât à l'intérieur.

De derrière son abri il voyait le bonnet blanc passer sur le fond sombre de la chambre, et de temps en temps dans le calme du soir, il entendait grincer sur leurs tringles de fer les lourds rideaux qu'elle manoeuvrait. Le ménage dura assez longtemps, puis une porte claqua et rien ne troubla plus le silence. Son travail fini, la femme de chambre était partie pour ne plus revenir, et maintenant cette partie du château se trouvait abandonnée, le personnel domestique dînant tranquillement à l'office dans d'aile opposée.

La nuit se serait faite depuis quelques instants déjà si la lune en se levant n'avait ajouté sa lumière frisante aux dernières lueurs du couchant, mais cependant les ombres commençaient à être assez confuses pour que Nicétas pût ne pas craindre d'être aperçu si par extraordinaire quelqu'un regardait de ce coté. Sortant de derrière sa cachette, il vint s'asseoir dans le berceau, où il resta près de dix minutes, se levant brusquement, se rasseyant aussitôt, en homme qui balance une résolution, prise, abandonnée et reprise. Enfin, quittant le berceau et se baissant de manière à ce que sa tête ne dépassât point les arbustes et les plantes des plates-bandes, marchant sur les bordures gazonnées pour que son pas ne criât pas sur le gravier, il se dirigea vers la fenêtre restée ouverte; son appui n'étant pas à plus d'un mètre cinquante du sol, il l'escalada facilement et se trouva dans la chambre de Ghislaine.

Il respira et regarda autour de lui; bien des fois avant cette soirée, il l'avait examinée en se promenant dans le jardin, et il connaissait sa disposition comme son ameublement: ses six fenêtres sur trois faces, le lit à baldaquin, dont le chevet était adossé au mur, le paravent à six feuilles, ses grands fauteuils en bois doré, mais dans la demi-obscurité où la plongeaient les volets et les rideaux fermés, il fut un moment à se retrouver. Peu à peu cependant, et successivement, chaque chose se fit distincte en prenant sa forme réelle; alors, allant à une des fenêtres fermées, il souleva un des rideaux et reconnut que, comme il le présumait, l'embrasure était assez profonde pour qu'on pût se cacher là en toute sûreté; par leur poids et leur épaisseur, ces rideaux en velours ciselé formaient une sorte de mur, et il n'était pas vraisemblable que quand Ghislaine rentrerait, elle irait, en petite fille peureuse, soulever chaque rideau pour voir si un voleur n'était pas embusqué derrière!

Maintenant que la première partie de son plan avait réussi, il n'avait qu'à réfléchir à l'exécution de la seconde, et il était bien aise d'avoir quelques instants à lui, avant le retour de mademoiselle de Chambrais, pour se calmer.

Mais ce ne fut pas le calme qui lui vint; à mesure que le temps s'écoulait, son agitation enfiévrée le dévorait, et par moment, étouffé derrière les rideaux, il sentait la sueur qui coulait de son visage lui tomber sur les mains.

Enfin, il entendit une porte s'ouvrir, et une lueur, glissant par les deux côtés des rideaux, éclaira sa cachette; le bruit des pas lui dit que Ghislaine n'était pas seule, comme il avait imaginé qu'elle le serait qui l'accompagnait? Une femme de chambre ou lady Cappadoce?

—Faut-il fermer la fenêtre?

C'était une femme de chambre.

—Non, répondit Ghislaine, je la fermerai plus tard.

—Mademoiselle n'a pas besoin de moi?

—Pas du tout.

La femme de chambre se retira en fermant la porte; presque aussitôt la lampe fut éteinte, et Ghislaine s'assit dans un fauteuil en face de la fenêtre restée ouverte.

Il attendit quelques instants que le silence se fût établi, puis écartant doucement l'un des rideaux il fit trois ou quatre pas en avant.

—C'est vous, Jeanne? demanda Ghislaine, n'admettant pas la possibilité qu'une autre personne que sa femme de chambre fût là.

—Non, mademoiselle.

Elle poussa un cri en se levant d'un bond.

—Ne craignez rien.

Il s'était avancé, et dans le cadre clair de la fenêtre; il la voyait haletante.

—N'approchez pas, j'appelle.

—Vous n'avez rien à craindre de moi, rien, je le jure.

—Pourquoi êtes-vous ici? Comment?

—Il faut que je vous parle, il y va de ma vie.

Elle avait eu le temps de se remettre et, le premier moment d'affolement passé, de reprendre courage:

—Je n'ai rien à entendre ici, en ce moment.

Instinctivement et sans s'en rendre compte, elle parlait d'une voix étouffée, peut-être parce que lui-même avait pris ce ton.

—Partez, monsieur, demain je vous écouterai.

Comme il ne bougeait pas et la regardait avec des yeux ardents qu'elle voyait briller dans l'ombre, car il faisait face à la fenêtre, elle continua:

—Me forcerez-vous à sonner?

—Vous ne sonnerez pas.

—Qui m'en empêchera?

—Vous-même; la réflexion; le souci de votre réputation; que penserait-on, que dirait-on si, répondant à votre coup de sonnette, on nous trouvait en tête à tête, la lampe éteinte, dans votre chambre?

Cette pensée ne lui était pas venue à l'esprit. C'était vrai; que dirait-on, jusqu'où irait le scandale? C'était le calme, le sang-froid qu'elle devait appeler seuls à son aide.

—Alors, monsieur, parlez; que me voulez vous?

Il avait été un moment démonté, mais en voyant ce changement d'attitude, l'assurance lui revint, et il fit encore quelques pas vers elle:

—Vous dire ce que mes regards vous ont répété cent fois, que je vous aime, que je vous adore....

Éperdue, elle jeta ses deux mains devant son visage, mais tout de suite elle les abaissa en relevant la tête pour le regarder en face:

—Et c'est pour me faire cet outrage que vous vous êtes introduit ici, partez, monsieur.

Il se mit à genoux, séparé d'elle par le fauteuil qu'elle venait de quitter; mais cette pose de soumission respectueuse ne calma pas l'indignation de Ghislaine:

—Quelle idée vous êtes-vous faite de moi, que vous avez pu admettre la pensée que je vous écouterais?

—Et vous, quelle idée vous faites-vous de mon amour de trouver un outrage dans son aveu; qu'ai-je demandé?

—L'outrage est de vous être introduit dans cette chambre; il est dans votre aveu, dans votre attitude. Relevez-vous, monsieur, et partez, partez, partez.

A chaque mot, l'accent s'était exaspéré: ce n'était pas seulement sa pudeur et son honnêteté, sa dignité et sa fierté que cette brutale déclaration blessait, c'étaient aussi ses rêves et ses espérances, ses plus chères croyances; combien souvent avait-elle pensé à la première parole d'amour qu'on lui adresserait; quels rêves radieux avait-elle faits en les poétisant, en les idéalisant de tout ce que son imagination inventait:—et voilà quelle était la réalité.

—Partez, répétait-elle.

—Pas avant que vous m'ayez entendu.

—Je n'ai rien à entendre, je ne veux rien entendre; cette insistance est odieuse; si vous êtes un homme d'honneur, ne le sentez-vous pas? partez.

—Je ne partirai pas.

—Eh bien! moi, je pars.

Mais elle n'avait point fait deux pas vers la porte que, se relevant, il se plaça devant elle les bras étendus:

—Vous ne passerez pas.

Elle recula.

—Ne comprenez-vous pas que si je me suis décidé à cette résolution désespérée, c'est que je ne suis pas maître de mon amour, c'est lui qui m'a amené ici contre toute raison, contre ma volonté, c'est lui qui m'oblige à parler: je vous aime, je vous aime, je vous aime.

—Mais c'est cela que je ne veux pas entendre.

—Et moi, c'est cela que je veux dire, redire, répéter. Je vous aime. Et quel mal, quel outrage vous fait mon amour? il ne demande rien que de ne pas rester ignoré. Vous savez que je vous aime, je vous vois, je suis heureux.

—Eh bien! je le sais, partez.

—Oui, je partirai puisque ma présence ici vous jette dans cet émoi, mais pas avant que vous ne m'ayez promis que cet aveu ne changera rien à ce qui est. Je comprends que vous soyez blessée, qu'un homme payé par vous, qui est à vos ordres, ait osé lever les yeux jusqu'à vous, mais si cet homme n'est aujourd'hui qu'un pauvre musicien, l'espérance cependant lui est permise.

—Que m'importe tout cela, puisque je ne ferai pas cette promesse: jamais je ne permettrai qu'un homme qui m'a parlé comme vous venez de le faire se retrouve à mes côtés: cette fierté que vous invoquez pour vous, doit vous faire comprendre la mienne. Elle ne subira pas plus longtemps votre présence; si vous ne voulez pas partir, quoi qu'il puisse en advenir, je sonne.

—Je vous en empêcherai bien.

—Alors j'appelle.

Ils se regardèrent un moment en silence et Ghislaine ne baissa pas les yeux; il y avait dans son attitude, dans le port de sa tête, dans son regard une résolution qui surprit Nicétas; celle qui se tenait droite devant lui n'était plus la jeune fille, la petite fille, l'élève qu'il était habitué à voir depuis un an: ce qu'elle disait, elle le ferait. Alors, qu'arriverait-il?

—Et si je partais? dit-il.

C'était un marché qu'il lui proposait; elle ne voulut pas comprendre.

—Partez, dit-elle.

—Au moins vous vous souviendrez que je n'avais que le bras à étendre pour vous empêcher de sonner, que je n'avais qu'à vous mettre la main sur la bouche pour que vous ne puissiez pas appeler, et que cependant je suis parti. Vous vous souviendrez que je vous aime et ne demande qu'à vous aimer... silencieusement, respectueusement.

Pendant qu'il se dirigeait vers la fenêtre, elle reculait autour du fauteuil; il enjamba l'appui:

—Vous vous souviendrez.

VIII

Quand il se trouva en pleine campagne et regarda sa montre, il vit que l'heure était trop avancée pour qu'il pût prendre le dernier train de Paris.

Que faire? Sa résolution fut vite arrêtée: il n'avait qu'à aller coucher chez Soupert. Quelques kilomètres à travers les champs par cette belle nuit lumineuse n'étaient pas pour l'effrayer. Si, en arrivant à Palaiseau, la porte du vieux maître était fermée, il frapperait et on lui ouvrirait; hospitalier, Soupert, et habitué à recevoir ainsi quelquefois la visite de noctambules égarés.

La route lui était connue, il n'avait qu'à aller droit devant lui par la campagne déserte et les villages endormis; personne pour raconter qu'on l'avait vu à cette heure aux environs de Chambrais; dans la plaine silencieuse on n'entendait que le cri articulé des perdrix, et de temps en temps les aboiements des chiens de bergers qui le poursuivaient quand il longeait une pièce de trèfle où ils gardaient leurs moutons parqués; dans le lointain aussi les sifflets des trains de la grande ligne derrière les collines de Montlhéry.

Tout en marchant à grands pas, la tête basse, il était encore dans la chambre de Ghislaine se demandant comment il en était sorti et pourquoi. Pourquoi ne l'avait-il pas prise dans ses bras? Avant qu'elle eût appelé, il lui eût fermé la bouche. Il ne comprenait pas encore comment il s'était laissé dominer. Quel prestige exerçait-elle donc qu'il lui avait obéi si docilement, si bêtement? C'était bien la peine vraiment de se jeter dans cette aventure pour arriver à cette sortie piteuse. Partez. Et il était parti.

Maintenant, il s'agissait de savoir comment elle allait prendre cette soumission. Se souviendrait-elle, comme il lui avait demandé; ou bien sa fierté persisterait-elle, comme elle l'en avait menacé?

La veille, il aurait cru au souvenir; maintenant, en retrouvant Ghislaine si ferme devant lui, il avait peur de la fierté.

Allant de l'une à l'autre de ces questions, les examinant, les retournant, mais sans s'arrêter à rien de satisfaisant, il fut tout surpris de se trouver à Palaiseau qu'il traversa: pas une maison ouverte; pas une lumière derrière les volets clos; certainement il serait obligé de réveiller Soupert pour se faire ouvrir.

C'était au haut de la côte, sur le plateau de Saclay, au milieu de la plaine, que se trouvait la maisonnette où Soupert était venu échouer, heureux encore d'avoir cet abri où il vivait entre sa femme et sa belle-mère, l'ancienne blanchisseuse. Entourée d'un jardin du côté des champs, elle était en façade sur la grande route de Versailles, et c'était sur cette disposition que Nicétas comptait pour se faire ouvrir en cognant à la porte.

Mais il n'eut pas besoin de cogner; comme il approchait de la maison dont il voyait déjà la façade toute blanche éclairée par la lune, il crut entendre, dans le calme de la nuit, un piano.

—Soupert faisant de la musique, voilà qui serait étrange!

Si étrange que cela pût paraître, c'était bien Soupert; non seulement il jouait du piano, mais encore de sa voix cassée et chevrotante il chantait la romance du ténor des *Abencerrages*, celle qui, vingt ans auparavant, avait eu une si grande vogue.

Nicétas n'était pas dans des circonstances à s'attendrir sur les autres, cependant il fut ému, et avant de frapper il voulut attendre que la romance fût achevée.

Comme il avançait la main vers le volet il entendit le tremblement d'un goulot de bouteille sur le bord d'un verre; alors il frappa.

—Holà, qui est là?

—Moi, maestro.

—Qui toi?

—Nicétas.

—Le bambino. Ah! par exemple! Attends, attends, j'y vais.

La porte ouverte, Nicétas se trouva dans une pièce assez grande qui servait à la fois de salon, de salle à manger et de cabinet de travail; un piano à queue, reste d'anciennes splendeurs, en était le meuble principal avec une immense bergère recouverte en velours d'Utrecht.

—Tu arrives de Chambrais, dit Soupert, et tu viens me demander à coucher?

—Si vous le voulez bien.

—La bergère te tend les bras; mais avant, nous allons prendre un grog.

Sur la table étaient posés une bouteille d'eau-de-vie, dont le bouchon était retenu par une ficelle, une carafe d'eau et un verre; Soupert prit un autre verre dans le buffet et tendit la bouteille à Nicétas de sa main tremblante:

—Tu dois avoir soif.

—Un peu.

—Comme tu dis cela.

Il le regarda en face.

—Est-ce que tu as fait de mauvaises rencontres en chemin? Tu es troublé.

—Mais non.

—Tu sais que je ne me trompe pas au timbre de la voix; tu as quelque chose. Mais restons-en là si tu ne veux pas répondre; tu me connais: pas curieux. A ta santé, mon garçon.

Il vida d'un coup la moitié de son verre et, en le reposant sur la table, il continua de façon à changer de conversation:

—Tu es toujours content de mademoiselle de Chambrais? Fameuse élève que je t'ai donnée là, n'est-ce pas? Elle est douée, cette petite, et jolie; à ton âge, j'en serais devenu amoureux; mais il n'y a plus d'amoureux—regardant le verre de Nicétas encore plein—comme il n'y a plus de buveurs; à quoi bon la jeunesse, si vous n'en faites rien?

—Et qui vous dit que je ne suis pas amoureux?

—De mademoiselle de Chambrais?

Il y eut un moment de silence. Soupert, les deux coudes sur la table, regardait Nicétas qui, lui, regardait vaguement les fleurs du papier de tenture.

—C'est justement cet amour, dit-il enfin, qui vient de me jeter dans une aventure, laquelle m'amène ici ce soir.

Incertain et perplexe, Nicétas était dans des conditions où le besoin des confidences force les lèvres les plus étroitement fermées à s'ouvrir; Soupert avait eu des histoires d'amour assez extraordinaires pour qu'on pût parler d'amour avec lui; avant de devenir le vieux bonhomme dévoyé et tombé qui ne pensait plus qu'à boire, il avait été un vainqueur.

Du doigt, Soupert montra le plafond:

—Les femmes dorment, dit-il, tu peux parler.

Cette invitation directe décida Nicétas.

—Puisque vous auriez été amoureux de mademoiselle de Chambrais, dit-il, vous ne devez pas vous étonner que je le sois devenu.

—Ce serait le contraire qui m'étonnerait: une jolie fille, un garçon comme toi, pour toute surveillante une vieille folle, c'était écrit.

—Quand je me suis aperçu que je commençais à l'aimer, et ç'a été tout de suite, j'ai voulu me défendre contre ce sentiment. Nicétas amoureux de la princesse de Chambrais, la belle affaire vraiment, où pouvait-elle me conduire?

—Je te l'ai dit, bambino, pas de jeunesse! la jeunesse ne se demande jamais où les mouvements de son coeur peuvent la conduire, elle va, et de l'avant.

—Comme je me donnais toutes sortes de raisons, et elles ne me manquaient pas, pour me détacher, votre exemple, maestro, a pesé sur moi; ne vous êtes-vous pas fait aimer par une femme qui, par la naissance, était l'égale de mademoiselle de Chambrais?

—Elle lui était supérieure.

—Et comme moi, vous n'étiez qu'un musicien.

—Oui, mais avec le prestige du talent.

—Enfin, je ne me suis pas détaché... au contraire; après chaque leçon je me retirais plus épris, possédé, je l'aimais, je l'aimais passionnément.

—Et elle?

—Nous allons y arriver. Je passe sur le développement de mon amour, sur ses espérances et ses craintes....

—Je connais ça.

—Et j'arrive à ce soir. Décidé à lui parler.

—Ah! tu es l'homme des discours, toi; elle était donc disposée à t'écouter?

—Je n'en savais rien, et c'était justement pour le savoir que je voulais lui parler. Ce soir, après avoir dîné au château, pendant qu'elle faisait une promenade dans le parc, je me suis introduit dans sa chambre, et quand elle est entrée je lui ai dit mon amour.

—Et puisque te voilà ici, je devine la réponse. Flanqué à la porte.

—Elle m'a demandé de partir, et comme je l'aime, je me suis laissé toucher par son émoi: je suis parti.

—C'est ce que j'appelle flanqué à la porte; maintenant que va-t-il arriver?

—Je vous le demande.

—Affaire mal engagée! Que diable veux-tu que je te réponde, je n'ai jamais passé par là. Vois-tu, en amour, il y a trois façons de procéder: écrire, ce qui est à l'usage des enfants; parler, ce qui est la manière des très jeunes gens, agir, ce qui est celle des hommes. Moi j'ai été homme tout de suite, et j'ai épousé une femme qui, comme tu le dis, était l'égale de mademoiselle de Chambrais; ce qui ne serait pas arrivé, je t'assure, si j'avais eu l'idée juvénile de lui adresser un beau discours. Il n'y a pas eu à me répondre; elle d'abord, la famille ensuite n'ont eu qu'à accepter un mariage indispensable. Alors c'est elle qui a parlé pour moi. Tandis que dans ta situation je ne vois pas ta rentrée auprès de mademoiselle de Chambrais facile. Tu es parti.

—C'est justement ce qui prouve mon amour.

—Si tu veux; mais rentrer? Peux-tu te présenter devant elle comme si rien ne s'était passé entre vous? Quel jour donnes-tu ta leçon?
—Lundi.
—Eh bien! lundi, peux-tu arriver et lui dire tranquillement: «Qu'est-ce que nous jouons aujourd'hui?»
—Je vous le demande.
—Je n'en sais rien. Crois-tu qu'elle va accepter près d'elle un maître de musique qui lui a déclaré sa flamme, et auquel elle a répondu: Partez! Si mademoiselle de Chambrais avait été une curieuse ou une gaillarde disposée à trouver dans cet amour des distractions ou autre chose, si même elle n'avait été simplement qu'une coquette, elle ne t'aurait pas flanqué à la porte. Tu y es, je ne sais vraiment pas comment tu rentreras, car je ne serais pas du tout surpris si demain ou après-demain lady Cappadoce, de sa longue et grande écriture anglaise, t'écrivait que les leçons d'accompagnement sont momentanément suspendues. Tu comprends que, sans rien avouer, il n'est pas difficile à la petite Ghislaine de trouver un prétexte pour justifier la suspension de ces leçons. Alors?
—Alors?
—Tu conviendras que l'idée est bizarre de t'introduire, à la brune, dans la chambre d'une jeune fille, et d'une jeune fille qui est mademoiselle de Chambrais, pour lui dire tout gaillardement: «Je vous aime»; sans avoir préalablement préparé le terrain, et sans s'être demandé comment cet aveu serait reçu.
—C'est une inspiration de cette jeunesse que vous me reprochiez de ne pas avoir. Je n'ai rien calculé; je ne me suis rien demandé. Entraîné malgré moi, poussé par une force inconsciente, j'ai éprouvé un besoin irrésistible de lui dire: «Je vous aime»; et je n'ai pas vu autre chose que le bonheur de le lui dire. Si je vous avouais que je lui ai écrit vingt fois cet aveu, sans jamais oser lui remettre ma lettre! Que voulez-vous, cher maestro, je n'ai pas commencé comme vous par être homme.
—C'est donc vrai que tu es si bambino que ça! Comment as-tu eu le courage d'entrer dans la chambre et de parler?
—Vous savez bien que ce sont les faibles qui ont toutes les audaces quand ils sont poussés à bout... et je l'étais par mon amour. Une fois sorti de ma réserve ordinaire, rien ne m'arrête plus.
—Espérons que la lettre de lady Cappadoce ne te jettera pas hors de toi. C'est égal, fichue aventure. Buvons un grog.

Il caressa son verre:

—Voilà le vrai ami, le seul qu'on trouve toujours quand on en a besoin; tandis que l'amour, les femmes, la gloire, illusion, mon cher, et folie. A ta santé.

IX

Sur la bergère où il avait pour toute couverture un vieux tapis de table, Nicétas dormit peu, et le matin, avant que la maison fût éveillée, il partit pour prendre à Palaiseau le premier train de Paris.

Quand il s'était décidé à raconter son aventure, il avait cru que l'obscurité dans laquelle il se débattait allait se dissiper, et que Soupert, avec son expérience de la vie, éclairerait son lendemain; mais Soupert n'avait rien éclairé du tout, au contraire, et son lendemain était aussi plein d'indécision et d'incertitude que la veille.

De cet entretien avec le vieux maestro il n'avait tiré qu'un seul enseignement, c'est qu'il avait été plus que naïf d'obéir à Ghislaine quand elle lui avait demandé de partir, et cela il se l'était dit vingt fois dans le trajet de Chambrais à Palaiseau, mais ces railleries pesaient d'un tout autre poids sur lui que tous les reproches qu'il avait pu s'adresser.

Et quand il rapprochait ces railleries des confidences de Soupert sur son mariage «indispensable», il s'exaspérait contre sa naïveté juvénile: évidemment la comparaison entre son procédé et celui de Soupert n'était pas à son avantage: Soupert s'était fait aimer par une fille qui était l'égale de mademoiselle de Chambrais et il l'avait épousée; lui s'était fait flanquer à la porte.

Qu'il eût procédé comme Soupert, Ghislaine serait sa maîtresse; tandis que maintenant il fallait bien reconnaître que les probabilités étaient pour que lady Cappadoce écrivît la lettre annoncée par Soupert.

Il l'attendit toute la journée, cette lettre, et à chaque instant, il rentra demander si l'on n'avait rien reçu pour lui.

Le soir, elle n'était pas arrivée; alors il se prit à espérer qu'elle ne viendrait pas, se disant que si Ghislaine avait été réellement blessée par son aveu, au point de ne pas vouloir se retrouver avec lui, son indignation n'attendrait pas; fâchée, exaspérée, elle commencerait sa journée par lui faire signifier congé; les prétextes ne lui manqueraient pas si, comme il était probable, elle ne voulait pas confesser la vérité. Puisque cette signification n'avait pas encore eu lieu, il lui semblait qu'il pouvait prendre espoir, et les bonnes raisons s'enchaînaient dans son imagination enfiévrée.

Pourquoi n'aurait-elle pas été touchée de sa soumission? Parce qu'elle avait repoussé un amant alors qu'il se présentait maladroitement et de façon à effrayer une plus délurée qu'elle, il n'en résultait pas nécessairement qu'elle refusait de se laisser aimer. Il pouvait lui déplaire d'accepter une liaison toute franche; mais il pouvait très bien lui plaire d'avoir un amoureux et de jouer au sentiment; et pour lui il était tout disposé à se contenter de ce rôle... au moins en attendant. Quand il la regarderait maintenant, il rencontrerait ses yeux au lieu de ne trouver que ses paupières baissées; ils s'entendraient à demi-mot, d'un signe, d'un sourire; sans rien demander leurs mains iraient l'une au-devant de l'autre; leurs silences même auraient une douceur et une ivresse; il y aurait entre eux un secret et un mystère; enfin ce serait un amusement de tromper la vieille Anglaise qui, avec sa majesté héréditaire, ne verrait pas plus loin que le bout de son nez.

Ce fut le rêve de sa nuit; tout plein de charme et de repos après les angoisses de la journée.

Qu'elle acceptât cette situation, et sans fatuité on pouvait croire que, plus tard, elle serait amenée fatalement à en accepter une autre: à lui de la préparer.

Le lendemain, qui était un dimanche, il ne sortit point afin de pouvoir descendre d'heure en heure voir si la lettre n'arrivait point, sa concierge n'étant point femme à monter ses cinq étages pour la lui remettre: chaque fois il eut la même réponse: rien; à la dernière, sa concierge qui voyait son trouble, crut à propos de lui adresser un mot d'encouragement.

—Ce sera pour demain.

Décidément, il pouvait s'affermir dans son espérance; Ghislaine n'avait rien dit, lady Cappadoce n'écrirait pas.

Le lendemain, avant huit heures, il montait la garde à la porte de la loge; quand le facteur parut, il entra avec lui; il y avait un paquet d'une vingtaine de lettres pour la maison; dans son anxiété il se pencha par-dessus l'épaule de la concierge, qui lentement, les lunettes sur le nez, faisait son tri.

—Encore rien pour vous, monsieur Nicétas, ce sera pour la seconde.

Il n'avait pas cela à craindre; comme il devait partir à une heure pour Chambrais, s'il n'avait pas de lettre, c'est que décidément Ghislaine acceptait la déclaration avec ses conséquences.

Il pouvait donc respirer; pas si juvénile, sa déclaration, que Soupert le disait; pas si naïve, sa sortie; décidément, il était vieux jeu, le maestro.

Comme il montait l'escalier triomphant, il entendit qu'on l'appelait.

—Monsieur Nicétas, une dépêche.

Il fallut redescendre; le doute était difficile, la dépêche sûrement venait de Chambrais.

Elle en venait en effet, et elle était signée de lady Cappadoce:

«Empêchement à la leçon aujourd'hui; préviendrai quand pourra être reprise.»

Il remonta à sa chambre. Soupert avait eu raison les leçons étaient momentanément suspendues.

Était-ce momentanément?

Après un moment d'accablement il se retrouva: jamais il ne pourrait attendre que lady Cappadoce le prévînt; il fallait savoir et tout de suite, car malgré ce que cette dépêche, arrivant dans ces circonstances; avait de significatif, il ne voulait pas désespérer encore tout à fait.

Il écrivit:

«J'ai l'honneur de présenter à lady Cappadoce mon respectueux hommage, et de la prier de me faire savoir si les empêchements dont parle sa dépêche semblent probables pour vendredi.»

Timide devant Ghislaine, seul dans sa chambre, il était résolu, car c'était son amour qui faisait sa faiblesse, non son caractère, violent au contraire et emporté; la réponse de la gouvernante déciderait la question, et il voulait qu'elle le fût, incapable de rester dans le doute.

Elle ne se fit pas attendre; dès le lendemain elle arriva:

«Lady Cappadoce aura le plaisir de prévenir M. Nicétas à l'avance lorsque les leçons pourront être reprises, mais en ce moment il y a empêchement à fixer une date.»

A ce court billet était joint un chèque pour le paiement du mois.

Il n'y avait plus d'explications plus ou moins plausibles à échafauder pour chercher un doute, c'était bien un congé, malgré la forme aimable dont lady Cappadoce l'enveloppait, sans rien confesser. Ghislaine avait trouvé un prétexte pour supprimer les leçons, et avec sa naïveté ordinaire, la vieille Anglaise croyait à une simple suspension.

Pour Ghislaine tout était fini; elle voulait ne le revoir jamais, et elle prenait ses précautions pour qu'il en fût ainsi.

Pour lui, rien ne l'était; et il n'avait qu'à prendre les siennes pour la revoir le jour même.

Quand, cédant à ses demandes, il avait consenti à partir, un marché était intervenu entre eux: «Vous vous souviendrez»; c'était une condition; puisqu'elle ne l'observait pas, il allait reprendre l'entretien au point où il avait eu la naïveté de l'interrompre, et cette fois, il irait jusqu'au bout: elle ne voulait pas de l'amour respectueux dont il se serait contenté; à elle la responsabilité de ce qui arriverait.

Ce jour-là, elle venait ordinairement à Paris pour travailler dans l'atelier de Casparis; avant d'arrêter son plan, il voulut savoir si elle viendrait; sans doute c'était une sorte de faiblesse, quelque chose comme une acceptation «des empêchements» mis en avant par lady Cappadoce; mais si comme il en était sûr à l'avance, les empêchements n'existaient pas pour Casparis, il n'en serait que plus ferme dans sa résolution.

A l'heure où il savait qu'elle devait arriver, il alla s'installer avenue de Villiers, et en se promenant à une petite distance de l'atelier du statuaire, il attendit; bientôt, il la vit descendre de voiture, accompagnée de lady Cappadoce, et aussitôt, il partit pour la gare de Sceaux.

Pour l'exécution du plan qu'il avait combiné, il fallait, en effet, qu'il s'introduisît dans la chambre de Ghislaine, non après le dîner, mais pendant le dîner, et pour cela, il avait besoin d'arriver de bonne heure à Chambrais.

Que Ghislaine fît laisser ses fenêtres ouvertes le soir, quand elle n'imaginait pas qu'on pourrait entrer chez elle, rien n'était plus naturel, mais instruite par l'expérience, elle avait dû prendre des précautions pour empêcher une nouvelle surprise, et il y eût eu naïveté à lui de procéder une seconde fois de la même façon que la première. Qu'il se présentât à la grille d'entrée, et le concierge ne le laisserait pas probablement passer. Qu'il essayât de pénétrer dans la chambre à la nuit tombante, et il trouverait les volets clos: il devait donc manoeuvrer autrement.

C'était à sept heures que Ghislaine dînait avec lady Cappadoce, et c'était à la même heure que les jardiniers cessaient leur travail pour rentrer chez eux. Sa combinaison reposait sur cette concordance. A sept heures, l'aile du château où se trouvait l'appartement de Ghislaine devait être abandonnée; à sept heures les jardins devaient être déserts; enfin à sept heures, les maçons qui réparaient le mur du parc finissaient leur journée; si le hasard le favorisait, il avait des chances pour arriver à cet appartement sans être rencontré et aperçu; s'il ne le favorisait point, il s'en tirerait comme il pourrait ou il ne s'en tirerait pas; sa vie eût-elle été en jeu que, dans l'état de surexcitation où il se trouvait, il n'aurait pas hésité.

Au mur, la chance fut avec lui, et elle l'accompagna dans les jardins qui, comme il l'avait prévu, étaient déserts; mais ce qu'il n'avait pas prévu, c'était que les persiennes de l'appartement de Ghislaine fussent déjà fermées, et cependant quand il arriva en vue du château, il vit qu'elles l'étaient. Il resta décontenancé, ne pensant même pas à se cacher: c'était l'anéantissement de son plan.

Mais dans cette façade, un petit perron descendait au jardin; si la porte n'était pas fermée il pourrait entrer par là; assurément cette voie était plus périlleuse, mais il n'avait pas à choisir: cela ou rien. Il monta le perron et mit la main sur le bouton de la porte qui s'ouvrit.

N'allait-il pas rencontrer quelque domestique, le bruit de ses pas n'attirerait-il pas l'attention?

Marchant sur la pointe des pieds dans le vestibule sonore, il ouvrit la première porte qu'il trouva et qui, d'après son estime, devait conduire dans l'appartement de Ghislaine. L'obscurité l'empêcha tout d'abord de se reconnaître, mais bientôt il vit que cette pièce meublée simplement devait être habitée par la femme de chambre qui couchait auprès de Mlle de Chambrais. Il continua d'avancer et, ouvrant une autre porte, il se trouva dans un vaste cabinet de toilette, celui de Ghislaine.

Son intention n'était pas de se cacher comme la première fois, derrière un rideau, car les précautions prises indiquaient qu'il devait employer des moyens moins primitifs, et ce qu'il lui fallait c'était quelque coin sombre ou mieux encore une armoire. Dans la partie du château qu'il connaissait, elles étaient nombreuses, et il en avait vu d'immenses; n'était-il pas logique d'en supposer dans les pièces habitées par Ghislaine comme dans les autres?

Après un moment d'examen, il comprit qu'il n'avait que l'embarras du choix; il en ouvrit une, puis une autre, puis une troisième, et se décida enfin pour un placard haut et profond qui servait à ranger les balais, les brosses, les plumeaux et tous les ustensiles de ménage. Là, il devait être en sûreté; ce n'était pas l'heure de se servir de ces objets, et en ayant soin d'enlever la clé de la serrure il ne courait pas risque d'être enfermé; il y entra et tira la porte sur lui.

Il n'avait plus qu'à attendre; et comme il était à son aise pour prendre les positions qu'il voulait, il pouvait rester là une partie de la nuit.

Il y resta jusqu'à neuf heures et demie; à ce moment, il entendit qu'on entrait dans la chambre de Ghislaine: il y avait deux personnes.

—Fermez la porte à clef, dit Ghislaine.

—Oui, mademoiselle.

Il reconnut que cette voix était celle de Jeanne, une jeune femme de chambre attachée spécialement au service de Ghislaine.

Il se fit un certain remue-ménage et un bruit d'allées et venues qui vint faiblement jusqu'à lui.

—Est-ce que mademoiselle veut bien me permettre d'aller voir ma mère ce soir? demanda la femme de chambre.

—Quand rentrerez-vous?

—Je ne serai qu'une heure partie, mon frère me ramènera.

—Allez; mais fermez la porte de votre chambre et emportez la clé.

—Oui, mademoiselle.

La femme de chambre traversa le cabinet de toilette et passa dans sa chambre dont elle ferma la porte donnant sur le vestibule; ainsi Ghislaine devait se croire en sûreté.

Que faisait-elle? Il n'entendait aucun bruit qui le renseignât; mais peu importait, car son dessein n'était pas d'aller dans la chambre, il attendrait qu'elle vînt dans le cabinet de toilette.

Au bout d'un quart d'heure à peu près un filet de lumière annonça qu'elle arrivait, et des profondeurs sombres de sa cachette il la vit poser sa bougie sur une console; elle était à deux pas du placard, lui tournant le dos.

Doucement, il sortit; avant qu'elle pût pousser un cri, il la prit dans son bras et de l'autre main il lui ferma la bouche:

—Ce soir, je ne partirai pas.

FIN DE LA PREMIÈRE PARTIE

DEUXIÈME PARTIE

I

Le lendemain à midi, Philippe, le valet de chambre du comte de Chambrais, se décidait, après avoir hésité plusieurs fois, à éveiller son maître qui, rentré seulement à cinq heures, dormait du lourd sommeil des nuits prolongées.

—Je demande pardon à monsieur le comte de le réveiller, dit-il en toussant discrètement. C'est une dépêche que j'ai reçue de Mlle de Chambrais, il y a déjà près de deux heures; elle demande une réponse, alors...

Brusquement le comte se mit sur son séant et prit le papier bleu que Philippe lui présentait sur un plateau.

—Tire les rideaux.

C'était rue de Rivoli, en face des Tuileries, presque au coin de la place de la Concorde, que demeurait le comte, à l'une des expositions les plus claires et les plus ensoleillées de Paris assurément; cependant la nappe de lumière crue qui emplit la chambre ne lui permit pas de déchiffrer la dépêche qu'il tenait à bout de bras par coquetterie, il n'avait pas voulu se résigner encore aux lunettes ni aux pince-nez, et pour qu'il pût lire, certaines conditions d'éclairage lui étaient nécessaires, qu'il ne trouvait pas dans son lit drapé de rideaux de satin rouge.

—Lis toi-même, dit-il en rendant la dépêche à Philippe.

«Prévenez mon oncle que j'ai besoin de le voir aujourd'hui et que je le prie de venir à Chambrais. S'il est déjà sorti au reçu de cette dépêche, portez-la lui. Une voiture l'attendra à la gare à partir de deux heures.»

—Que me lis-tu là?

—Rien que ce qui est sur la dépêche.

Le comte sauta à bas du lit et courut à la fenêtre où il trouverait l'éclairage qu'il lui fallait.

Mais s'il n'avait rien compris à la dépêche quand Philippe la lui avait lue, elle ne fut guère moins obscure quand il la lut lui-même.

Que se passait-il donc à Chambrais pour qu'elle l'appelât ainsi en toute hâte? Il n'y avait pas à hésiter: il fallait partir.

—Commande-moi deux oeufs et, une tasse de thé, dit-il.

Puis quand le valet de chambre fut sorti, il commença à s'habiller.

—Et je m'imaginais que l'émancipation me rendrait ma liberté! s'écria-t-il tout à coup.

Précisément, toutes sortes d'affaires exigeaient que ce jour-là il fût libre.

A deux heures et demie, il avait un rendez-vous au Tattersall pour aider un de ses amis à choisir un cheval; à quatre heures, il présidait une séance d'escrime; à sept heures, il dînait au cabaret avec une petite femme charmante qui vingt fois avait refusé son invitation et capitulait enfin.

Voilà qu'il fallait changer tout cela, et ce qui l'ennuyait le plus au monde, écrire un tas de lettres pour s'excuser: la visite au Tattersall, la séance d'escrime, passe encore, mais le dîner! elle pourrait très bien se fâcher, la petite femme charmante, alors c'était une occasion perdue qui ne se retrouverait pas.

A la hâte il écrivit ses lettres, à la hâte aussi il avala son déjeuner, et à trois heures il descendait de voiture devant le perron du château où Ghislaine l'attendait, seule.

En la regardant il fut surpris de l'étrangeté de son attitude, comme en écoutant les quelques paroles qu'elle lui adressa, il le fut des sons rauques de sa voix tremblante.

—Se serait-il passé quelque chose de plus grave que ce qu'il avait imaginé?

Ce fut ce qu'il se demanda en la suivant dans son appartement. Aussitôt qu'ils furent entrés dans le petit salon qui précédait la chambre de Ghislaine, elle ferma la porte avec un soin qu'il ne put pas ne pas remarquer; de même il remarqua aussi que, malgré la chaleur, les fenêtres donnant sur le Nord étaient closes. Il chercha les yeux de sa nièce pour l'interroger, mais il ne les rencontra pas.

—Eh bien! mon enfant, que se passe-t-il? demanda-t-il à mi-voix d'un ton affectueux et encourageant.

Elle ne répondit pas.

—Tu as besoin de moi, me voilà, tout à ta disposition.

Elle se cacha le visage entre ses deux mains et, d'une voix brisée, à peine perceptible, elle murmura.

—La chose la plus infâme, la plus monstrueuse....

L'émotion lui coupa la parole, et ce ne furent que des sons inintelligibles pour M. de Chambrais qu'elle prononça; puis, brusquement, elle s'arrêta et fondit en larmes.

Il comprit que ce qu'il avait imaginé était à côté de la vérité, terrible à coup sûr, mais sans pouvoir la deviner, sans oser même l'envisager hardiment.

Pourtant, il fallait venir en aide à la pauvre enfant, et par de bonnes paroles la pousser, la forcer:

—Ma chère enfant, ma petite fille, si tu avais encore ton père, ce qui t'oppresse, tu le lui confierais, n'est-ce pas? Il est vrai que je n'ai pas été tout à fait un père pour toi, mais je t'assure que j'en ai l'affection, la tendresse, l'indulgence.—Parle-moi donc comme s'il t'écoutait.

Il s'était approché d'elle et l'avait prise dans ses bras; elle s'appuya contre lui, la tête basse, et il sentit qu'un tremblement la secouait.

Il attendit un moment, car s'il fallait l'encourager, c'était sans la brusquer.

—Je n'ose pas, murmura-t-elle, je ne peux pas.

Puis, baissant encore la voix:

—Vous souvenez-vous de ce que vous m'avez dit à propos de mon goût pour la musique....

Un éclair le frappa:

—Nicétas, s'écria-t-il.

—Oui.

Tous deux en même temps s'arrêtèrent, et un silence s'établit. M. de Chambrais se refusait à aller jusqu'où ce qu'il voyait du désespoir de Ghislaine le poussait; et Ghislaine hésitait, reculait devant ce qu'il lui restait à dire.

Il sentit qu'il devait l'aider et lui tendre une main qui l'entraînât et la soutînt en même temps.

—Tu vois que j'avais raison de me défier de ce Nicétas et de te recommander la réserve avec lui.

—Croyez, mon oncle, que je me suis toujours enfermée dans cette réserve.

Ce fut un soulagement pour M. de Chambrais; il avait foi dans la parole de Ghislaine, et ce qu'elle disait, il savait qu'il pouvait le croire; si elle ne s'était pas laissé prendre aux regards passionnés de ce musicien, rien de bien grave n'était à craindre, semblait-il. Sans doute, il s'agissait de quelque déclaration ridicule dont elle s'était exagéré la portée; il n'y avait qu'à congédier le drôle, et cela serait facile.

—Alors, parle, tu comprends qu'il faut tout me dire, si pénible que cela puisse être.

—Comment?

—Tu n'avais donc jamais encouragé Nicétas?

—Oh! jamais.

—Cependant?

—Je n'avais même jamais admis la pensée qu'il pût prendre mon attitude avec lui pour un encouragement: à la vérité, il était quelquefois étrange, souvent il me regardait d'une façon gênante, il tenait des discours incohérents, mais je m'expliquais tout cela par la bizarrerie de son caractère. Comment supposer...

—Évidemment.

—Les choses en étaient là, et je me proposais même d'observer avec lui une plus grande réserve encore, comme vous me l'aviez recommandé, quand vendredi lady Cappadoce l'a retenu à dîner....

—Et pourquoi?

—Il y avait eu de l'orage; elle craignait qu'il ne fût mouillé en retournant à la gare; enfin elle a pour lui, vous le savez, beaucoup de sympathie. Pendant le dîner il s'était montré ce que je l'avais toujours vu, ni plus ni moins étrange. En nous levant de table, lady Cappadoce et moi, nous fîmes une promenade dans le parc, la pluie ayant cessé, et... lui partit pour la station; au moins je crus qu'il partait. Mais en rentrant après notre promenade, je le trouvai dans ma chambre; sans doute il était entré par une fenêtre ouverte et il s'était caché derrière un rideau d'où il sortit quand je fus seule. Mon premier mouvement fut de me jeter sur la sonnette, mais il s'était placé entre elle et moi. Je pensai aussi à appeler, à crier, mais la peur du scandale me retint, la honte d'avoir à rougir devant les domestiques; et avant d'en venir là je voulus essayer de me défendre seule.

—Bien, ma fille.

—Dois-je vous répéter ce qu'il me dit?

—Non, seulement ce qui est indispensable que je sache.

—Il commença par me dire qu'il fallait qu'il me parlât, qu'il y allait de sa vie; je lui répondis que je n'avais rien à entendre; que je l'écouterais le lendemain, qu'il devait partir; mais il ne partit point et alors il se jeta à genoux....

—Je comprends, passe.

—Je voulus sortir moi-même, il se plaça devant la porte. Je recommençai à le presser de partir, et il répondit qu'il m'obéirait si je voulais prendre l'engagement que je serais pour lui après cet aveu ce que j'étais avant. Je refusai, et comme il s'obstinait à rester, à parler, je le menaçai d'appeler à l'aide. A mon accent, il comprit que j'étais décidée à tout, plutôt qu'à supporter ses outrages une minute de plus; il enjamba la fenêtre, en me priant de me souvenir qu'il m'avait obéi.

—Et depuis?

—Il m'était impossible de le retrouver en face de moi; sans confesser la vérité à lady Cappadoce, je la priai de lui écrire pour le prévenir que les leçons étaient interrompues: puis pour ne pas être exposée à ce qu'il revînt dans ma chambre comme la première fois, je recommandai qu'on tînt toutes les fenêtres de mon appartement fermées, avant le dîner; je me croyais en sûreté. Hier soir....

Elle s'arrêta, et sa voix qui s'était raffermie s'altéra au point d'être à peine intelligible.

—Hier soir je rentrai chez moi, accompagnée de Jeanne; toutes les fenêtres étaient fermées, et rien ne se présentait d'inquiétant. Rassurée, je permis à Jeanne d'aller passer une heure chez sa mère, mais en lui ordonnant de fermer la porte de sa chambre et d'en emporter la clef: la mienne était verrouillée. Au bout d'un certain temps, je passai dans le cabinet de toilette, et au moment où je posai ma bougie sur la console....

—Il était là!

—Il me saisit dans son bras et me ferma la bouche d'une main. Je voulus appeler, me débattre, me dégager, la force ma manqua. Quand je revins à moi, il n'était plus là; une fenêtre de ma chambre était entrouverte.

II

Elle s'était enfoncé la tête dans la poitrine de son oncle, éplorée, haletante, et lui la tenait sans trouver un mot à dire, bouleversé par la douleur et aussi frémissant d'indignation.

—Ma pauvre enfant, murmurait-il, ma pauvre enfant!

Puis s'interrompant dans sa tendre compassion, il se laissait aller aux mouvements de fureur qui le soulevaient:

—Le misérable!

L'horreur de la réalité dépassait ce qu'il avait osé craindre, et devant le désespoir de cette enfant qui lui inspirait une tendresse dont pour la première fois il sentait toute l'étendue, il restait anéanti.

Cependant il fallait qu'il lui parlât, il fallait qu'elle comprît qu'elle pouvait se réfugier en lui, car si quelque chose devait la relever et la soutenir c'était à coup sûr la certitude qu'elle ne serait pas abandonnée.

—Ainsi, dit-il d'un ton qu'il aurait pris pour parler à un petit enfant, ta première pensée a été de m'envoyer cette dépêche.

—N'êtes-vous pas tout pour moi?

—Oui, mon enfant, ton coeur ne t'a pas trompée: je suis à toi, entièrement à toi et désormais je veux que nous vivions comme père et fille. J'ai eu tort de penser que tu étais assez grande pour n'avoir plus besoin de moi, et ma part de responsabilité est lourde dans ce malheur. Si j'avais été ce que je devais être, si j'étais resté près de toi je t'aurais protégée, ma présence seule eût empêché ce qui est arrivé.

Tout d'abord elle n'avait pas compris mais peu à peu la lumière se faisait.

—Oh! mon oncle, murmura-t-elle.

—L'oncle fait place au père; oncle, je l'étais quand je t'ai donné lady Cappadoce, et je l'étais aussi quand j'ai provoqué ton émancipation; père, je le suis en te disant que je ne te quitterai plus jusqu'au jour....

Il allait dire «de ton mariage»; mais ce mot prononcé en ce moment ne pouvait qu'éveiller des douleurs et des hontes nouvelles: il le retint à temps.

—Que je ne te quitterai plus jusqu'au jour où tu ne voudras plus de moi.

Elle releva la tête, et le regarda avec une émotion qui disait combien profondément elle était touchée.

—Pour aujourd'hui, reprit-il, tu me fais préparer mon appartement ici, celui que je suis venu occuper quand tu es restée seule.

—Qui aurait prévu alors que je pourrais être plus malheureuse un jour que je ne l'étais en ce moment?

N'ayant rien à répondre à ce cri désespéré, il continua pour qu'elle fût obligée de le suivre.

—Il importe que personne ne puisse remarquer que tu n'es pas dans ton état normal, et si tu étais forcée de te contraindre, si tu devais amener un sourire sur tes lèvres quand tu aurais des yeux pleins de larmes, ce serait un supplice que je veux t'épargner. Nous partirons donc demain ou après-demain en voyage, pour aller droit devant nous; et bien entendu nous laisserons lady Cappadoce au château, n'emmenant que Philippe, qui est aussi incapable de voir ce qu'on ne lui montre pas que s'il était aveugle.

Il s'arrêta quelques secondes, car ce qu'il avait à dire était si délicat, si difficile, qu'il ne savait comment l'aborder: cette nuit n'avait pas fait que Ghislaine ne fût encore l'innocente et pure jeune fille qu'elle était la veille, et il fallait qu'il parlât sans que cette innocence fût effleurée.

—Il se peut, continua-t-il, que nous soyons empêchés de revenir à Chambrais avant... plusieurs mois, un an, peut-être. Sans doute, il est à espérer que cette crainte ne se réalisera pas, et même les probabilités sont pour la non réalisation; mais il faut la prévoir; dans ce cas nous irions à l'étranger, quelque part où nous aurions la certitude de n'être pas connus, et nous attendrions.

Comme il sentit la main qu'il tenait dans la sienne se mouiller de sueur, il poursuivit:

—Si en ce moment je parle de cette menace qui, je le répète, est en dehors de la probabilité, c'est pour que dès maintenant tu aies la certitude que quoi qu'il arrive, ce terrible secret restera entre nous; que ce qui s'est passé cette nuit et ce qui en peut résulter ne sera connu de personne; enfin que pour te défendre, te sauver, compatir à ton malheur, te plaindre ou te soutenir, tu auras une affection, une tendresse paternelles.

Elle se jeta dans les bras de son oncle, mais sans trouver une parole, étouffée par les larmes.

—A deux nous serons forts, dit-il doucement, et si pendant le temps qu'il nous reste à passer ici tu peux t'observer, j'arrangerai les choses pour que notre départ paraisse à tous la chose la plus naturelle du monde: lady Cappadoce sait-elle que tu m'as envoyé une dépêche?

—Je ne crois pas.

—Dans le cas où elle le saurait, est-il possible que cette dépêche soit une réponse à une lettre que tu aurais reçue de moi?

—Sans doute.

—Eh bien! il en sera ainsi: notre voyage n'aura pas été arrangé aujourd'hui; je te l'aurai proposé il y a plusieurs jours—ce qui a son importance, tu le comprends—aujourd'hui je ne serai venu que pour nous entendre définitivement. C'est ainsi que tout de suite je vais présenter les choses à lady Cappadoce. Toi, pendant ce temps, fais atteler une voiture qui me conduira à Paris.

—Vous voulez?

—Ne t'imagine pas, pauvre petite, que je veuille revenir sur ce que j'ai dit: je suis à toi, entièrement; si je vais à Paris c'est pour toi; je dois voir ce misérable.

Elle eut un frémissement.

—C'est de ton honneur qu'il s'agit, c'est de l'honneur de notre nom; aie confiance en moi.

Elle releva la tête et lui tendant la main:

—Toute confiance, mon oncle.

—Si tu ne veux pas rester ici, exposée aux questions de lady Cappadoce et à sa curiosité, viens avec moi à Paris, tu m'attendras à l'hôtel tandis que je serai chez lui, et nous rentrerons ce soir ensemble. A la veille d'un départ, il est tout naturel qu'on ait des courses à faire dans les magasins. Ce sera ton explication.

Pendant que le comte annonçait son voyage à lady Cappadoce, si ébahie qu'on ne l'emmenât point qu'elle ne trouvait pas un mot à répondre, Ghislaine, devant une glace se baignait le visage, tâchant d'effacer les traces de ses larmes: quand M. de Chambrais la fit appeler, elle était prête à partir.

En chemin, pour la distraire, il voulut discuter leur plan de voyage: où désirait-elle aller? Mais elle n'avait aucun désir, bien qu'elle ne fût pas plus blasée sur les voyages que sur les autres plaisirs, qui avaient été réservés pour ses premières années de mariage. Si l'été leur interdisait l'Espagne et l'Italie, il leur restait les pays du nord: la Hollande, la Norvège. Le Danemark ne la tentait pas plus que la Hollande, la Norvège que le Danemark.

Pourquoi ne pas rester en France, dans un village au milieu des bois, ou au bord de la mer? A quoi bon parcourir des pays plus ou moins curieux qu'elle verrait mal? Mais elle n'eut pas plutôt fait cette réponse qu'elle en comprit l'égoïsme, et tout de suite elle s'en excusa en priant son oncle de choisir lui-même le pays qu'il aurait plaisir à voir ou à revoir, et ce fut sur la Hollande que décidément tomba ce choix.

Cette discussion eut cela de bon qu'elle occupa la route: obligée de suivre son oncle, obligée de lui répondre, Ghislaine se calma. La honte de la confession commençait à perdre de son intensité première, en même temps que l'horreur de sa situation s'atténuait dans la tendresse qu'elle rencontrait. Certes, elle avait compté sur cette tendresse, et c'était cette confiance qui lui avait donné la force de l'appeler à son aide; mais comment eût-elle imaginé que son oncle, dont elle connaissait les idées et les habitudes d'indépendance, allait sacrifier ses idées et ses habitudes pour se donner à elle avec ce dévouement? L'émotion qu'elle éprouvait à se sentir ainsi soutenue lui desserrait le coeur.

En arrivant à Paris, M. de Chambrais la laissa à l'hôtel:

—Tâche de n'être pas trop impatiente, ma mignonne: tu comprends que je peux ne pas le rencontrer chez lui; peut-être faudra-t-il que je revienne à une heure où il y a chance de le trouver.

Il avait envoyé chercher une voiture de place, il se fit conduire rue de Savoie où demeurait Nicétas; à sa demande, la concierge répondit que justement M. Nicétas était chez lui:

—Au cinquième, la porte et gauche, au fond du corridor.

Ces cinq étages, le comte les monta lentement; pour les mêmes raisons qui lui avaient fait laisser sa canne dans son fiacre, il s'arrêtait à chaque palier: il fallait qu'il se calmât et ne se laissât pas entraîner par la colère indignée qui le poussait; c'était de sang-froid, avec dignité, qu'il devait aborder cet entretien et le conduire à sa fin.

Au dernier palier il fit une longue pause, car malgré tout ce qu'il s'était dit et se répétait, il ne se sentait pas maître de ses nerfs.

La nature pas plus que l'éducation n'avaient fait de lui un de ces hommes apathiques qui supportent les coups du sort en tendant le dos, et préparent leur joue droite quand ils ont reçu un soufflet sur la gauche. En lui donnant la taille et la carrure d'un cuirassier, les muscles d'un gymnaste, les capacités et les exigences stomacales d'un gentilhomme campagnard grand mangeur, grand buveur, grand chasseur, grand marcheur, également fort dans tous les sports, la nature ne l'avait pas prédisposé à la retenue ou à la timidité.

Ordinairement, il allait droit devant lui, fièrement, crânement; la tête haute et le nez au vent, ne subissant d'autres règles que celles de sa fantaisie, d'autres lois que celles des convenances ou de sa conscience. Aussi lui en coûtait-il, dans ces circonstances, de ne pas entrer simplement chez ce misérable pour lui casser les reins et lui tordre le cou comme il le méritait; ce qu'il eût fait sans le moindre scrupule, si l'honneur de cette pauvre petite n'eût été en jeu.

Et c'était cette lutte même contre l'impulsion de son caractère qui le rendait hésitant: comment se contiendrait il lorsqu'il aurait ce lâche gredin devant lui?

Une femme, qui entr'ouvrit une des portes donnant sur le palier et l'examina avec la curiosité d'une commère à l'affût de ce qui se passe chez ses voisins, le décida: sachant qu'on pouvait l'écouter, il serait plus maître de soi.

Il suivit le corridor; au bout se trouvait la porte que lui avait indiquée la concierge, la clé dans la serrure.

Il frappa. On ne répondit pas. Il frappa plus fort.

—Entrez, dit la voix de Nicétas du ton bourru d'un homme mécontent qu'on le dérange.

Sous la main impatiente et nerveuse de M. de Chambrais la clé accrocha dans la serrure, mais cependant la porte s'ouvrit:

Nicétas qui était assis à une table, écrivant, tourna la tête d'un mouvement impatienté; mais en reconnaissant M. de Chambrais il se leva violemment:

—Monsieur de Cham...

Le comte leva sa main puissante et d'un geste énergique lui ferma la bouche si violemment que le nom fut coupé.

—Ne prononcez pas de noms.

De sa main levée il montra la porte et les quatre murs:

—Personne ne doit entendre ce qui va se dire entre nous; parlons bas.

III

La pièce dans laquelle M. de Chambrais se trouvait était plutôt un atelier de peintre qu'une chambre. Aménagée dans les greniers de cette vieille maison, elle recevait le jour par un châssis ouvert dans le rampant du toit, et ses dimensions comme la hauteur de son plafond n'avaient rien des petits logements qu'on rencontre ordinairement à ces hauteurs.

Mais par où elle se rapprochait de ces logements, c'était par la pauvreté de son ameublement consistant en trois chaises de paille et une table de bois noirci; de lit on n'en voyait point, mais un paravent recouvert de papier peint développé dans un angle pouvait le cacher derrière ses feuilles; au mur, en belle place, était accrochée dans un cadre, dont la dorure tirait l'oeil, une gravure représentant un militaire en grand uniforme—le fameux portrait qui avait si fort provoqué l'étonnement de Soupert et la sympathie de lady Cappadoce.

—Nous sommes seuls? demanda le comte en montrant ce paravent.

—Oui, monsieur.

—Le cri qui vous a échappé en me voyant entrer est l'aveu que vous savez ce qui m'amène.

Nicétas était resté dans l'attitude polie de l'homme qui reçoit un personnage important; il se redressa, et prenant une physionomie de défense:

—Je suis à votre disposition, monsieur.

Le comte fit brusquement un pas en avant, le poing crispé; mais il se retint, et attendit un moment, pour se donner le temps de retrouver un peu de son sang-froid.

—A ma disposition! dit-il enfin les dents serrées, en sifflant ses paroles, ahi vraiment, à ma disposition, vous!

Et il le regarda de si haut, avec tant de dignité, que Nicétas baissa les yeux:

—Vous imaginez-vous que je viens vous demander de me faire l'honneur de vous battre avec moi?

—Vous venez me demander quelque chose, au moins, puisque vous êtes ici.

Il avait relevé la tête, regardant le comte en face, d'un air de défi.

De nouveau M. de Chambrais prit un temps assez long avant de répondre, et au lieu de répliquer, à cette insolence, il continua:

—Nous battre, n'est-ce pas; la belle affaire!

—Le comte de Chambrais contre Nicétas le musicien.

M. de Chambrais haussa les épaules avec une pitié méprisante:

—Décidément, vous êtes un sot.

—Monsieur le comte!

—Quel autre qu'un sot peut s'imaginer qu'un duel est possible entre vous et moi? comprenez donc qu'il ne s'agit ni—il baissa la voix—de moi, ni de M. Nicétas, le musicien, mais uniquement de... votre victime. Que nous allions sur le terrain, que je vous tue, n'est-ce pas le plus sûr moyen de la déshonorer? Si je pouvais vous tuer, ce ne serait pas dans un duel, ce serait en vous tordant le cou comme vous le méritez.

Cela fut dit avec une fierté si haute que Nicétas, malgré son assurance, ne soutint pas le regard terrible que le comte lui avait asséné.

—On se bat entre honnêtes gens, on ne se bat pas contre... l'homme que vous êtes.

—Alors, que voulez-vous?

—Je vais vous le dire. Mais avant, cessez de me regarder avec cet air menaçant; vous devez bien voir qu'on ne m'intimide pas, pas plus qu'on ne me met dehors.

Il était devant la porte, à laquelle il tournait le dos; sur sa large poitrine, il croisa ses deux bras puissants, les poings fermés.

—Ce que je veux de vous: mettre ma nièce à l'abri de vos poursuites en vous prévenant que si vous faisiez une tentative pour la voir et pénétrer dans le château, on vous tuerait comme un chien! A partir d'aujourd'hui je ne la quitte plus, et je donne des ordres pour qu'on vous tire dessus.

Nicétas secoua la tête en homme qui ne se laisse pas intimider.

—C'est une menace, continua M. de Chambrais, et c'est sur elle que je compte pour vous tenir à distance, n'étant pas assez simple pour faire appel à un autre ordre de sentiments.

—Peut-être avez-vous tort, monsieur; d'abord parce qu'une menace de mort n'est efficace que sur ceux qui ont peur de la mort, et ce n'est point mon cas; ensuite, parce que j'aurais pu écouter cet appel à d'autres sentiments.

—Vous voulez de l'argent, vous?

Nicétas blêmit, son visage prit une expression de sauvagerie féroce: il ne regardait plus à travers les mèches de ses cheveux tortillés qu'il avait franchement rejetés en arrière; dans sa face contractée, ses yeux noirs lançaient des flammes.

—Vous ne savez pas à qui vous parlez, s'écria-t-il.

—A qui?

Nicétas leva la main vers le portrait, mais tout de suite, violemment, il la rabaissa.

—A un misérable, dit-il, oui, monsieur, à un misérable, mais qui ne veut pas d'argent. Vous ne voyez en moi qu'un lâche et vous entrez ici la menace à la bouche, plein de mépris, plein de fureur.

—Que vous ne méritez pas?

—Que je mérite, cela est vrai; mais enfin à ma faute....

—Votre faute!

—....A mon crime il y a une explication et une excuse.

—Une excuse au crime le plus lâche

—L'amour; j'aime mademoiselle de Cham...

—Je vous ai dit de ne prononcer aucun nom.

—J'aime... celle pour laquelle vous êtes ici; et c'est cet amour, cette passion qui m'a entraîné. Est-ce ma faute si cet amour s'est emparé de moi, m'a pris tout entier et m'a rendu fou? Croyez-vous qu'on puisse laisser vivre côte à côte une jeune fille et un jeune homme sans qu'il en résulte autre chose qu'un échange de politesses banales? Croyez-vous qu'ils peuvent exécuter les morceaux les plus passionnés de la musique, rien qu'avec leurs doigts, mécaniquement, sans que la tête et le coeur se prennent? Peut-être est-ce possible pour certaines natures. Cela ne l'a point été pour moi. Peu à peu l'amour s'est glissé dans mon coeur. En voyant mademoiselle de... en la voyant si charmante, en découvrant chaque jour une séduction nouvelle, cette passion a grandi, et il est venu un moment où je n'ai pas pu la taire. Je suis entré chez elle pour lui dire cet amour que j'aurais maintenu aussi soumis, aussi respectueux qu'elle l'aurait exigé. Elle n'a pas voulu m'écouter; elle n'a pas voulu me comprendre. Elle m'a demandé de partir, je lui ai obéi, Si j'avais été l'homme que vous croyez, serais-je parti alors? Nous étions seuls, portes et fenêtres closes, je n'avais qu'à la prendre, et cependant je ne l'ai pas prise.

—Par grandeur d'âme, par honnêteté, par délicatesse? Non. Par calcul. Vous avez cru qu'oubliant cet outrage, elle vous admettrait près d'elle comme par le passé, et qu'un jour, se laissant toucher par cet amour respectueux et soumis, elle se donnerait:

—Je n'ai point fait de calcul.

—Et moi je vous dis que vous en avez fait un, puisque vous lui avez proposé un marché. Élève de Soupert, vous vous êtes souvenu que votre maître s'était fait aimer d'une jeune fille de notre monde, et vous vous êtes demandé pourquoi il n'en serait pas de vous comme de lui: il l'avait bien forcée au mariage, pourquoi n'arriveriez-vous pas au même résultat? L'affaire était bonne. Malheureusement pour vous, votre calcul était faux: vous ne vous étiez pas fait aimer, et maintenant vous vous êtes fait mépriser et haïr si profondément, que la malheureuse se jetterait plutôt dans les bras de la mort que dans les vôtres.

—Que vous dirai-je? vous me croyez capable de toutes les bassesses; je n'ai pas à me défendre. Et cependant si je voulais, je vous prouverais que toutes ces explications que vous entassez pour m'en accabler ne reposent sur rien.

—Si vous vouliez! mais vous ne voulez pas.

—A quoi bon? Et pourtant.

Brusquement il alla à la table où il était assis quand M. de Chambrais était entré et, prenant une lettre, il la tendit ouverte au comte.

—Lisez cette lettre, dit-il je l'écrivais à mademoiselle de Chambrais, et, puisque je ne vous attendais pas,—mon cri de surprise en vous voyant vous l'a prouvé,—vous ne pourrez pas supposer que je l'avais écrite par calcul, pour ma défense, et vous verrez si d'avance elle ne répondait pas à vos accusations.

—Et que m'importe votre lettre, répondit le comte dédaigneusement sans avancer la main.

Mais il n'eut pas plutôt dit ces quelques mots, qu'une réflexion le fit revenir sur ce premier mouvement de mépris.

Déjà Nicétas avait reposé la lettre sur la table.

—Donnez, dit le comte.

Se plaçant sous le chassis d'où la lumière tombait vive et crue, il lut:

«Voudrez-vous lire cette lettre? Aurez-vous le courage de la lire?

«Pourtant, il faudrait que vous sachiez.

«A vous aussi il a manqué une mère, un père, mais en grandissant vous avez compris que vous aviez la fortune, la considération, l'honneur, le nom; rien à mendier; pas d'indignation à dompter; pas de situation à conquérir; la vie toute faite, un peu vide d'affections sans doute, cependant aimable, brillante, solide, forte à jamais et pouvant s'emplir de joie et d'amour. Il s'agissait pour vous de laisser couler les jours, doucement, sans rien brusquer, et le bonheur était là tout prêt à vous attendre, à vous guetter.

«Pour moi, si je n'ai eu ni parents ni soutien dans mon enfance, en grandissant j'ai vu s'assombrir mon ciel déjà chargé, il fallait faire ma place. Comment? Qu'est-ce qui aide les abandonnés, les solitaires, les pauvres? Et je n'étais pas humble. Et j'ai toujours repoussé les platitudes avec dégoût. Et je sentais dans mes artères la chaleur d'un sang de sauvage.

«Alors, j'ai considéré la vie comme une bataille, bataille contre le destin le plus injuste, le plus inégal qui soit. J ai donc combattu en vindicatif que je suis, à coup d'épaule, à coup de poing; c'est une habitude que j'ai prise d'autant plus facilement qu'elle s'accordait avec mon tempérament, et je n'ai jamais pu l'abandonner; j'en ai été l'esclave, même dans l'amour.

«Je vous aimais; et je m'imaginais que je pouvais être heureux par cet amour.

«Mais c'était une nouvelle lutte, puisque c'était vous que j'aimais.

Cependant j'en avais assez de cogner en sourd sans jamais rien recueillir de bon; et il fallait cette fois que ma rage contre le sort qui m'a toujours soutenu quand j'ai voulu tenter quelque chose, me conduisît à une résolution qui devînt ma force.

«Les circonstances ont encore dominé ma volonté et c'est brutalement, c'est par surprise que je vous ai avoué mon amour, entraîné, poussé malgré moi.

«Ah! pourquoi m'avoir repoussé, pourquoi n'avoir pas permis que je vous revoie: il ne fallait que cela pourtant: vous voir, vivre près de vous, vous aimer respectueusement, pour que je sois celui que je voulais être.

«Repoussé, chassé, votre porte fermée, séparé de vous pour toujours, c'était une nouvelle lutte plus décisive et plus grave que toutes les autres: je n'ai pas reculé; je l'ai engagée.

«Oui, j'ai été indigne; oui, j'ai été criminel, et envers une femme idolâtrée; mais je sentais que sans violence vous m'échappiez et que vous n'aviez même pas pour moi sympathie ou pitié.

«Maintenant cette pitié, qui serait ma gloire, la ressentirez-vous jamais?

«Au moins, croyez-le, je ne suis ni vil, ni lâche; j'aime et je demande seulement que vous me laissiez aimer; oubliez; je ne serai plus pour vous que ce que vous voudrez que je sois. Laissez-moi revenir, reprendre notre existence d'hier, et je serai heureux; je n'aurai pas d'exigences; les remords ont étouffé la révolte, et c'est un malheureux repentant soumis, qui se traîne à vos pieds pour implorer son pardon.»

—Vous alliez envoyer cette lettre? demanda M. de Chambrais.

—Ce soir même.

—Je la prends.

Nicétas hésita un moment, pendant que M. de Chambrais, la pliant, la mettait dans sa poche.

—La lira-t-elle? demanda-t-il.

—Allez-vous aussi à moi proposer un marché? Je n'ai qu'une réponse à vous faire, c'est vous répéter ce que je vous ai dit: une nouvelle tentative, et l'on vous tire dessus; vous avouez que vous êtes un sauvage; c'est en sauvage que vous serez traité.

IV

C'était sur les distractions du voyage, le mouvement, la fatigue que M. de Chambrais avait compté pour occuper Ghislaine.

Mais ce qui plus que ces distractions, plus que le mouvement, le changement, le nouveau, la fatigue, occupa Ghislaine et l'arracha à elle-même, ce fut la tendresse qu'elle trouva chez son oncle.

Depuis qu'elle était orpheline, il s'était montré le meilleur des parents assurément, bon, prévenant, indulgent, affectueux, mais avec l'acuité de sentiment d'un coeur inquiet, qui exige tout précisément parce qu'il n'a rien; elle avait très bien démêlé qu'il ne se donnait pas entièrement comme elle l'aurait voulu. Qu'il vînt déjeuner à Chambrais comme il lui en faisait la fête assez souvent, il n'oubliait jamais l'heure du départ; toujours il avait les meilleures raisons pour rentrer à Paris, des rendez-vous pris; on l'attendait; une affaire importante; la prochaine fois il s'arrangerait pour rester plus longtemps, mais cette prochaine fois n'arrivait jamais: malgré son affectueuse bonté, il était oncle comme elle n'était pour lui qu'une nièce, et non une fille.

Mais fille elle était devenue le jour où ils avaient quitté Paris pour Bruges, et dans la douceur de se sentir enveloppée d'une tendresse qu'elle avait si longtemps appelée sans la trouver telle qu'elle l'imaginait, son angoisse nerveuse s'était fondue: elle n'avait point douté de lui quand il avait dit que «l'oncle désormais ferait place au père», mais ce n'étaient que des paroles qui n'avaient qu'un sens vague pour son coeur bouleversé, tandis que maintenant ces paroles étaient réalité.

Jusqu'à ce moment la vie de M. de Chambrais s'était partagée en deux parts inégales, l'une tout au plaisir, l'autre tout au devoir. Pendant les treize années qu'il avait données à sa mère aveugle, l'accompagnant partout, ne la quittant pas du matin au soir, lui faisant la lecture, l'entretenant, la distrayant, l'occupant, il avait pris des habitudes de sollicitude, de prévenance, de petits soins qui lui étaient instantanément revenus auprès de Ghislaine.

Dans ce rôle l'homme de plaisir eût été mal placé, mais l'homme de devoir fut tout de suite à son aise; il n'eut qu'à se souvenir.

Cependant ce ne fut pas sans un sentiment de regret qu'il quitta Paris, et quand dans la gare du Nord, se promenant devant le coupé qu'il avait fait retenir, il se demanda quand il reviendrait, il eut un mouvement de contrariété et de mélancolie.

—Il ne ferait donc jamais ce qu'il voudrait; toute sa vie il serait esclave; et quand la liberté lui serait rendue, si jamais elle l'était, la vieillesse l'empêcherait d'en profiter.

Mais ce souci personnel ne tint pas contre le regard inquiet de Ghislaine: ce n'était pas à lui de l'attrister; aussitôt il monta près d'elle et ne s'occupa plus que de l'installer avec les attentions et les précautions d'un habitué des voyages.

—Sais-tu, mignonne, dit-il, que notre excursion va être un plaisir pour moi?

—Vraiment, vous êtes trop bon, mon cher oncle.

—Mais pas du tout, ce que je te dis est sincère. C'est la première fois que tu sors de Paris: tu vas ouvrir des yeux grands comme ça, et je vais jouir de tes étonnements. Je t'en prie, ne sois pas correcte, et si tu peux redevenir enfant, laisse-toi aller. Surtout, questionne-moi. Je ne suis pas bien savant, et quand nous serons devant les chefs-d'oeuvre des peintres flamands et hollandais, il ne faudra pas me demander des dates, mais je peux encore ciceroner. Tu me diras ce que tu penses, ce que tu sens, et ce me sera une joie de voir tes idées s'éveiller. Quoi de plus charmant qu'une aurore!

Il s'arrêta, car plus d'une fois, pour expliquer et justifier la vie sévère imposée à la jeunesse de Ghislaine, il lui avait dit que cette sévérité tenait à de certains scrupules: il voulait réserver à un mari aimé la joie de lui montrer le monde.

Comment évoquer un pareil souvenir en ce moment? Comment faire allusion à un mari ou un mariage? Ce mariage, c'était celui qu'elle avait accepté si franchement. Ce mari, c'était le comte d'Unières. Tout ce qui pourrait les évoquer serait une blessure. Qui pouvait savoir le chemin qu'en quelques jours ce projet avait fait dans cette imagination et dans ce coeur de jeune fille?

Pour combien l'anéantissement de l'avenir qu'elle s'était bâti entrait-il dans son désespoir? car pour elle ce mariage qu'elle désirait était rompu, et ce mari qu'elle aimait déjà peut-être était perdu. Tout ce qu'il aurait pu dire à ce sujet eût été aussi inutile que dangereux. Si ce projet pouvait être jamais repris, ce qu'il ignorait lui-même, ce ne serait que plus tard. Pour le moment, le silence seul convenait à cette situation, et c'était dans un silence absolu qu'il devait se renfermer en attendant.

Le train filait. A droite se découpaient, sur le bleu du ciel, les hautes cheminées et les combles du château d'Écouen; à gauche c'était Chantilly, ses étangs, sa forêt et son château: les sujets de causerie s'enchaînaient et Ghislaine n'avait le temps ni de revenir en arrière, ni de réfléchir.

Elle l'eût bien moins encore à Bruges, à Ostende, où pour la première fois elle vit la mer, à Anvers où les Rubens de la cathédrale et les Metsys du Musée ouvrirent à son esprit tout un monde nouveau.

Le voyage se continua lentement; aux rives vertes de l'Escaut succédèrent celles non moins vertes et non moins douces de la Meuse; aux éblouissements des Rubens, les révélations des Rembrandt de La Haye et d'Amsterdam.

Chaque soir, M. de Chambrais, en faisant l'examen de la journée écoulée, s'applaudissait d'avoir eu cette idée de voyager, car chaque soir il la trouvait plus calme que la veille, plus reposée: évidemment la distraction et la fatigue opéraient sans qu'elle en eût conscience. Ce n'était pas seulement une distance matérielle qui l'éloignait de Chambrais, c'était encore une distance morale: l'angoisse des premiers moments s'affaiblissait.

A la vérité, lorsqu'elle venait le matin se mettre à sa disposition pour partir en excursion, il remarquait en elle, bien souvent, sur son vissage ou dans son attitude, des traces évidentes de trouble; des plis au front et aux lèvres, des contractions aux paupières, une profondeur de regard qui disaient que son sommeil avait été agité, mais il lui semblait que ces plis étaient maintenant moins profonds qu'en quittant Paris, et comme pendant la journée ils s'effaçaient peu à peu, il se disait que bientôt ils disparaîtraient entièrement si des complications ne se présentaient pas.

C'était un grand point obtenu que cette amélioration continue, et tel qu'on pouvait espérer la guérison dans un délai donné, mais il y en avait un autre plus grave qui restait et devait rester douteux pour quelques semaines encore.

Père, il avait pu le devenir: mère, il ne le pouvait pas, et il y avait certaines questions qu'une mère seule aurait su adresser à cette jeune fille. Condamné au silence, il en était réduit à l'observer pour tâcher de deviner ce qui était impossible à demander, mais encore était-ce avec une extrême réserve, car lorsqu'il la regardait un peu trop franchement il était sûr de la voir aussitôt troublée et mal à l'aise, confuse et honteuse pour plusieurs heures.

Ce n'était donc qu'à la dérobée qu'il pouvait chercher en elle un indice qui fut une lumière, et s'il en trouvait un plus ou moins caractéristique, il ne l'acceptait jamais sans hésitation: parce que ses yeux s'entouraient quelquefois le matin d'un cercle bistré; parce que son regard avait perdu de sa vivacité; parce que sa peau se décolorait, en résultait-il nécessairement qu'il devait croire à une grossesse? Et des raisons toutes simples ne se présentaient-elles pas aussitôt à l'esprit pour expliquer ces changements sans se jeter tout de suite aux extrêmes?

Si la grossesse pouvait être possible, était-elle probable?

Il eût fallu un médecin pour distinguer les nuances qui se présentaient dans ses observations, et il l'était aussi peu que possible, surtout en cette partie de la médecine.

Quand il avait remarqué un indice qui lui paraissait offrir quelque précision il interrogeait Ghislaine, mais d'une façon si vague que les réponses qu'il obtenait ne pouvaient guère avoir de sens.

Qu'elle ne mangeât pas à un repas, il lui demandait si elle avait mal à l'estomac, et quand elle avait répondu négativement il n'insistait pas.

Cependant n'était-il pas bizarre qu'elle ne voulût jamais de bouillon gras et qu'elle ne bût plus de vin? Ne l'était-il pas qu'elle demandât toujours de la salade et des fruits?

Se rappelant qu'une de ses amies avait, au commencement d'une grossesse, souffert de névralgies dentaires, il questionna Ghislaine pour savoir si elle n'avait pas mal aux dents; mais comme il la vit surprise de son insistance, il se jeta dans des explications qui n'expliquaient rien du tout.

—Dans un pays humide comme la Hollande, il est naturel d'avoir mal aux dents, alors j'avais pensé...

—Mais je n'ai pas mal aux dents, je vous assure.

—Tant mieux!

Sans doute tant mieux, mais ce n'était qu'un léger soulagement et un mince sujet d'espérance: si la grossesse se manifeste quelquefois par des douleurs de dents, ce signe n'est pas constant et son absence ne signifiait pas qu'ils n'avaient rien à craindre: Ghislaine ne souffrait pas des dents, voilà tout; rien ne prouvait qu'un autre symptôme n'éclaterait pas le lendemain, décisif celui-là.

Depuis qu'ils étaient à Amsterdam, leur temps se partageait en visites aux musées, aux collections particulières et en promenades aux environs. Brook, Zaandam, Alkmaar, le Helder; ils se faisaient conduire en voiture sur le quai de l'Y, et là ils montaient dans l'un des nombreux petits bateaux à vapeur prêts à partir; au hasard, ils verraient bien où ils arriveraient.

Un jour qu'ils s'étaient ainsi embarqués sur un vapeur sans autre but que de passer entre des rives fraîches et vertes, de chaque côté desquelles s'étalaient d'immenses prairies rayées de canaux, avec çà et là un bouquet d'arbres ou une ferme en briques roses et au grand toit en tuiles noires, ils étaient arrivés à un gros village appelé Monnickendam; là M. de Chambrais se rappela que c'était l'endroit d'où l'on pouvait le plus facilement partir pour visiter l'île de Marken, et il proposa cette excursion à Ghislaine qui accepta avec plaisir: ce serait sa première promenade sur mer; le temps était beau, la traversée du détroit ne demandait pas en barque plus d'une heure, c'était charmant.

La barque quitta le petit port et bientôt ils se trouvèrent au milieu d'une mer glauque, laissant derrière eux les clochers de Monnickendam, et se dirigeant sur le fanal de Marken, qui dans une brume légère se découpait sur un ciel d'un gris tendre. C'était à peine si la légère brise qui soufflait de terre faisait clapoter l'eau; cependant Ghislaine ne tarda pas à pâlir et à paraître souffrante; son regard se troubla.

Était-il possible que par ce calme, sur cette mer tranquille, ce fut le mal de mer?

Quand, descendus à terre il s'assirent sur la digue qui protège l'île contre les vagues, il l'interrogea avec une anxiété qu'il n'avait jamais mise dans ses questions:

—Est-ce que maintenant quelquefois, tu as mal au coeur?

Elle avoua que depuis quelques jours, le matin en s'éveillant, elle avait des nausées.

V

D'ordinaire M. de Chambrais était abondant dans ses discours quand il connaissait le pays où ils se promenaient, mais bien qu'il fût déjà venu à

Marken dans un précédent voyage, ils parcoururent l'île sans une de ces longues explications auxquelles il se plaisait.

Ils marchaient lentement sur les étroites levées de terre qui coupent ce sol plat que souvent la mer recouvre, et quand ils arrivaient à un groupe de maisons, toutes de la même forme, ne variant entre elles que par la couleur crue bleue, verte ou noire dont elles étaient peintes, ils s'arrêtaient un moment.

Le retour sur la terre ferme et celui en bateau à vapeur à Amsterdam furent aussi silencieux. De temps en temps seulement, M. de Chambrais prononçait quelques mots insignifiants, et encore était-ce plutôt pour parler que pour dire quelque chose; puis il retournait aussitôt à ses réflexions.

Il n'y avait plus d'illusions à opposer à l'évidence ce mal de mer survenant sans raisons, et l'aveu des nausées du matin n'étaient que trop significatifs, alors surtout qu'ils s'ajoutaient aux symptômes déjà observés: les changements dans la physionomie, les troubles d'estomac, les dégoûts pour certains aliments,—c'était bien une grossesse.

Cette conclusion, qui déjà tant de fois s'était présentée à son esprit, ne pouvait plus être repoussée; les signes étaient désormais certains et maintenant ils allaient s'accentuer; les probabilités qu'il n'avait envisagées que pour les rejeter aussitôt étaient devenues la réalité.

—Une Chambrais!

Et bien qu'il eût combiné et arrangé longuement ce qu'il aurait à faire dans ce cas, il restait paralysé ce n'était plus dans un délai plus ou moins reculé, c'était tout de suite qu'il fallait s'expliquer avec Ghislaine.

Depuis leur arrivée à Amsterdam, ils avaient l'habitude d'employer leur soirée à une promenade dans les environs de la ville ou au Jardin zoologique, lorsqu'on y donnait un concert; il aimait à s'asseoir à une table dans ce jardin, tout plein de gens qui s'amusaient, et il prenait plaisir à jouir de l'effet que produisait Ghislaine, dont les cheveux noirs, le teint ambré, la finesse et la sveltesse contrastaient avec la beauté pâle et plantureuse des femmes et des jeunes filles du pays qui occupaient les tables voisines.

Quand, après le dîner, il entra chez elle, croyant la trouver prête à sortir, elle ne l'était point.

—Es-tu plus souffrante? demanda-t-il surpris.

—Souffrante, non; mais si troublée, si angoissée, qu'avant de sortir je vous prie de me donner quelques instants.

—Tu as quelque chose à me demander?

Elle baissa la voix:

—Pourquoi, tantôt, sur la digue de Marken, avez-vous insisté afin de savoir si j'avais mal au coeur tous les matins?

—Ah! tu as remarqué que j'insistais.

—Avec inquiétude, et cette insistance rapprochée des questions que vous m'adressez à chaque instant sur ma santé est la preuve que vous craignez quelque chose de grave. Ce quelque chose, devez-vous me le dire, au contraire devez-vous me le cacher? C'est ce que mon angoisse me pousse à vous demander.

Avant qu'il pût répondre, elle continua:

—A chaque instant, je sens votre sollicitude et vos prévenances pour adoucir les douleurs de ma situation, et si, depuis notre départ de Paris, j'ai pu me laisser distraire au lieu de rester toujours absorbée dans la même pensée, c'est à cette sollicitude, à votre tendresse que je le dois; mais enfin vous ne pouvez pas faire que ce qui est ne soit pas. Peut-être ce que je vous demande me l'avez-vous déjà dit, quand vous m'avez expliqué qu'il se pourrait que nous fussions empêchés de revenir à Chambrais avant plusieurs mois, et qu'alors nous irions à l'étranger, où nous attendrions. Mais j'étais à ce moment si bouleversée, si peu en état d'entendre et de comprendre, que je ne sais quel sens attacher à ces paroles qui ne sont peut-être pas les vôtres précisément.

—Au moins est-ce leur sens.

—Pardonnez-moi de vous questionner. Sans doute, je devrais attendre; mais à bout d'anxiété, j'imagine que la vérité, si cruelle qu'elle soit, ne peut pas être pire que le doute; sans savoir rien, j'imagine tout, et ce tout me jette dans l'affolement: je vous assure qu'il y a des heures où je me demande si j'ai ma tête.

—Tu as raison, il faut s'expliquer, et je l'aurais fait déjà, n'était la difficulté, avec une chaste fille comme toi, de prononcer certaines paroles.

Elle lui prit la main et l'embrassant:

—Sûre de votre appui et de votre affection, je suis peut-être plus forte que vous ne pensez.

—Ce n'était pas de toi que je doutais, c'était de moi; tu me montres ce que je dois faire, comme une brave que tu es.

—Plus désespérée que brave, hélas! Mais c'est peut-être dans le désespoir qu'on prend quelquefois le courage.

Ils restèrent quelques instants sans parler; Ghislaine debout appuyée contre une console, M. de Chambrais marchant dans la chambre et s'arrêtant devant l'une des fenêtres ouvertes, comme s'il regardait ce qui se passait sur l'Amstel, dont les rives droites, encaissées de quais, formaient perspective pour l'hôtel, mais en réalité regardant en lui-même et cherchant comment aborder cet entretien, ce qu'il devait dire pour n'en pas trop dire.

—Tu ne t'es pas trompée en pensant que mes questions sur ta santé visaient plus loin que l'heure présente, et que leur intérêt n'était pas seulement immédiat: elles avaient pour but de tâcher d'apprendre si les craintes dont je t'ai parlé et que tu viens de rappeler ne menaçaient pas de se réaliser.

—Et elles se réalisent? demanda-t-elle anxieusement.

Il inclina la tête d'un signe affirmatif.

—Elles paraissent se réaliser.

Comme elle attachait sur lui ses yeux éperdus, il baissa les siens:

—Fais appel à tout ton courage, ma mignonne, et pardonne-moi de te parler un langage que j'aurais voulu épargner à ta pureté... nous avons à craindre une grossesse.

Elle ne répondit rien; mais comme il avait détourné la tête pour ne pas ajouter à sa honte en la regardant, il entendit qu'elle était agitée par un tremblement qui secouait la console sur laquelle elle était appuyée.

—Je ne dis pas qu'elle soit certaine, continuait-il avec plus de liberté, car maintenant le mot terrible était lâché, mais enfin tu dois t'habituer à l'idée qu'elle est possible... et même probable si nous ajoutons foi aux symptômes qui, depuis quelque temps, se sont manifestés dans ton état; pour être fixés, nous devrions sans doute consulter un médecin....

—Oh!

—....Mais je ne vois pas qu'il soit utile de t'imposer cette nouvelle épreuve puisque le temps nous fixera lui-même; nous n'avons qu'à attendre en prenant nos précautions.

Il releva les yeux. Elle était décolorée, chancelante, et de ses doigts crispés elle se retenait au marbre de la console; il la prit dans ses bras et la fit asseoir, gardant une de ses mains dans les siennes.

—Si grand que soit notre malheur, dit-il vivement, il ne nous trouve pas désarmés. Tu n'es pas une pauvre fille écrasée par le poids de sa faute et abandonnée. De faute tu n'en as pas commise, et c'est une grande force de pouvoir s'appuyer sur sa conscience. Abandonnée tu ne l'es pas, puisque tu peux t'appuyer sur ma tendresse. Nous pouvons donc résister. Je vais t'expliquer comment. Le jour où tu m'as raconté... ce qui s'est passé, je t'ai dit que peut-être nous serions empêchés de revenir à Chambrais avant plusieurs mois, pendant lesquels nous irions à l'étranger; quelque part où nous ne serions pas connus. Je ne pouvais pas, je n'osais pas à ce moment, m'expliquer plus clairement; mais ces ménagements de paroles ne sont plus possibles aujourd'hui. C'est pour cacher cette grossesse qne nous irons à l'étranger, et ce sera pour cacher aussi la naissance de l'enfant, dont, tu le comprends bien, n'est-ce pas, tu ne peux pas être la mère.

Au long regard troublé qu'elle attacha sur lui, il sentit qu'elle ne le comprenait pas, comme il l'avait cru.

—Tu admets, n'est-ce pas, reprit-il, que je connais le monde et la vie, et que, dans les circonstances où nous nous trouvons, je dois savoir ce qu'il convient de faire?

—Oh! sans doute.

—Eh bien! la vérité est que du jour où tu m'as appelé à ton secours, j'ai attendu le coup qui maintenant s'abat sur nous et me suis préparé à le recevoir; il ne me prend donc pas à l'improviste, et ce que je te dis est réfléchi: tu peux avoir confiance.

—Ce n'est pas le doute qui cause ma surprise, c'est l'ignorance: vous dites que cet enfant dont je serai mère ne peut m'avoir pour mère, c'est là ce que je ne comprends pas.

—Tu vas comprendre. Le jour où tu seras assez maîtresse de ta volonté pour ne pas laisser ta physionomie te trahir, nous quitterons la Hollande et nous rentrerons à Chambrais. Le plus tôt sera le mieux; mais je ne peux pas te fixer de date. Quand tu te croiras assez forte, tu me le diras, et nous partirons. Nous ne resterons que peu de temps à Chambrais; car il importe que nous soyons loin de Paris quand d'Unières y reviendra...

Un mouvement échappa à Ghislaine, mais M. de Chambrais continua comme s'il ne l'avait pas remarqué:

—Le prétexte de ce nouveau voyage sera un goût vif pour l'étude de la peinture qui t'aura pris en Flandre et en Hollande; un besoin de comparer les maîtres de ces pays avec les maîtres italiens. Ce prétexte sera une raison suffisante pour lady Cappadoce, pour nos parents et pour le monde. Nous partirons donc pour l'Italie. Mais comme en cette saison la chaleur serait dangereuse pour toi à Venise, à Florence, à Rome, nous ferons un séjour en Suisse d'abord, puis au bord du lac Majeur ou du lac de Côme, là où tu te trouveras le mieux; quand l'été se calmera, nous descendrons vers le sud, Milan, Venise, Bologne, Ravenne, Florence, Pise, les petites villes de la Toscane, Rome et Naples. Je pense que ces étapes seront bonnes pour ton esprit qu'elles occuperont et distrairont, mais alors même qu'elles amèneraient parfois un peu de fatigue et d'ennui, elles devraient avoir lieu quand même, afin que tu puisses en parler à ton retour; c'est une sorte d'alibi que nous nous créons. Quand nous arriverons à Naples, il sera temps que nous ne nous exposions pas à être rencontrés par des personnes de connaissance. Alors nous partirons pour la Sicile où nous passerons les derniers mois de la grossesse dans un village perdu aux environs de Palerme, à l'abri des indiscrets, et assez près de la ville cependant pour avoir à notre disposition un bon médecin; ce sera ce médecin qui fera la déclaration de l'enfant comme né de père et mère inconnus; après quelque temps de repos nous reviendrons à Chambrais.

—Et lui?

—Qui?

—L'enfant, murmura-t-elle.

—Il restera chez la nourrice que nous lui aurons trouvée.

—Mais c'est l'abandonner!

—Peux-tu, toi, princesse de Chambrais, élever un enfant naturel; peux-tu rentrer en France en l'ayant à tes côtés? Je comprends ton cri: «C'est l'abandonner!» Mais il y a un autre abandon auquel nous devons penser, c'est celui de ton honneur, celui de l'honneur de notre nom. S'il était possible que tu fusses la mère de cet enfant, toutes les précautions que nous prenons, toutes les combinaisons que j'arrange seraient inutiles; nous resterions simplement en France, et simplement nous confesserions la vérité, en livrant le misérable à la justice. Pour être élevé par une nourrice, une bonne nourrice, un enfant n'est pas perdu.

—Et après?

—Quand il aura atteint un certain âge, il viendra en France et je surveillerai son éducation. Enfin, plus tard, je l'aiderai à entrer dans la vie et lui laisserai par testament, ce qui me reste de fortune, car il sera ton fils, c'est-à-dire mon petit neveu, et je ferai pour lui ce que tu ne pourrais pas faire toi-même. Peut-être dira-t-on, peut-être croira-t-il qu'il est mon fils; mais cela sera sans importance je peux, moi, avoir un enfant naturel. Tu vois que j'ai tout prévu, ou à peu près.

VI

Pour éviter les questions et les observations de lady Cappadoce, M. de Chambrais voulut que Ghislaine écrivît à celle-ci leur projet de voyage en Italie. En présence d'un plan arrêté, il n'y aurait rien à dire.

Mais il la connaissait mal: elle eut à dire, au contraire, et beaucoup.

—Pourquoi l'Italie après la Hollande? Que voulait-on cacher sous ces voyages qui s'enchaînaient sans raison? Était-ce un prétexte pour lui faire comprendre qu'on n'avait plus besoin de ses services? S'il en était ainsi, pourquoi ne pas s'expliquer franchement? Elle n'était pas femme à s'imposer.

Aux premières questions, Ghislaine avait été décontenancée; mais ce souci égoïste de ramener tout à soi la tira d'embarras: comme il n'avait jamais été question de se priver des services de lady Cappadoce, elle put démontrer avec la persuasion de la vérité que cette idée ne reposait sur aucun fondement; elle allait en Italie parce que son oncle qui, avait pris plaisir à lui montrer la peinture flamande et hollandaise, voulait maintenant lui montrer la peinture italienne, voilà tout; c'était bien simple; et il fallut que lady Cappadoce se contentât de ces explications.

Repoussée de ce côté, elle se tourna vers M. de Chambrais à qui elle essaya de présenter des objections de convenance sur ce long tête-à-tête entre un homme jeune encore et une toute jeune fille, mais elle fut reçue de telle sorte qu'elle dut renoncer à se mettre en tiers dans ce tête-à-tête comme elle l'aurait désiré.

Évidemment on ne voulait pas d'elle; si bizarre, si extraordinaire que cela fût, il fallait qu'elle le reconnût, et elle ne s'expliqua cette bizarrerie que par la haute compétence qu'elle s'attribuait dans les questions d'art: jaloux de cette compétence, M. de Chambrais, qui était un ignorant présomptueux—comme tous les Français d'ailleurs—prenait ses précautions pour n'avoir pas à subir, à chaque pas, des leçons qui l'auraient humilié.

Que faire à cela? Il n'y avait pour elle que deux partis à prendre: se soumettre ou se fâcher. Son premier mouvement fut de retourner en Angleterre; mais comme elle s'était juré depuis longtemps de ne rentrer dans son pays qu'après avoir recueilli un héritage qui devait la rétablir dans son rang et que la mort maladroite lui faisait encore attendre, elle trouva qu'il était plus digne d'obéir à son serment que de se laisser emporter par l'amour-propre si justement blessé qu'il fût, et elle se soumit.

Lady Cappadoce n'était pas la seule avec laquelle M. de Chambrais eût à prendre des précautions pour sauver les apparences; il avait aussi à faire accepter ce long voyage par les membres de la famille qui s'intéressaient à Ghislaine et qui auraient pu s'étonner d'une absence de près d'un an.

Ce fut à ces visites qu'ils employèrent les quelques jours qu'ils passèrent à Paris. Partout l'accueil fut le même: on félicita le comte et on complimenta Ghislaine:

—Charmant voyage!

—Êtes-vous heureuse, ma chère enfant?

Et Ghislaine dut montrer sa joie et répéter à tous qu'elle était heureuse, bien heureuse de ce charmant voyage.

Enfin ils purent partir. Il était temps. Le sourire que Ghislaine avait dû mettre sur ses lèvres pour parler des «joies de ce charmant voyage» était un supplice. Ce fut seulement quand, en s'éloignant de Paris, elle put déposer son masque souriant, qu'elle trouva un peu de calme.

Et cependant c'était le grand saut dans l'inconnu qu'elle faisait.

Que serait cette vie nouvelle si pleine de mystères dans laquelle elle entrait? Que durerait-elle? Comment, se terminerait-elle?

Il y avait là un insondable qui lui donnait le vertige lorsqu'elle se penchait au-dessus avec l'angoisse d'une curiosité ignorante: mère! enfant! que de questions ces mots suggéraient, sans qu'elle eût personne pour l'éclairer.

Et c'était avec un émoi paralysant qu'elle revenait aux arrangements pris par son oncle. Sans doute, elle devait croire qu'ils étaient dictés par l'expérience de la vie et par la sagesse la plus ferme, et elle le croyait, n'imaginant pas qu'il y eût de plus honnête homme au monde que son oncle, de plus droit et de plus délicat que lui, mais malgré tout, au fond de sa conscience, une voix mystérieuse balbutiait de vagues protestations, que tout ce qu'elle se disait ne parvenait pas à étouffer; les mères se sacrifient pour leurs enfants, tandis qu'elle sacrifiait son enfant à son propre intérêt, à l'honneur, à l'orgueil de son nom.

Plus d'une fois, sous l'obsession de cette pensée, elle fut sur le point de se confesser à son oncle; mais comment? Elle qui ne savait rien et n'était rien, pouvait-elle se mettre en opposition avec lui? A quel titre? En appuyant sur quoi?

Elle sentait qu'elle ne devait pas abandonner son enfant, mais le sentait-elle assez fermement pour avoir la force de résister à son oncle; et si cette force lui manquait, qu'obtiendrait-elle?

Quand elle s'interrogeait sur ce point, elle était obligée de convenir que cet amour des mères pour leurs enfants qui engendre ces sacrifices, et ces héroïsmes dont parle la tradition, était bien faible en elle, si même il existait, et que ce qu'elle trouvait dans son coeur comme dans son esprit, c'était une sorte d'instinct vague, nullement un sentiment passionné. L'illusion n'était pas possible: sa vie serait manquée dans tout ce qui fait le bonheur de la femme: elle aurait eu un amant, sans l'amour; elle aurait un enfant sans la maternité.

Le programme tracé par M. de Chambrais s'exécutait régulièrement pendant qu'elle tournait ses tristes pensées, et si absorbantes qu'elles fussent, elles cédaient cependant aux distractions du voyage.

Enfermée à Chambrais dans son appartement, elle fut toujours revenue au même point: la grossesse, l'enfant, la maternité, l'abandon, la honte, mais le mouvement et le tourbillon du voyage ne pouvaient pas ne pas la secouer.

A Chambrais, les journées s'enchaînant les unes après les autres eussent été éternelles à passer: au Righi ou au Saint-Gothard, elles étaient si remplies que le soir arrivait sans qu'elle en eût trop conscience.

A Chambrais, les nuits sans sommeil, agitées par la fièvre et les tristes réflexions, eussent été terriblement longues: à Andermatt ou à la Furca, la fatigue les faisait courtes.

Les premiers jours, M. de Chambrais avait veillé précisément à ce que Ghislaine ne se fatiguât point, et leurs promenades avaient été limitées en conséquence. Mais en voyant qu'au lieu de lui être mauvaises, elles avaient au contraire une heureuse influence sur son état général, il les avait peu à peu allongées.

Pour être mignonne, Ghislaine n'était ni faible ni chétive; élevée à la campagne dans la liberté du plein air, elle n'avait pas besoin de ménagements et de précautions qui eussent été indispensables à une Parisienne; elle savait marcher et pouvait supporter le chaud comme le froid, la pluie comme le soleil; qu'elle fît de l'exercice, elle mangerait; qu'elle se fatiguât, elle dormirait; qu'elle fût toujours en mouvement, elle échapperait aux rêveries de la réflexion et du retour sur soi,—le point essentiel à obtenir.

La réalité justifia ce raisonnement, non seulement elle mangea et elle dormit, mais encore les troubles et les malaises qui s'étaient manifestés en Hollande disparurent.

Après un mois passé dans la Suisse centrale, ils descendirent sur les lacs de la frontière italienne, puis en septembre ils commencèrent leur vrai voyage par Milan, Venise, Rome, pour arriver à Naples en novembre.

Jusqu'alors Ghislaine avait pu se montrer sans que rien sur son visage ou dans son attitude provoquât la curiosité, et les personnes de leur monde qu'ils avaient rencontrées à Pise, à Florence et même à Rome n'avaient pu faire aucune remarque inquiétante: à la vérité, on pouvait trouver qu'elle portait des vêtements un peu larges, mais il y avait à cette tenue des explications toutes naturelles qu'on admettait sans aller en chercher d'invraisemblables: la liberté du voyage, la chaleur et, plus que tout, le dédain de la toilette qui chez mademoiselle de Chambrais était notoire.

Mais à Naples le moment était venu de ne plus s'exposer à ces rencontres et de disparaître, comme il était arrivé aussi pour M. de Chambrais de se débarrasser de son valet de chambre. Sans doute il avait pleine confiance dans ce vieux domestique attaché à son service depuis plus de vingt-cinq ans, mais cependant elle n'allait pas jusqu'à le rendre maître du secret de Ghislaine. Sous prétexte de lui faire surveiller des travaux de peintures et d'appropriation dans l'appartement de la rue de Rivoli, Philippe fut donc renvoyé à Paris avec ordre de presser les ouvriers de façon à ce que le comte trouvât tout prêt le premier janvier.

Alors ils s'embarquèrent pour Palerme par une soirée de beau temps, la mer devant être plus douce à Ghislaine que ne l'aurait été un voyage en voiture à travers les Calabres et le Sicile.

Ce n'était pas le hasard qui avait inspiré le choix de M. de Chambrais. Vingt ans auparavant, il avait fait un voyage en Sicile. A cette époque, il n'imaginait guère qu'il remplirait plus tard les rôles de père, mais il espérait que plus d'une fois il jouerait ceux de jeune premier et d'amoureux, et en visitant une petite ville des environs de Palerme, Bagaria, l'idée lui était venue qu'on serait là à souhait pour se cacher avec une femme aimée, dans un pays délicieux, à l'abri de toute surprise.

Ce rêve ne s'était pas réalisé, mais le souvenir lui en était resté assez vivace pour s'imposer le jour où il s'était demandé dans quel pays Ghislaine trouverait un refuge: tout de suite il avait pensé à la Sicile et à Bagaria.

Que serait cette Sicile, que serait cette petite ville dont son oncle lui avait tant parlé? Depuis trois mois la question s'était posée à chaque instant pour Ghislaine. Aussi quand l'heure de l'arrivée à Palerme approcha, alla-t-elle s'installer à l'avant du bateau. Elle resta là assez longtemps, les yeux perdus dans les profondeurs bleues de l'horizon. Enfin un point plus sombre se détacha sur la ligne indécise où la mer et le ciel se confondent, et quand peu à peu le panorama verdoyant de Palerme se dressa devant elle montant du rivage jusqu'au cirque de montagnes grises qui l'encadrent, ce fut un émerveillement.

—Tu vois! dit M. de Chambrais répondant au regard charmé qu'elle avait fixé sur lui.

Pour Bagaria non plus il ne l'avait pas trompée; et quand elle se trouva installée dans une villa dont les jardins occupaient les pentes du Monte-Catalfano, elle éprouva un sentiment de tranquillité et de repos, presque de confiance. A la vérité, ces jardins, tout pleins d'ermitages, de ruines et de grottes avec des statues de personnages à figure de cire ou de bêtes d'une création étrange, étaient bien ridicules, mais qu'importait? ces «embellissements» n'avaient pas supprimé l'admirable vue de Palerme; pendant les trois ou quatre mois qu'elle allait vivre là, enfermée ou à peu près dans cette villa, n'ayant pour se promener que les allées plantées d'orangers de ces jardins, cette vue lui ouvrirait au moins des échappées au dehors et cela suffirait.

Cependant ces trois mois furent longs à passer et les promenades dans les jardins, pas plus que les contemplations de la mer n'auraient suffi pour les remplir si la sollicitude de M. de Chambrais n'avait trouvé moyen de les couper de temps en temps.

Les raisons qui l'avaient empêché de consulter un médecin depuis leur départ de Paris n'existaient plus, au contraire, il en trouvait de toutes sortes, pour en appeler un qui le déchargeât de responsabilités dont depuis trop longtemps il portait le poids tout seul. En l'habituant peu à peu à ce médecin, Ghislaine serait moins mal à l'aise avec lui au moment décisif; et, d'ici là, il l'éclairerait sur plus d'un point que lui, oncle, ne pouvait même pas effleurer.

Bien entendu, le comte n'était débarqué en Sicile ni sous son vrai nom, ni avec son titre; mais il suffisait de le voir pour comprendre que c'était un client sérieux qu'on avait tout intérêt à contenter; aussi quand il avait demandé à un médecin de Palerme, réunissant à peu près les conditions de savoir et d'âge qu'il voulait, de venir une fois par semaine à Bagaria, avait-il vu sa proposition acceptée avec empressement.

Il fallait une nourrice, et le choix exigeait d'autant plus de précautions qu'elle devait garder l'enfant pendant plusieurs années. On trouva une femme de pêcheur, aux environs de Bagaria, qui offrait certaines garanties, et dont le médecin, qui la connaissait, répondit: jeune encore, superbe de force et de santé, elle avait déjà eu cinq enfants; sans être à son aise, elle n'était point misérable, et sa maisonnette, bâtie au bord de la mer, était plus propre que celles de ses voisins.

Enfin il fallait une layette que Ghislaine voulut choisir elle-même et dont elle surveilla l'exécution pièce par pièce, sans que son oncle s'en fâchât: certes, il lui déplaisait de voir en elle le développement d'un sentiment maternel si faible qu'il fût, mais enfin il était bon qu'elle s'occupât à quelque chose.

VII

M. de Chambrais était depuis trop longtemps éloigné de Paris pour ne pas vouloir rentrer en France aussitôt que possible, il le voulait pour lui, car les journées commençaient à être terriblement longues; et il le voulait aussi, il le voulait surtout pour Ghislaine dont l'absence avait duré quatre ou cinq mois de plus que le temps qu'il avait, lors de leur départ, fixé pour leur voyage. Mais avant de se mettre en route il fallait être certain à l'avance qu'elle pourrait sans danger supporter les fatigues de la traversée de Palerme à Naples; et de Naples à Paris celles du chemin de fer; comme il fallait aussi qu'en rentrant à Chambrais personne ne pût trouver en elle le plus léger indice qui permît un soupçon.

—Quand pourrons-nous partir, demandait-il toutes les fois que le médecin venait à Bagaria.

Ce médecin était trop fin pour n'avoir pas deviné une partie de la vérité, et il était trop italien pour ne pas accepter tout ce que le comte lui demandait ou lui disait: on lui avait donné une jeune femme à soigner et à ses yeux Ghislaine était une jeune femme; on l'avait prié de déclarer l'enfant comme né de père et de mère inconnus, il avait fait cette déclaration sans laisser paraître la plus légère surprise, et de cette enfant—une fille—il avait voulu être le parrain avec sa femme pour marraine; on le chargeait d'envoyer toutes les semaines à Paris, poste restante, à de certaines initiales, un bulletin de la santé de l'enfant, il trouvait ces précautions toutes naturelles et ne s'offusquait pas qu'on les prît avec lui; jamais d'opposition, de contradiction, de suspicion:— «Vous voulez? rien de plus facile, et avec le plus grand plaisir, très heureux de vous êtes agréable.»

Cependant sur cette question du départ de Ghislaine, il avait pour la première fois résisté.

—Je comprends votre désir de rentrer en France, je dirai même que je le partage, certainement la Sicile est un pays admirable et Palerme est une belle ville, mais la France! mais Paris! Et puis il y a les affaires, les relations, les amitiés, la famille. Je voudrais donc vous voir partir, malgré le plaisir que j'aurais à vous garder toujours. Mais il ne faut rien risquer, rien compromettre. Certainement, les choses se sont passées pour madame votre fille—il avait toujours appelé Ghislaine «Madame votre fille»—d'une façon extraordinairement providentiellement favorable. D'abord nous avons eu une fin de grossesse admirable, sans aucun trouble pathologique, et grâce à certaines précautions en usage en Angleterre, et que notre charmant sujet a bien voulu adopter, sans aucune fatigue pour lui. Puis l'accouchement a suivi une marche des plus régulières, des plus heureuses. Aujourd'hui enfin le rétablissement s'opère si bien, que j'ai la certitude que si dans six mois on me demandait d'examiner madame votre fille, moi médecin, je serais dans l'impossibilité de dire qu'elle a eu un enfant et qu'elle n'est pas primipare.

Il savait ce qu'il disait, l'aimable Sicilien, en abordant ce point, mais il ne convenait pas à son adresse de laisser voir jusqu'où il allait dans ses paroles, aussi voulut-il tout de suite les expliquer de façon à ce que le comte pût les interpréter comme il voudrait:

—En ne considérant que la question de beauté chez la femme, c'est quelque chose cela. On croit généralement que la grossesse et l'accouchement laissent des stigmates ineffaçables; mais c'est là une opinion des gens du monde, ce n'est pas celle des médecins. Sans doute il arrive quelquefois et même il arrive souvent que ces stigmates existent, mais il se produit aussi des cas où ils manquent absolument, et ce cas est celui de madame votre fille, ou plutôt sera celui de madame votre fille, si vous permettez, en différant votre départ de quelques semaines encore, qu'elle se rétablisse complètement.

Comment résister? Après tout, quelques semaines de plus ou de moins étaient de peu d'importance pour lui, et puisqu'elles étaient décisives pour la santé de Ghislaine, il fallait les accepter; ils n'auraient voulu rentrer à Paris qu'avec le printemps; et cette explication pouvait être donnée sans provoquer les interprétations.

Tant que Ghislaine avait gardé la chambre, elle avait demandé que la nourrice lui amenât sa fille tous les jours et quand elle avait commencé à sortir elle avait voulu tous les jours aussi l'aller voir chez la nourrice.

De même que M. de Chambrais avait été peu satisfait du soin qu'elle mettait à la layette, de même et plus vivement il fut fâché de la voir donner à cet enfant des témoignages d'affection et de tendresse.

—Que diable les femmes ont-elles dans le coeur? Ne devrait-elle pas avoir pour l'enfant les sentiments qu'elle a pour le père?

A mesure que le moment du départ approchait, les visites de Ghislaine chez la nourrice se faisaient de plus en plus longues: les premiers jours, elles n'avaient été que de quelques instants, mais peu à peu elles s'étaient prolongées, et au lieu de garder la voiture qui l'amenait, elle la renvoyait en disant au cocher de venir la reprendre à une heure chaque fois plus reculée.

On était en mars, et dans ce climat méditerranéen les journées étaient déjà chaudes sous un ciel radieux; quand le vent soufflait du sud ou de l'ouest il apportait le parfum et même les pétales des amandiers, des abricotiers, des cerisiers qui fleurissaient cette belle plaine de Palerme si riche qu'on l'appelle la *Conca d'oro*. Ghislaine s'asseyait au bord du rivage à l'abri d'une touffe de figuiers et se faisait apporter sa fille qu'elle prenait sur ses genoux, tandis que la nourrice, heureuse d'avoir un moment de liberté, vaquait à son ménage, ne venant que de temps en temps pour voir si l'enfant n'avait pas besoin d'elle.

Quand elle était petite, Ghislaine avait assez souvent joué à la maman avec ses poupées pour savoir comment on tient un bébé, et tout de suite sa fille s'était trouvée bien sur elle, y restant tranquille sans pleurer.

Sa fille! car si c'était celle d'un homme auquel elle ne pouvait penser qu'avec horreur, c'était la sienne aussi, et cependant elle allait l'abandonner!

Alors, toutes les raisons qu'elle aurait voulu opposer à son oncle et qui l'avaient si douloureusement tourmentée lui revenaient avec plus d'intensité maintenant que cet enfant n'était plus un être vague, que son imagination se représentait difficilement.

Le jour où il était né, avant que la nourrice l'emportât, elle avait voulu qu'on le lui montrât; mais dans son état de prostration, elle l'avait à peine regardé, et le souvenir indécis qui lui en était resté était celui d'une petite masse de chair rouge fort laide. Puis revenant à ce souvenir lorsqu'elle avait été seule, elle s'était dit que décidément ce qu'elle avait prévu se réalisait: elle n'avait point le sentiment de la maternité; et continuant son examen, elle s'était dit aussi que peut-être valait-il mieux qu'il en fût ainsi c'est le père aimé que la mère cherche et trouve dans son enfant, comment aimerait-elle celui-là?

C'était donc par devoir plutôt que par tendresse qu'elle avait voulu que la nourrice le lui apportât tous les matins; la seconde fois, elle ne l'avait pas vu moins laid, ni la troisième, ni la quatrième non plus: que pouvaient lui dire ces yeux qui se mouvaient dans toutes les directions, au hasard, sans paraître rien voir, ces lèvres qui ne s'ouvraient que pour sucer le lait resté dans les plis de la bouche ou pour crier?

Mais un jour qu'elle le tenait sur elle, l'enfant lui prit un doigt dans sa petite main et le serra, en même temps ses joues se plissèrent et ses yeux vagues exprimèrent un sourire.

Alors une commotion secoua Ghislaine de la tête aux pieds, et fit sauter son coeur dans sa poitrine: cette caresse, la plus douce qu'elle eût reçue, ce sourire venaient d'éveiller en elle ce sentiment maternel qu'elle se croyait incapable d'éprouver.

Chaque jour fut marqué par une découverte nouvelle. Le lendemain l'enfant suivit de ses yeux les mouvements que sa mère faisait pour la prendre; le surlendemain elle parut l'écouter lorsqu'elle prononça son nom:

—Claude.

Puis comme elle le répétait avec une intonation de tendresse, elle crut remarquer que la petite la regardait de ses yeux pâles en souriant, comme si c'était pour elle une agréable musique que cette voix qui la caressait; elle le répéta:

—Claude, Claude.

Et le sourire de la petite s'épanouit, en même temps elle chercha à produire des sons qui, bien que n'arrivant pas à l'articulation n'en étaient pas moins pour Ghislaine une réponse.

Ghislaine, qui n'avait aucune idée de la psychologie expérimentale, n'était pas en état de décider ni même de se demander si ce sourire et ces sons étaient nés d'une intention, ou s'ils n'étaient pas plutôt le produit d'un mécanisme mystérieux: Claude la voyait, l'entendait, lui souriait;—elles se comprenaient dans une langue plus éloquente que celle des savants, celle que la mère,—humaine ou bête, parle à son enfant et que l'enfant parle à sa mère.

Et à partir de ce jour-là tout le temps qu'on lui permettait de rester dehors, elle le passa au pied du figuier ou dans la cabane de la nourrice quand la pluie tombait, sa fille dans ses bras, ayant autour d'elle les frères et les soeurs de lait de Claude qui jouaient ou piaillaient.

Quand, à la fin d'avril, son oncle lui annonça que le médecin autorisait enfin leur départ, elle demeura anéantie.

—Que crains-tu? demanda M. de Chambrais, se méprenant sur la cause de son émotion.

—Je ne crains rien.

—Je t'assure que tu es aussi fraîche que l'année dernière à pareille époque; à vrai-dire même, tu es peut-être en meilleure santé, fortifiée par ce bon air de la mer; personne en te voyant ne pourra avoir le plus léger soupçon.

—Si vous trouvez que cet air est si bon, pourquoi partir?

—L'été va rendre le pays inhabitable: et d'ailleurs une plus longue absence serait impossible à expliquer, elle n'a que trop duré. Je comprends que décidément j'ai eu tort de te laisser voir cette petite tous les jours. Ne me fais pas repentir de ma faiblesse. Si la nourrice l'avait enlevée le premier jour, comme il était convenu, tu accepterais aujourd'hui notre départ sans penser à le retarder.

—C'est vrai; à ce moment, je le trouvais jusqu'à un certain point naturel, aujourd'hui, il me paraît impossible.

—Impossible?

—A ce moment, cette enfant ne représentait pour moi qu'un sentiment confus, aujourd'hui elle est ma fille.

—Dis qu'elle est celle de ce misérable.

—La mienne aussi; et parce qu'elle ne peut pas avoir un père, faut-il qu'elle n'ait pas de mère.

—Alors, que veux-tu?

—Je voudrais ne pas l'abandonner.

—Comment?

—Mais en restant près d'elle, en la gardant avec moi.

—Ici?

—Ici où ailleurs, peu m'importe, ce n'est pas du pays que j'ai souci.

—Et ta réputation, ton honneur?

—Dois-je sacrifier ma fille à mon honneur, ou mon honneur à ma fille? C'est la question que je me pose avec de terribles angoisses. Puisque je suis libre, qui m'empêche de vivre avec elle, quelque part à l'étranger, sous le nom que vous avez pris en venant dans ce pays; ainsi le nom de Chambrais ne serait pas atteint.

—Non, tu n'es pas libre, tu ne l'es ni envers notre nom, ni envers moi. Si depuis bientôt un an je t'ai aimée et soutenue avec une tendresse paternelle, j'ai par cela même acquis sur toi les droits d'un père, tu en conviendras, n'est-ce pas?

—De tout coeur.

—Eh bien! ces droits, je les fais valoir et les mets en opposition avec la liberté dont tu parles: moi ton père, moi chef de famille, je ne permets pas la folie dans laquelle un coup de tête de jeunesse te pousse. Me résisteras-tu? L'oseras-tu? La ligne de conduite que je t'ai imposée, je l'ai prise avec l'autorité que me donne l'expérience de la vie et j'en assume toute la responsabilité. Assumeras-tu, toi, celle de la désobéissance? Nous partons samedi à une heure; d'ici là tu décideras.

—N'admettez pas un seul instant la pensée que je puisse vous désobéir, nous partirons samedi.

—Pardonne-moi de t'avoir parlé ainsi; il fallait t'empêcher de te suicider. Maintenant que ta résolution est prise, comprends que pas plus que toi je ne veux l'abandon de cette enfant. Qu'elle reste ici tant que les soins de sa nourrice lui seront nécessaires; puis je viendrai la chercher et l'amènerai en France, près de Paris, où je pourrai la voir et la surveiller.

VIII

Le jour même du retour de Ghislaine à Chambrais, lady Cappadoce voulut arranger avec elle la reprise des leçons, telles qu'elles avaient lieu avant le départ pour la Hollande, et dresser tout de suite un horaire immuable: elles étaient la justification de son pouvoir, ces leçons, aussi y tenait-elle.

Déjà, elle avait vu MM. Lavalette et Casparis qui avaient donné leurs heures; quant à Nicétas, il avait quitté Paris pour l'Amérique du Sud, le Brésil, la Plata, le Pérou, où il donnait des concerts dont les journaux parlaient avec enthousiasme, disait Soupert; il faudrait donc le remplacer, ce qui, d'ailleurs, serait facile; elle s'était entendue à ce sujet avec Soupert, qui recommandait un jeune Hongrois du plus grand talent.

Mais les choses n'allèrent point ainsi: par le seul fait de l'installation de M. de Chambrais au château, les habitudes d'autrefois se trouvaient changées du tout au tout; c'était le comte qui était le maître désormais et tout devait être subordonné à son agrément; on ne pouvait pas lui imposer la vie de travail et de retraite d'autrefois qui, seule, permettait d'assurer la régularité des leçons; le sacrifice qu'il faisait en abandonnant Paris était assez grand pour qu'on lui en fût reconnaissant sans marchander, et pour cela il fallait l'amuser, le distraire et se remettre entièrement à sa disposition, en étant toujours prête à faire ce qu'il voudrait, à le suivre où il lui plairait d'aller, à recevoir qui il voudrait inviter.

Lady Cappadoce avait été positivement renversée.

—Mais les leçons....

—Je n'y renonce pas, bien qu'à dix-neuf ans je pusse peut-être employer mon temps autrement. J'aime le travail, au moins certaines études, et je serai toujours heureuse de leur donner les heures dont je pourrai disposer: ainsi nous verrons à nous entendre avec M. Lavalette et M. Casparis....

—Et le Hongrois que m'a recommandé Soupert? interrompit lady Cappadoce, poussée par la passion musicale.

—Pour la musique, nous attendrons; je travaillerai seule quand l'envie m'en prendra; plus tard, nous verrons. En ce moment, je ne veux prendre d'engagements qu'avec la certitude qu'ils ne gêneront pas mon oncle.

—La musique ne le gênerait pas plus que la littérature ou la sculpture.

Il fallait que Ghislaine justifiât son refus:

—Peut-être l'ennuierait-elle davantage.

—C'est vrai, M. de Chambrais n'aime pas la musique, dit lady Cappadoce avec un mélange d'aigreur et de compassion.

—Je dois donc la lui éviter.

—C'est M. de Chambrais qui a pris ces nouveaux arrangements?

—Non, c'est moi pour lui être agréable, et je vous serai reconnaissante de les faciliter.

Si ce n'était pas M. de Chambrais qui avait pris ces nouveaux arrangements, au moins était-ce lui qui, sans en avoir l'air, les avait inspirés à Ghislaine.

Lorsque dans leurs longs tête-à-tête, de Bagaria ils avaient parlé de leur retour en France, et que M. de Chambrais avait annoncé son intention de se fixer au château, Ghislaine s'en était inquiétée. Sans doute elle était touchée de cette nouvelle marque de tendresse, mais connaissant les goûts mondains de son oncle, elle ne pouvait pas ne pas se demander comment il s'habituerait à la vie de la campagne monotone et régulière; s'il avait pu depuis plusieurs mois accepter cette existence, peu faite pour lui, c'était sous le coup de la nécessité; mais à quelques pas de Paris, comment la supporterait-il?

Franchement, et après l'avoir remercié avec une effusion toute pleine de gratitude émue, elle lui avait fait part de ses scrupules.

C'était là que le comte, qui lui aussi la connaissait, et savait qu'elle n'était pas de caractère à ne penser qu'à elle égoïstement, l'attendait.

—Certainement la vie des champs n'est pas précisément pour me plaire, mais pourquoi veux-tu que cette vie soit fatalement monotone, régulière et retirée? ces conditions ne me paraissaient pas obligatoires.

—Comment serait-elle autre?

—En la changeant. Cette vie, tu l'as menée depuis que tu as perdu ton père, et ta mère, parce que tu n'étais qu'une petite fille; mais l'âge est venu; tu n'es plus un enfant qu'on couche à neuf heures; tu es émancipée, ne l'oublie pas; pourquoi n'aurais-tu pas quelquefois au château d'anciens amis, des membres de notre famille, des camarades à moi, qui ouvriraient un peu cette retraite si étroitement fermée, et égaieraient cette monotonie?

—Est-ce donc possible?

—Quand on est dans ta position, quand on a ton nom, tout est possible, et tout est faisable; il n'y a qu'à vouloir.

—Je veux tout ce qui peut vous être agréable.

—Eh bien! nous verrons à arranger cela; je ne suis pas si exigeant pour les plaisirs que tu l'imagines; j'avoue que Chambrais tout nu n'est pas très récréatif, mais Chambrais animé, égayé, c'est différent. Et d'ailleurs ce qui sera bon pour moi, le sera pour toi aussi.

C'était dans ce dernier mot que se trouvait la raison déterminante qui avait suggéré l'idée de M. de Chambrais. Depuis l'aveu de Ghislaine il n'avait prononcé qu'une seule fois le nom du comte d'Unières, et au trouble qu'elle avait laissé paraître, il avait compris qu'elle croyait que le mariage dont il l'avait entretenue était maintenant à jamais impossible, ce qui était pour elle une douleur d'autant plus grande qu'elle aimait le comte ou en tout cas qu'elle désirait vivement ce mariage. Qu'il essayât de lui prouver qu'elle se trompait, il ne réussirait point à ébranler un sentiment contre lequel les raisonnements les plus adroits seraient sans influence, précisément par cela même que c'était un sentiment: elle se jugeait indigne de d'Unières, et rien de ce qu'il dirait en ce moment n'agirait sur elle. Il n'y avait donc rien à dire, il fallait agir doucement et sans rien brusquer.

De là cette idée de rendre le séjour de Chambrais moins triste: d'Unières que, dans les circonstances présentes il était impossible d'inviter seul, viendrait avec les autres amis, et l'amour ferait le reste: la première entrevue serait cruelle pour Ghislaine; la seconde le serait un peu moins: elle désirerait, elle attendrait la cinquième ou la sixième.

Alors il serait temps de revenir au projet de mariage, et il aurait deux alliés: le comte d'abord, Ghislaine ensuite; comment ne gagnerait-il pas la bataille?

Enfin il pourrait respirer: il serait libre; fou il avait été de s'imaginer que l'émancipation lui donnerait cette liberté.

Quand Ghislaine vit sur la liste des invités qu'il lui communiqua le nom du comte d'Unières, elle ne fut pas maîtresse de retenir une exclamation douloureuse:

—Vous avez invité M. d'Unières!

Il évita de la regarder.

—M'était-il possible de faire autrement?

—Mais après ce qui s'est passé....

—C'est justement sa demande et ce qui s'est passé qui m'obligeaient à l'inviter. Depuis notre départ pour la Hollande, je ne t'ai pas parlé de lui, mais tu dois comprendre qu'au point où en étaient les choses, nous ne pouvions pas entreprendre un voyage en Hollande, et surtout celui d'Italie, sans que je lui donne des explications.

—Des explications?

—Après t'avoir parlé de lui et de son projet de mariage, je lui avais écrit que, lorsqu'il rentrerait à Paris, son élection faite, nous examinerions ce projet qui me semblait pouvoir se réaliser, à mon grand contentement.

—Vous avez dit cela?

—N'était-ce pas la vérité; et pouvais-je à ce moment lui tenir un autre langage? Il désirait t'épouser, tu étais favorable à sa demande, moi-même je souhaitais ce mariage, je ne pouvais que lui dire: «Arrivez, je vous attends.» Au lieu de l'attendre, nous sommes partis, il fallait une explication, ou bien nous paraissions nous sauver pour rompre.

—N'était-ce pas le mieux?

—Je ne l'ai pas cru. D'Unières ne méritait pas cette injure, et je n'étais pas en disposition d'en faire à un homme tel que lui, que j'estime et que j'aime. Je l'ai donc prévenu que nous partions en voyage par ordonnance du médecin. Il me fallait bien un prétexte. Depuis, nous sommes restés en correspondance; il m'a écrit, je lui ai répondu; il m'a parlé de toi, je lui ai donné des nouvelles de ta santé. Nous rentrons, la première personne que je dois voir, c'est lui.

—Et après?

—C'est au présent qu'il fallait penser; après, nous aviserons.

—Je vous assure qu'il m'est très pénible de me trouver avec M. d'Unières.

—Je n'avais pas besoin que tu me le dise pour le savoir; mais cette impression pénible se calmera et passera....

Le mot qui vint sur les lèvres de Ghislaine fut: Avez-vous donc l'intention de l'inviter souvent? mais elle le retint, ne voulant pas paraître intervenir dans le choix des invités de son oncle.

—N'est-il pas à craindre, demanda-t-elle, que M. d'Unières vous entretienne des intentions qu'il avait il y a un an?

—Il ne peut pas ne pas m'en entretenir.

—Alors?

—Je répondrai ce que tu voudras.

—Vous sentez comme moi que ce mariage est impossible.

—J'ai mes idées à ce sujet qui peuvent différer des tiennes; mais puisque tu trouves qu'il est impossible, je le dirai; seulement ce ne sera pas dans ces termes, car, possible il y a un an, il ne peut pas être devenu tout à coup impossible. Il faudrait des raisons et je n'en ai pas à donner. Je m'en tirerai donc tant bien que mal par des échappatoires; les médecins conseillent de ne pas te marier trop jeune; enfin je gagnerai du temps.

—Il faudra toujours se prononcer à un certain moment.

—Il peut arriver que d'Unières comprenne qu'on ne veut pas de lui et qu'alors il se retire.

—Et s'il ne se retire pas?

—S'il ne se retire pas, c'est qu'il t'aime d'un sentiment sérieux, profond, et dans ce cas ce sera à toi de voir comment tu veux répondre à cet amour. Mais pour le moment nous n'avons pas à nous préoccuper de cela. En vertu de certaines idées, dont je sens toute la force, tu crois devoir renoncer à ton mariage avec d'Unières....

—Avec lui et avec tout autre.

—Il ne s'agit que de lui présentement; si je ne romps pas ce mariage brusquement, parce que je ne pourrais le faire qu'en te compromettant ou en blessant d'Unières, je l'ajourne, et c'est, il me semble l'essentiel.

Ce ne fut, en effet, que d'un simple ajournement qu'il fut question entre M. de Chambrais et le comte d'Unières, et les raisons les meilleures s'enchaînèrent pour le justifier:

Si M. de Chambrais avait accueilli avec empressement ce projet de mariage, c'était d'abord par estime et par amitié pour le mari qui se présentait, et ensuite parce qu'il trouvait qu'à dix-huit ans Ghislaine était parfaitement en âge de se marier. Mais quand l'indisposition qui avait nécessité leur voyage en Italie l'avait mis en relations avec des médecins, il était revenu sur cette opinion.

S'il est des jeunes filles qui peuvent sans inconvénient se marier à dix-huit ans et même à seize, il en est d'autres pour lesquelles les mariages précoces sont dangereux, et qui, avant de s'exposer aux fatigues de la maternité, doivent attendre leur complet développement qui, pour la Française, n'a lieu qu'entre vingt-deux ou vingt-trois ans. Sans doute, Ghislaine n'était ni chétive ni maladive, cependant elle se trouvait dans ce cas, et s'il n'était pas indispensable qu'on attendît ses vingt-trois ans pour la marier, cependant, plus ce mariage serait retardé, mieux s'en trouverait sa santé.

A cette raison, d'un ordre physique, s'en joignait une autre de l'ordre moral non moins grave pour M. de Chambrais.

S'il désirait que Ghislaine se mariât et épousât le comte d'Unières, il ne voulait cependant pas la marier à lui tout seul, et sans que par un choix librement fait elle s'unît à lui. Comment choisir quand on ne connaît personne et qu'on n'a pas vu le monde? En ce moment Ghislaine accepterait un mari des mains de son oncle, elle ne le prendrait pas elle-même—ce que justement il voulait. De là la vie nouvelle qu'il avait adoptée: elle verrait, elle comparerait, et quand elle se déciderait, ce serait en connaissance de cause.

—Maintenant, mon cher, continua M. de Chambrais en serrant la main de d'Unières, après ces explications, le mariage dépend de vous et est entre vos mains: faites-vous aimer. Si j'en crois certains indices, j'espère que cela ne vous sera pas difficile, et personne n'est dans de meilleures conditions que vous.

IX

Pour M. de Chambrais, le comte d'Unières était le seul homme qui pût faire revenir Ghislaine sur sa résolution: qu'il ne réussit pas et qu'elle s'obstinât dans son idée, qu'elle n'était pas digne de se marier, elle en arriverait un jour à reconnaître Claude; à la vérité, tant qu'il serait de ce monde, il pourrait, en usant des droits que lui donnait sa qualité d'oncle et surtout la tendresse de

Ghislaine, empêcher cette honte, mais combien vivrait-il encore? Un jour elle serait libre, et ce jour-là il fallait qu'elle fût mariée.

Bien qu'il fût l'un des membres les plus jeunes de la Chambre des députés, le comte d'Unières s'était déjà placé à la tête du parti royaliste. Son élection violemment contestée l'avait, dès son entrée à la Chambre, amené à la tribune; et aux premières phrases il s'était révélé orateur. Il était facile de contester ce qu'il disait, il était impossible de ne pas écouter avec plaisir la langue qu'il parlait, abondante, imagée, brillante, incorrecte souvent, diffuse et décousue, avec des redites et des périodes inachevées, mais originale toujours, ne ressemblant pas plus à la phraséologie vague des avocats, qu'à la platitude courante des gens d'affaires, pleine d'emportement, d'élan, passionnée, ne ménageant rien, ni les conventions littéraires, ni le bon goût, ni la correction, n'ayant d'autre souci que d'entraîner les esprits et d'ébranler les coeurs.

On s'était regardé, surpris d'abord de cette révélation, charmé bien vite, et son élection, qui pouvait être cassée dix fois, avait été validée. Ce fort et ce violent, qui était aussi un timide, serait probablement resté longtemps silencieux à son banc; mais ce succès l'avait obligé à prendre souvent la parole, et toujours il s'était montré l'homme de son début.

Sans doute ce n'étaient pas là des qualités suffisantes pour se faire aimer, mais d'Unières n'était pas passionné seulement dans ses discours, et les passionnés enlèvent tout: on ne résiste pas à celui qui par sa propre flamme met le feu à votre esprit et à votre coeur; avec cela beau garçon, d'une élégance simple, d'une distinction affable, tendre comme une femme, il entraînerait Ghislaine.

Sans qu'elle le connût, en vertu d'une affinité mystérieuse, pour l'avoir rencontré trois fois, elle avait été à lui; maintenant, quoi qu'elle voulût, elle ne se reprendrait pas: et la preuve de l'influence qu'il exerçait sur elle était dans l'émoi qu'elle avait laissé paraître, en le voyant sur la liste des invités: indifférent, elle n'eût pas craint de se trouver avec lui.

Analysant très bien ce qui se passait dans le coeur de Ghislaine, M. de Chambrais avait compris que ce qui, pour beaucoup, causait cet émoi, était la crainte que ce prétendant ne se présentât en fiancé; aussi eût-il voulu prévenir d'Unières de s'enfermer dans une prudente réserve, mais comment lui adresser cette recommandation quand les choses avaient été menées à un point si avancé l'année précédente, et quand il lui disait: «Faites-vous aimer.» Il eût fallu entrer dans des explications telles que le mieux encore était de s'en remettre au tact de d'Unières qui n'avait nullement les allures d'un vainqueur.

Ce raisonnement s'était trouvé juste; un invité comme les autres, d'Unières, rien de plus; pas un seul instant il ne parut vouloir accaparer Ghislaine comme l'eût fait un fiancé; et quand, après le déjeuner, on se promena en voiture dans les jardins et dans le parc, il loua discrètement ce qu'on lui montrait et ce qu'il voyait pour la première fois, sans que rien dans son attitude ou ses paroles pût donner à supposer qu'il se disait que tout cela lui appartiendrait un jour. S'il admira ces parterres restés tels qu'ils étaient sortis des mains de Le Nôtre, ces charmilles en portiques, ces ifs et ces cyprès taillés à l'antique mode, ces statues et ces groupes mythologiques de Coysevox, Legros, Lerambert, Marsy, Tuby, qui ornaient les allées et les pièces d'eau, c'est que, plus que tout autre peut-être, il était l'homme de la tradition; ce fut ce qu'il indiqua d'un mot et sans insister; s'étant trouvé en tête à tête un moment avec Ghislaine, il ne parla que des oeuvres d'art qu'elle avait pu voir en Italie et il en parla bien, très simplement, sans aucune pédanterie, en caractérisant les oeuvres et les artistes d'un mot juste, ou, au moins, que Ghislaine trouva juste, pensant en tout et sur tout comme il pensait lui-même.

—Tu vois, dit M. de Chambrais, quand, les invités partis, il fut seul avec Ghislaine, que tu pouvais recevoir d'Unières; n'a-t-il pas été parfait?

Elle fut obligée de convenir qu'il s'était montré d'une grande discrétion.

—Plus tu le connaîtras, plus tu verras qu'il est parfait en tout.

Une fois encore elle retint le mot qui lui montait aux lèvres et qui était qu'elle désirait n'avoir pas l'occasion de le connaître mieux. Mais elle ne voulait pas gêner son oncle dans ses relations. Et en même temps elle se taisait de peur de se trahir. Qu'elle parlât franchement, qu'elle dît qu'elle ne voulait pas voir d'Unières, et son oncle assurément la presserait de questions. Pourquoi? A quoi bon le tenir à distance s'il lui était devenu indifférent depuis qu'elle avait renoncé à se marier? Au contraire, s'il ne lui était pas indifférent, pourquoi s'obstinait-elle à ne pas l'accepter pour mari? Il serait imprudent qu'elle laissât lire dans son coeur, sentant bien que toutes les raisons qu'elle opposerait à son oncle n'auraient pas prise sur lui qui ne comprenait pas et ne comprendrait jamais que la naissance de Claude fût un empêchement à ce mariage qu'il voulait.

Elle dut donc accepter de voir d'Unières aussi souvent qu'il plut à son oncle, non seulement à Chambrais où il n'y eut pas de réunion sans lui, mais encore à Paris, au Salon, où elle le rencontra toutes les fois qu'elle y alla, au Bois quand elle s'y montra, et tous les vendredis à l'Opéra, où son oncle se fit céder une loge par un de ses amis.

Ce fut un événement parisien quand, le dernier vendredi de mai, on vit paraître dans une loge de premier rang une jeune fille en robe de crêpe blanc, avec un collier de perles qui fit pousser des cris d'admiration et d'envie à plus d'une femme.

—Quelle était cette jeune fille que le comte de Chambrais accompagnait, et qu'on voyait pour la première fois à l'Opéra?

Un murmure courut de loges en loges; ceux qui connaissaient le monde affirmaient que c'était la nièce du comte, la princesse Ghislaine; d'autres contestaient, n'ayant jamais entendu parler de cette princesse, ni ne l'ayant jamais rencontrée.

Le collier trancha le différend; des femmes d'un certain âge, qui avaient été en relations avec la mère de Ghislaine, reconnaissaient ce collier fameux par la beauté et la pureté des quatre cents perles qui le composaient:

—C'est le collier des princesses de Chambrais.

—Comment une jeune fille de son monde porte-t-elle un bijou de cette importance?

C'était le comte qui avait voulu qu'elle portât ce bijou comme il avait exigé la robe décolletée, au grand étonnement et à la grande gêne de Ghislaine qui avait essayé de s'en défendre en lui opposant un de ses axiomes.

—Mais, mon cher oncle, ne m'avez-vous pas dit vingt fois que la toilette était la ressource des femmes qui ne peuvent pas avoir d'autre distinction?

—Bon pour la journée le dédain de la toilette, ou quand on ne doit pas se trouver dans son milieu; mais le soir, autre affaire.

Et il s'en était tenu là ne jugeant pas à propos de donner ses autres raisons qui étaient qu'il voulait que Ghislaine fit sensation et que, quand le comte d'Unières viendrait dans sa loge, tout le monde eût les yeux tournés vers cette loge.

Ce fut ce qui arriva: pendant les deux derniers actes de l'*Africaine*, on ne parlait que du mariage de la princesse de Chambrais avec le comte d'Unières, et les journaux mondains du lendemain faisaient pressentir les fiançailles «d'une des plus nobles héritières du faubourg Saint-Germain avec le plus jeune et le plus en vue des hommes politiques du parti monarchique».

Ghislaine ne lisait pas les journaux, mais lady Cappadoce les lisait, non les français bien entendu pour lesquels elle avait le plus profond mépris, mais le *Morning Post* sans lequel elle ne faisait pas un pas, en portant toujours plusieurs exemplaires, celui du jour, de la veille et même de l'avant-veille, soigneusement pliés sous le bras gauche, les serrant sur son coeur, et les abandonnant çà et là, à mesure qu'elle les finissait, de sorte qu'on aurait pu la suivre à la trace, comme si elle avait pris soin de jalonner son passage.

Trois jours après la soirée de l'Opéra, Ghislaine fut surprise un matin de voir entrer lady Cappadoce brandissant d'une main agitée un numéro du *Morning Post*, et elle crut, tant était vive l'agitation de sa gouvernante, que celle-ci venait de trouver dans le journal la nouvelle qu'elle héritait enfin. Elle le lui dit en riant, mais lady Cappadoce se fâcha:

—Non, mademoiselle, je n'hérite point; ce n'est pas de moi qu'il s'agit, c'est de vous; lisez ce journal.

Et de son doigt tremblant elle lui désigna quelques lignes du *Morning Post* en le lui mettant devant les yeux.

C'était la nouvelle des journaux parisiens que le journal anglais reproduisait, mais en la précisant, sinon pour Ghislaine, qui restait «d'une des plus nobles héritières du faubourg Saint-Germain», au moins pour «de plus jeune et le plus en vue des hommes politiques du parti monarchique», qui était nommé tout au long.

—N'est-il pas étrange que j'apprenne votre mariage par un journal? demanda lady Cappadoce.

—Ne l'est-il pas que je l'apprenne moi-même de cette façon?

Lady Cappadoce, qui n'avait pas admis un seul instant que son cher *Morning Post* pût annoncer une nouvelle fausse, lui si exact, si méthodique pour tout ce qui touche au grand monde, fut stupéfaite.

—Ce ne serait pas vrai?

—C'est vous qui m'en apportez la nouvelle.

—Il aura été trompé par quelque journal français, répondit lady Cappadoce en jetant sur son cher *Morning Post* un regard attendri; alors, ce n'est pas vrai?

—Ce n'est pas vrai.

—Convenez que cette intimité avec M. d'Unières est bien faite pour susciter ces bruits de mariage.

Ghislaine ne répondit pas. Après un moment d'attente, lady Cappadoce continua:

—Je vous félicite, ma chère enfant, que cette nouvelle soit fausse. Vous connaissez mon opinion sur les mariages précoces: ils sont rarement heureux, très rarement. Et comment en serait-il autrement? Un mariage doit être réfléchi. Un mari doit être choisi, et non pris au hasard. Ce n'est pas quand elle ne connaît ni le monde, ni la vie, qu'une jeune fille, qu'une toute jeune fille peut faire ce choix. Elle se laisse entraîner par des considérations futiles: un nez bien dessiné, une barbe soyeuse, des yeux tendres. Certainement, le nez de M. d'Unières est d'une belle ligne, sa barbe est charmante, mais après?

—Il me semble qu'il a autre chose.

—C'est de son rôle politique que vous voulez parler? Il faudrait voir.

—Est-ce que la place qu'il s'est faite à la Chambre ne dit pas ce qu'il vaut?

—J'ai connu, en Angleterre, de grands orateurs qui étaient de pauvres caractères.

—C'est que justement le caractère chez M. d'Unières est à la hauteur du talent.

—Comme vous le défendez! Si l'on vous entendait parler de lui sur ce ton, personne ne croirait que cette nouvelle est fausse.

—Et cependant elle l'est, dit Ghislaine nettement, de façon à en rester là.

Si elle était fâchée des attaques de lady Cappadoce, dont le but ne se trahissait que trop visiblement, elle ne l'était pas moins contre elle-même. Au lieu de défendre M. d'Unières et de confesser maladroitement ses sentiments, n'aurait-elle pas mieux fait d'écouter sa gouvernante, et la laisser le montrer tel que celle-ci le voyait?

X

Depuis longtemps déjà tout le monde admettait que le comte d'Unières était le fiancé de la princesse de Chambrais, tout le monde parlait de leur mariage, et c'était un étonnement que la date n'en fût pas encore fixée; cela était si bien accepté que quelques prétendants, qui avaient pensé un moment à se mettre sur les rangs, s'étaient retirés. A quoi bon persévérer, puisque le choix était arrêté!

Cependant, alors qu'on les mariait ainsi, pas une parole d'amour ne s'était encore dite entre eux, bien que l'assiduité de d'Unières se fût continués aussi constante à Paris qu'à Chambrais, et qu'il n'eût pas manqué une seule des réunions de chasses en plaine que le comte avait organisées à l'automne, ni celles des chasses à courre qui les avaient remplacées en hiver.

Mais ce n'est pas des lèvres seulement qu'on dit à une femme qu'on l'aime; c'est même rarement de cette façon que les duos d'amour commencent, et on n'y arrive que quand, de part et d'autre, on n'a plus rien à s'apprendre.

Vingt fois il avait cru ce moment venu, vingt fois il lui avait semblé qu'elle était disposée à l'écouter et même à lui répondre, et toujours à l'instant où il allait prononcer le mot décisif, il s'était arrêté, voyant très clairement qu'ils n'étaient plus à l'unisson, et que si elle s'était abandonnée quelques secondes auparavant, déjà elle s'était reprise.

Il se perdait dans ces contradictions qui, sûrement, n'étaient pas exclusivement féminines, et avaient des causes que d'autres plus experts que lui dans les choses du coeur devineraient sans doute, mais qui, lui échappaient.

A la longue, la situation était devenue difficile pour lui, et même jusqu'à un certain point ridicule, croyait-il. Ce rôle d'aspirant fiancé ne pouvant pas se prolonger toujours, il fallait qu'il se dessinât plus franchement.

A bout de patience, il se décida à s'en expliquer avec M. de Chambrais qui, de son côté, paraissait ne pas comprendre que les choses en fussent toujours au même point, sans avancer d'un pas.

—Lors de votre retour d'Italie, vous avez bien voulu me dire de me faire aimer, et vous avez ajouté, avec la bienveillance que vous m'avez toujours témoignée, que cela ne me serait pas difficile, personne n'étant dans de meilleures conditions que moi.

—Ce que j'ai dit alors, je le pense toujours, et mes raisons sont même plus fortes aujourd'hui qu'elles ne l'étaient à ce moment.

—Croyez-vous donc que si vous dites à mademoiselle Ghislaine que je la demande en mariage, elle vous répondra qu'elle m'accepte?

Le comte fut embarrassé, car ce qu'il croyait précisément c'était que, s'il adressait cette demande à Ghislaine dans ces termes, la réponse qu'il obtiendrait serait celle qu'elle lui avait faite chaque fois qu'il avait risqué une allusion à son mariage, c'est-à-dire qu'elle ne pouvait pas plus se marier maintenant qu'elle ne l'avait pu l'année précédente. Il fallait donc tourner cette difficulté.

—Je crois, dit-il, que Ghislaine a pour vous des sentiments d'estime et même de tendresse qu'aucun homme ne lui a inspirés.

—Vous le croyez?

—J'en suis sûr. Vous devez bien penser que, depuis un an, je ne vous ai pas vus ensemble sans vous observer, et tout ce que j'ai pu remarquer m'a donné cette certitude, que la façon dont elle me parle lorsqu'il est question de vous entre elle et moi n'a fait que confirmer.

—Alors, puisqu'il en est ainsi, et je n'ai pas à vous dire avec quelle joie profonde je reçois vos paroles, je crois que le moment est venu de lui adresser ma demande, et je vous prie de m'en accorder la permission.

Ce ne fut plus de l'embarras que le comte éprouva, ce fut une gêne inquiète.

—Puisqu'elle sait que j'ai votre agrément pour ce mariage, il ne me reste plus qu'à lui demander le sien. Aussi bien la situation dans laquelle nous nous trouvons ne peut pas se prolonger plus longtemps, pas plus pour nous que pour le monde.

—Évidemment, répondit le comte, cependant....

—Oh! je ne demande pas une date fixe, si les raisons dont vous m'avez parlé l'année dernière pour retarder cette date existent encore; mais je demande une réponse formelle, un engagement. Que j'aie la certitude de devenir le mari de mademoiselle Ghislaine, que je puisse me présenter ouvertement comme son fiancé, et j'attendrai.

Pendant que d'Unières parlait, M. de Chambrais, qui se voyait mis au pied du mur, se demandait comment sortir de là; ce dernier mot lui ouvrit un moyen:

—Pouvez-vous dire cela à Ghislaine? demanda-t-il, pouvez-vous aborder cette question de délai avec elle?

—Assurément, c'est difficile.

—Alors voulez-vous que je m'en charge? Pour moi aussi il est difficile de lui en parler, mais enfin moins qu'il ne le serait pour vous; vous voulez une réponse, j'en veux une aussi; laissez-moi la lui demander, je ne traiterai que le point du mariage et ne vous enlèverai pas la joie de lui dire votre amour.

Pour M. de Chambrais la situation n'avait, comme pour d'Unières, que trop duré, il fallait en sortir; rien à attendre de bon à la prolonger, au contraire tout mauvais et dangereux; mais la difficulté était grande et la responsabilité lourde pour lui.

C'était une lutte à engager, une bataille à livrer, et on pouvait craindre de la perdre si le terrain n'était pas bien choisi; avec une volonté résolue comme celle de Ghislaine, avec un coeur féru de certaines idées de devoir comme le sien, il pouvait très bien rencontrer une invincible résistance.

Ce fut à chercher ce terrain qu'il employa le temps de son retour de Paris à Chambrais, où il trouva Ghislaine seule au travail dans l'atelier de sculpture qu'elle avait fait aménager en ces derniers temps, en prenant pour cela une ancienne orangerie.

D'un air indifférent il s'assit sur un escabeau, et regarda le groupe de chiens qu'elle était en train de modeler, un tablier de serge passé par-dessus sa robe, les mains pleines de terre glaise.

Il lui adressa quelques encouragements aimables comme à l'ordinaire, puis il lui nomma quelques-uns de ses amis qu'il avait invités pour une partie de pêche.

—M. d'Unières n'en est pas? demanda-t-elle.

Tout ce qu'il avait dit ne tendait qu'à amener cette question.

—Ah! d'Unières, d'Unières, dit-il d'un air d'ennui.

Elle le regarda, surprise de ce ton si différent de celui qui était toujours le sien lorsqu'il parlait de d'Unières.

—Après tout, autant que tu l'apprennes de moi que d'un autre.

—Que j'apprenne quoi? demanda-t-elle en restant l'ébauchoir en l'air, en regardant son oncle.

—La nouvelle, la grande nouvelle qui concerne d'Unières... il se marie.

En prononçant ces mots, il tenait les yeux attachés sur elle, il la vit pâlir, le visage se contracta, elle ferma les yeux en chancelant, mais déjà il était près d'elle, et avant qu'elle s'abattît il la reçut dans ses bras.

—Oh! ma chère petite, s'écria-t-il, pardonne-moi, pardonne-moi.

En répétant ces deux mots, il l'avait portée sur un fauteuil où il l'avait allongée; elle ouvrit les yeux et regarda sans se rendre compte tout de suite de ce qui s'était passé.

—C'était un piège que je te tendais, dit-il; pardonne-moi de l'avoir employé. Il fallait bien t'amener à avouer ton amour....

—Oh! mon oncle, murmura-t-elle rouge de confusion!

—Il est trop tard pour reprendre ton aveu, et ce que je t'ai dit se trouve vrai, il se marie puisque tu l'aimes.

Elle avait baissé la tête pour cacher sa honte.

—C'est précisément parce qu'il m'est cher, murmura-t-elle, que je ne puis pas être sa femme.

C'était une discussion à soutenir, mais maintenant M. de Chambrais ne la redoutait point: le coup avait ouvert une brèche par où il devait emporter toute résistance s'il manoeuvrait adroitement.

—Tu l'aimes et tu ne peux pas être sa femme!

—Je ne suis pas digne de lui.

—C'est la faute qui fait l'indignité: où est ta faute?

—Suis-je la jeune fille qu'il suppose?

Il eut un geste d'impatience:

—Quelle drôle de façon de juger la vie quand on ne la connaît pas. Assurément il n'est pas dans mon intention de t'enlever tes illusions sur le monde, en te le montrant aussi vilain qu'il est; mais enfin il faut bien que je te dise qu'il arrive sou... mettons quelquefois pour ne pas exagérer, il arrive quelquefois qu'une jeune fille commet une faute, tu entends, commet, c'est-à-dire qu'elle participe à la responsabilité d'une faute, pour cela ne se marie-t-elle point? S'il en était ainsi je t'assure que la statistique du mariage serait changée. Quelle faute as-tu commise, toi? Où est ta responsabilité? De quoi es-tu coupable? Une mauvaise pensée-a-t-elle jamais traversé ton esprit, occupé ton coeur? As-tu une légèreté de conscience, une imprudence de conduite à te reprocher?

—J'ai ma fille.

—Cette naissance de hasard fait-elle que tu ne sois plus la jeune fille, la chaste jeune fille que étais il y a deux ans? A-t-elle laissé une souillure dans ton âme? une trace quelconque en toi?

—Une honte dans ma vie.

—Tu déraisonnes, ma pauvre enfant, et en t'obstinant à vouloir toujours partir du même point tu arrives à l'absurde: que tu aies participé à ce qui, s'est passé, tu ne serais que juste en t'accusant et je t'accuserais moi-même; que la naissance de l'enfant soit connue, tu ne serais que juste encore en disant qu'elle te couvre de honte. Mais rien de tout cela n'existe. Tu n'as participé à rien. La naissance de l'enfant est cachée. Alors où est la faute, où est la honte? Notre brave médecin de Palerme me disait quand nous avons quitté Bagaria que tu étais la plus jeune fille des jeunes filles; quand moi, qui sais la vie, j'affirme en mon âme et conscience que tu en es la plus honnête, ne peux-tu pas me croire? D'Unières t'aime, tu l'aimes et tu refuserais de devenir sa femme? Tu ferais son malheur, le tien, le mien? Mais alors ce serait folie. Réfléchis à cela. Songe que si, sous l'influence de cette folie, tu refusais d'Unières, on chercherait la cause de ce refus inexplicable, on chercherait pourquoi tu ne veux pas te marier, et sûrement tu n'échapperais pas à cette honte dont tu parles.

Elle resta un moment silencieuse:

—Je n'oublierai jamais, dit-elle, que j'ai des devoirs envers vous, la tendresse, la reconnaissance me le disent tous les jours, mais j'en ai d'autres aussi....

—Envers l'enfant, n'est-ce pas? Eh bien! écoute, et tu comprendras que l'intérêt même de cette petite te conseille ce mariage. Tant que je serai de ce monde tu me respecteras assez pour ne pas rapprocher de toi cette enfant et ne pas la traiter comme ta fille. Quand je serai mort, l'honneur de notre nom me remplacera et tu ne feras pas cette honte à notre maison; tu passeras donc une vie misérable dans la lutte, tiraillée d'un côté, tiraillée de l'autre. Épouse d'Unières et j'installe Claude ici avant deux mois.

—Ici!

—Dangereux tant que tu n'es pas mariée, l'enfant cesse de l'être du jour où tu es protégée contre une imprudence ou un coup de tête maternel par ton amour pour ton mari et le respect de son honneur. Je veux donc te la rendre, et je te la rends, en effet. Voici comment je l'amène à Chambrais. Ton garde Lureau ne peut décidément plus faire aucun service; pour le remplacer, tu prends ce brave garçon dont je t'ai parlé, Dagomer, qui, en défendant ma chasse de la Brie, s'est fait casser un bras et une jambe par les braconniers; c'est un honnête garçon qui m'est dévoué; sa femme a toutes les qualités pour faire une excellente nourrice. Nous installons Dagomer à la place et dans le pavillon de Lureau, et ils amènent avec eux et leurs autres enfants une petite fille qui leur a été confiée... la tienne.

—Vous voulez....

—Non, je ne voudrais pas, mais enfin j'ai combiné cet arrangement pour enlever ton consentement. Aussitôt mariée, tu pars pour l'Espagne, où tu visites tes parents, et où ton mari fait sa Couverture et remplit ses devoirs auprès du Roi. Moi, pendant ce temps, je vais à Palerme, je ramène Claude, je la confie aux Dagomer, que j'emménage ici, et quand tu reviens tu peux voir l'enfant à ton gré, en attendant que nous l'envoyions à Paris pour son éducation.

—Oh! mon oncle, mon oncle.

—Autorise-moi à télégraphier à d'Unières, et tout cela se réalise, tu fais d'un mot notre bonheur à tous le sien, le tien, le mien et celui de Claude.

Comme elle ne répondait pas et qu'il la regardait pour lire en elle, il la vit frémissante.

—Qu'as-tu?

—J'ai peur.

—De quoi!

—Je ne sais pas, de quelque malheur, d'une punition.

—De quoi pourrais-tu être punie? Quant à ce malheur que tu veux prévoir, il ne pourrait arriver que si tu t'abandonnais, et tu ne t'abandonneras pas, puisque tu aimeras ton mari.

Comme elle ne répondait pas, il se mit à une table sur laquelle se trouvaient un encrier et une plume.

—J'écris la dépêche, dit-il.

FIN DE LA DEUXIÈME PARTIE

TROISIÈME PARTIE

I

Dix ans s'étaient écoulés depuis le mariage de Ghislaine; et ces dix années avaient passé pour elle comme pour son mari rapides, légères, embellies de tout ce que la fortune, la considération, l'élévation du rang peuvent donner de joies et de confiance.

Elle aimait son mari d'un amour passionné.

Le comte idolâtrait sa femme.

Et la fierté qu'ils avaient l'un de l'autre les maintenait dans un état d'enthousiasme qui mêlait toujours à leur tendresse une part d'exaltation.

Non seulement ils ne connaissaient pas la lassitude du mariage, mais ils n'en connaissaient pas le calme.

Une séparation de quelques jours exigée par les nécessités de la politique les angoissait comme un malheur; pendant ces séparations ils s'écrivaient des lettres d'amants toutes pleines d'une tendresse passionnée, et jamais il ne revenait d'une absence sans qu'elle courût au-devant de lui et sans que leur premier regard, leur première étreinte ne leur donnassent un vertige.

Mêmes idées, mêmes goûts, même esprit, même éducation; ils n'étaient vraiment qu'un, se comprenant avec le geste le plus fugitif, avec un regard, exprimant bien souvent ensemble la même pensée, en se servant des mêmes mots, l'un pouvant ainsi parler pour l'autre avec la certitude à l'avance d'un accord parfait.

Il lui contait tout, la faisait partager ses projets politiques, discutait avec elle, prenait son avis, la consultait pour les plus grandes comme pour les plus petites choses, et s'il ne pouvait pas toujours se conformer à ce qu'elle lui avait conseillé—ce qui était rare d'ailleurs—il s'en excusait avec des paroles d'amour et de respect.

Ce sentiment de respect dominait dans leur moindres rapports; c'était mieux qu'en égale qu'il la traitait, c'était en supérieure: elle se montrait en tout d'une intelligence si large, si sûre, si équilibrée, d'une humeur si douce, si juste, si sage; il avait tant de confiance dans son esprit, tant de foi dans son coeur!

Chambrais était leur résidence favorite pour plusieurs raisons, dont la principale était qu'ils s'y trouvaient plus étroitement unis; et leur séjour s'y partageait en deux séries bien distinctes: l'été, pour le repos et l'intimité;

l'automne et le commencement de l'hiver, pour le monde et les grandes réceptions.

Mais c'était l'été qu'ils préféraient; et ils passaient alors deux mois en vrais amoureux, un peu sauvages, que quelques amis de choix venaient seulement troubler de temps en temps, car ces visites étaient limitées par eux, de façon à ce qu'ils pussent revenir, sans avoir été sérieusement distraits, à la solitude qui leur était chère et dont ils tiraient de si profondes jouissances.

C'était à cette époque que les grands ombrages du parc s'emplissaient de leurs tendres causeries. La rosée à peine bue par le soleil, alors que le matin avait encore toute sa fraîcheur, Ghislaine, habillée de flanelle blanche, descendait le perron et, s'appuyant au bras de son mari, ils partaient pour une promenade souvent lointaine.

Pendant ces courses qu'en gens solides et jeunes ils regardaient comme un plaisir, ils parlaient beaucoup d'eux, et toujours ces entretiens se terminaient par un hymne de gratitude à la Providence, qui leur donnait un tel bonheur.

Que de fois, s'arrêtant tout à coup, le comte avait pris les deux mains de sa femme et, posant les yeux sur les siens, lui avait doucement murmuré qu'il faisait mieux que l'aimer, qu'il la vénérait, qu'elle était sa joie, tout son bonheur, sa gloire, son orgueil.

Alors elle se défendait, un peu serrée au coeur et confuse:

—Non, disait-elle, c'est trop.

Mais, dans le baiser qu'elle lui donnait, il sentait son émotion et, dans le regard dont elle l'enveloppait, combien profondément il était aimé.

Souvent ils ne rentraient que pour le déjeuner, fortifiés tous deux dans leur amour, contents de ce qu'ils s'étaient dit et ayant toujours fait en eux quelque découverte qui les flattait et leur donnait une nouvelle raison de s'aimer davantage.

Quand il devait parler à la Chambre, ils partaient ensemble pour Paris et il l'installait lui-même dans une tribune, puis quand il avait pris place à son banc aux premiers rangs de la droite, il tournait les yeux vers elle chaque fois qu'il se disait quelque chose de caractéristique qu'il savait qu'elle devait contester, ou approuver.

Elle faisait un signe perceptible pour lui seul, et il comprenait la réponse qu'elle voulait.

Enfin, le président prononçait les mots sacramentels:

—M. le comte d'Unières a la parole.

Elle sentait son coeur s'arrêter et une chaleur lui brûler les paupières; elle connaissait les points principaux de son discours, mais comment allait-il le prononcer, ne se laisserait-il pas troubler par les interruptions et le boucan?

Car, malgré l'estime qui l'entourait, plus d'une fois c'était par un tapage violent qu'on saluait la hardiesse de sa parole.

Jusqu'à la mort du Roy, il s'était tenu enfermé dans le royalisme le plus orthodoxe, mais, alors, reprenant sa liberté de conscience, il avait incliné vers une sorte de socialisme chrétien qui, dans ses élans populaires, provoquait parfois les applaudissements de l'extrême gauche en même temps qu'il consternait ses amis de la droite.

Quel serait l'accueil de ce jour? C'était ce qu'on pouvait se demander chaque fois qu'il prenait la parole: de quel côté viendraient les applaudissements? Duquel les exclamations ou les huées?

Cependant, il était à la tribune les bras croisés, les yeux levés et tournés vers Ghislaine comme pour lui demander l'inspiration; peu à peu le silence s'établissait et il commençait.

Quelle émotion pour elle, quelle angoisse quand ses paroles, se perdant au milieu du tumulte, n'arrivaient pas jusqu'à elle; mais aussi quand la Chambre entière restait attentive, quelle fierté!

Et le soir, en revenant à Chambrais, dans leur coupé, ils se tassaient l'un contre l'autre, elle le serrait dans ses bras, mettant toute sa gloire dans cette étreinte; et alors, s'entraînant, se répondant, ils faisaient une belle politique, celle qu'ambitionnait leur coeur et que le comte mettait en pratique sans autre souci que celui de satisfaire sa conscience.

Les d'Unières étaient devenus un modèle qu'on citait chez tous dans leur monde: leur amour; la beauté et la vertu de la femme, la fidélité et le talent du mari forçaient la bienveillance et même l'admiration.

Aucun point faible où l'on pût les prendre. Si leur genre de vie, à la campagne comme à Paris, était princier et fastueux, digne de leur fortune et de leur rang, la charité n'y perdait rien. Pas un lendemain de fête qui ne fût le jour des pauvres. Pas une oeuvre utile où la comtesse d'Unières n'eût sa place. Leur existence dans les plus petits détails était l'application même de leurs principes.

Ils ne voulaient pas être riches pour eux seuls: et il fallait que ceux qui les entouraient, qui dépendaient d'eux eussent leur part de cette fortune: c'était loin, très loin que leur responsabilité s'étendait à cet égard. Que de gens ils avaient soutenus, consolés, relevés! Que de devoirs ils s'étaient imposés quand ils auraient pu si bien passer à côté d'infortunes et de misères qui ne les touchaient pas directement, en détournant la tête, et dont ils prenaient la charge par cela seul bien souvent que le hasard les leur avait révélées!

On disait d'eux qu'ils avaient les vertus qu'on demande aux rois, et le mot n'était que juste. En effet, personne ne poussait aussi loin le souci de sa dignité et de son rang, sans qu'on pût jamais remarquer une préoccupation d'économie ou d'égoïsme, pas plus qu'une négligence d'étiquette. Au milieu d'un ordre admirable tout était largement mené, et s'il n'était pas à Paris d'équipages aussi parfaitement tenus que les leurs, il n'y avait pas de maison où l'urbanité, la politesse, la simplicité des manières, l'affabilité, fût poussée aussi loin, sans que la correction la plus irréprochable en souffrit en rien.

Pour ces raisons et pour leurs mérites personnels leur situation était exceptionnelle, admirée, respectée; on ne touchait pas aux d'Unières, c'était un honneur d'être reçu par eux, de les recevoir, de les imiter. Malgré leur jeunesse, ils donnaient le ton; en les suivant, on était sûr de ne jamais faire fausse route, et lorsque la comtesse d'Unières s'était occupée de quelque chose, avait accepté quelqu'un, s'était montrée quelque part, on emboîtait le pas derrière elle, sans même songer à se retourner; quant à juger, à critiquer, c'eût été un crime que personne ne s'était encore aventuré à commettre.

Comment la blâmer quand on ne pensait qu'à la copier! Paris a de ces engouements; il y a des périodes où il est de bon ton d'être grasse parce qu'une femme très en vue est grasse, d'autres où il est désirable d'être maigre; Ghislaine, mignonne, avait mis la finesse en vogue, et dans un certain monde une femme n'était reconnue jolie et élégante que si sa beauté pouvait rappeler un peu celle de la comtesse d'Unières. On se coiffait, on s'habillait comme elle. Elle avait même fait adopter l'extrême simplicité de ses toilettes, taillées dans des lainages souples aux couleurs neutres, dont les façons ne subissaient jamais les exagérations de la mode.

Pendant ces dix années de bonheur, un seul nuage était venu assombrir leur ciel radieux: huit ans après leur mariage, ils avaient perdu M. de Chambrais, mort d'une maladie de coeur. Dans une chasse à courre, le comte avait été renversé par son cheval tombé avec lui, et blessé à la poitrine d'un coup de pied. Il avait guéri de cette blessure, ou plutôt il en avait paru guéri, mais une myocardite chronique en était résultée qui, au bout de quelques mois, avait amené la mort.

M. de Chambrais n'avait pas attendu d'être malade pour assurer l'avenir de Claude, comme il l'avait promis à Ghislaine, et dès le lendemain de l'installation de l'enfant auprès du garde Dagomer, il avait déposé, chez son notaire, un testament par lequel il instituait Claude sa légataire universelle, sous la condition qu'elle ne jouirait de cette fortune qu'à sa majorité ou à son mariage.

Quand il s'était senti condamné, il n'avait pas davantage attendu trop tard pour dire à Ghislaine ce qu'il voulait qu'elle sût, mais, avec ce sentiment de prévenance qui avait toujours été sa règle, il l'avait fait de façon à ce qu'elle ne pût pas supposer qu'il se savait perdu.

—Me voilà malade, ma chère petite, et bien que j'aie l'espoir que ce n'est pas grièvement, j'ai une précaution à prendre, une recommandation à t'adresser que je ne veux pas différer. Si je devais partir—mais, rassure-toi, je suis certain de ne pas partir—enfin, si je partais, j'aurais cette suprême consolation de te laisser la plus heureuse des femmes; car tu ne t'imagines point, n'est-ce pas, qu'il en soit au monde de plus heureuse, que toi?

—Certes non, mon bon oncle.

—Il serait donc absurde de prévoir que ce bonheur puisse être menacé un jour. Et je ne le prévois pas, je te le jure. Mais comme il n'est que sage de prendre toutes les précautions même contre l'impossible et l'invraisemblable, je t'avertis que si jamais tu te trouvais dans une position critique, j'ai déposé chez notre notaire, Me Le Genest de La Crochardière, des pièces qui pourraient te servir.

Déjà bouleversée, Ghislaine perdit contenance:

—Il est revenu, murmura-t-elle.

—Non; je te jure même que je ne sais pas s'il est encore vivant malgré les recherches que j'ai fait faire, car quand un artiste a disparu depuis plus de huit ans sans que personne ait entendu parler de lui, toutes les probabilités sont pour sa mort. Donc son retour n'est pas à craindre; mais enfin, ayant aux mains une arme qui pourrait servir pour ta défense, je l'ai déposée chez notre notaire avec cette mention: «Pièce à remettre à madame la comtesse d'Unières, si elle la réclame; si cette réclamation n'a pas lieu, la brûler sans la lire, après la mort de madame d'Unières.» Et je suis sûr que cette réclamation n'aura jamais lieu.

II

La mort de M. de Chambrais avait changé la situation et l'état de Claude.

Jusqu'à ce moment elle avait vécu chez les Dagomer sans que personne eût à s'occuper d'elle—au moins au point de vue légal.

Quelle était cette petite fille, on n'en savait rien, et on ne cherchait pas à le savoir; arrivée à Chambrais en même temps que les Dagomer, on l'avait vue jouer et grandir avec les enfants du garde sans faire plus attention à elle qu'à ceux-ci: un nourrisson qui n'avait ni père ni mère, croyait-on, et encore n'en était-on pas bien sûr.

La seule chose en elle qui eût provoqué la curiosité et même parfois quelques questions aux Dagomer, était l'intérêt que lui témoignait M. de Chambrais.

On n'avait pu rien tirer des Dagomer, qui ne voulaient pas plus parler qu'ils ne le pouvaient, ne sachant rien ou à peu près. A la vérité, madame Dagomer aurait pu raconter comment, à Marseille, une femme qui avait prononcé quelques mots d'une langue qu'elle n'entendait pas lui avait remis la petite fille; mais M. de Chambrais lui avait recommandé le silence là-dessus, et elle le gardait, son intérêt étant de se taire: pour le plaisir de bavarder on ne s'expose pas à se voir enlever une enfant qui rapporte cent francs par mois, sans compter les cadeaux.

Madame d'Unières aussi s'était occupée de cette petite, c'est-à-dire que plus d'une fois on l'avait vue chez son garde, parlant à l'enfant, lui donnant des jouets, des vêtements, des fruits, des friandises, mais quoi d'étonnant à ce que la nièce continuât l'oncle et le suppléât dans ses soins et ses attentions pour lesquels il était peu fait?

D'ailleurs ce n'était pas seulement pour cette petite que madame d'Unières se montrait bonne et généreuse; elle l'était également pour les enfants du garde comme pour tous ceux du village, se consolant ainsi sans doute de n'en avoir pas elle-même. Personne n'avait pu remarquer si sa voix, lorsqu'elle s'adressait à Claude, avait des intonations plus tendres que lorsqu'elle parlait aux autres, si son regard était plus ému, plus caressant, plus maternel; il eût fallu pour cela des facultés d'observations ou des soupçons que n'avaient point les gens qui, par hasard, s'étaient rencontrés avec elle chez son garde, lorsqu'elle s'entretenait avec la petite ou la caressait.

Pendant huit années, bien fin eût été celui qui eût trouvé quelque mystère à chercher dans l'existence de cette petite fille qui grandissait à côté de ses frères et soeurs, et se confondait avec eux comme s'ils eussent eu tous le même père et la même mère; aussi solide qu'eux, le teint rose, les mains rouges, lâchant ses sabots pour mieux courir, et parlant en j'*avons* et j'*étons* comme une vraie paysanne de l'Ile de France, plus glorieuse seulement, et tirant parti de l'affection que lui témoignait M. de Chambrais pour établir sa supériorité sur ses camarades.

Mais à la mort du comte de Chambrais, cette petite, qui n'était rien parce qu'elle n'avait rien, était devenue, de par l'héritage qui lui tombait, un personnage.

Il avait fallu lui créer un état-civil, et l'acte de naissance manquant, on l'avait remplacé par un acte de notoriété, qui, se basant sur une pièce trouvée dans les papiers du comte, lui attribuait six mois de plus qu'elle n'avait réellement, la faisant naître en septembre au lieu de février.

Puis on lui avait institué un conseil de famille composé de gens d'affaires, avec tuteur, subrogé-tuteur, et toute la mécanique judiciaire s'était mise en marche pour elle.

De l'enfant qui s'élevait ignorée par les Dagomer, on avait pu ne pas s'occuper, mais il n'en devait pas être de même de l'héritière du comte de Chambrais.

Pendant que les gens d'affaires réglaient la situation légale de Claude, Ghislaine n'avait pas à intervenir: qu'eût-elle fait, qu'eût-elle dit, et même qu'eût-elle compris? Son oncle avait pris toutes les précautions que ses conseils lui avaient indiquées, et elle pouvait avoir toute confiance dans ceux qu'il avait lui-même choisis pour surveiller l'exécution de ses volontés.

Mais il n'en avait pas été de même quand le conseil de famille, d'accord avec le tuteur, avait voulu fixer le genre de vie de Claude.

Héritière de soixante mille francs de rente, restes d'une fortune que M. de Chambrais avait très gaillardement dépensée, Claude ne pouvait pas, semblait-il, demeurer plus longtemps chez le garde Dagomer, il fallait la mettre dans un couvent où elle recevrait l'éducation qui convenait à la dot avec laquelle elle entrerait dans la vie, et qui se trouverait presque doublée par l'accumulation des intérêts; mais par raisons de convenances, on n'avait pas voulu décider quel serait ce couvent, s'en remettant, pour ce choix, à la comtesse d'Unières, dont on demandait l'avis.

L'avis de Ghislaine avait été qu'on devait la laisser encore à Chambrais: elle savait que son oncle désirait que Claude n'entrât pas au couvent avant dix ans,—ce qui était vrai d'ailleurs, cette question ayant été agitée et résolue entre eux depuis longtemps,—et elle trouvait que la volonté de son oncle devait être respectée. Sans doute l'instruction de l'enfant devait être commencée: mais il semblait qu'elle pouvait l'être dès maintenant, sans qu'on la mît au couvent tout de suite, ou sans qu'on l'envoyât à l'école communale, ce qui ne serait pas décent.

Lors de son mariage, Ghislaine s'était bien entendu, séparée de lady Cappadoce; mais celle-ci, au lieu de retourner en Angleterre comme elle en avait si souvent exprimé le désir, avait annoncé son intention de rester encore quelque temps en France: elle n'avait pas recueilli l'héritage qu'elle attendait, et elle ne voulait rentrer dans son pays que pour occuper le rang qui lui appartenait par droit de naissance. Jusque-là elle supporterait son exil avec dignité, quelque part dans un village aux environs de Paris, dont le climat convenait à sa santé,—le climat était la seule chose qu'elle acceptât sans critique en France—et où elle pourrait cacher sa médiocrité.

Pour lui adoucir les rigueurs de cet exil, Ghislaine lui avait offert dans le village une maisonnette qui, habitée autrefois par l'intendant, était libre maintenant, et lady Cappadoce l'avait acceptée. Installée là depuis huit ans, elle y vivait en attendant son héritage, partageant son temps entre la lecture du *Morning Post* et des promenades quotidiennes dans le jardin potager et les serres du château, pendant lesquelles elle choisissait les légumes dont elle avait besoin pour sa cuisine, ainsi que les fleurs qui devaient décorer son salon, où Ghislaine seule lui faisait visite de temps en temps. Tous les matins, un jardinier quittait le château, et, dans le village, on se mettait sur le seuil des maisons pour le voir passer portant sur sa tête une manne pleine de légumes, de fruits et de fleurs, qu'il vidait chez lady Cappadoce, sans que la «vieille Anglaise,» racontait-il, lui eût jamais adressé un remerciement ou donné un pourboire. Pourquoi lady Cappadoce ne commencerait-elle pas l'éducation de Claude?

Mais aux premiers mots, lady Cappadoce s'était rebiffée, outragée évidemment qu'on lui fît une pareille proposition: elle, donner des leçons à une gamine qui avait été élevée avec des paysans! Si elle avait consenti à accepter une position subalterne, c'est qu'elle la plaçait auprès d'une princesse de Chambrais, que les Chambrais occupaient un rang des plus élevés dans la noblesse française dès le dixième siècle et qu'ils avaient eu des alliances directes avec des maisons souveraines....

Comme elle débitait cette réponse avec sa dignité des grands jours, tout à coup elle s'était arrêtée en souriant:

—Il est vrai que les probabilités disent que cette enfant est aussi une Chambrais.

Ghislaine, stupéfaite, avait détourné la tête.

—Croyez bien que ce n'est pas une accusation que je porte contre ce cher comte; les hommes ont en France des libertés qu'il faut bien admettre lorsqu'on vit dans ce pays; et si, comme tout le monde le suppose, il est le père de cette petite, la position se trouve changée: ce n'est point une paysanne, une n'importe qui, c'est une Chambrais.

Dès là que Claude était une Chambrais, lady Cappadoce pouvait accepter la proposition de Ghislaine, et de fait elle l'avait si bien acceptée qu'elle avait proposé de prendre l'enfant chez elle, de façon à la faire travailler du matin au soir, en dirigeant son éducation qui laissait si fort à désirer et sur tant de points.

Mais c'était plus que Ghislaine ne voulait; elle qui avait souffert depuis si longtemps de la sécheresse de son ancienne gouvernante, ne pouvait pas accepter que sa fille en souffrît à son tour. Le contraste serait trop rude de passer de la liberté dont elle jouissait chez les Dagomer, à l'assiduité rigoureuse que lui imposerait lady Cappadoce. Chez le garde elle faisait ce qui lui passait par l'idée; elle était aimée par son père et sa mère nourriciers qui étaient l'un et l'autre de braves gens au coeur ouvert et affectueux; elle avait ses frères et soeurs pour jouer et se donner du mouvement. Chez lady Cappadoce, elle ne serait point aimée, et condamnée à une tenue correcte, elle devrait perdre toute initiative.

Se retranchant derrière la volonté de son oncle, elle n'avait donc pas accepté cette proposition d'internat, et Claude était venue simplement travailler quatre heures par jour—ce qui s'était trouvé déjà si dur pour elle que plus d'une fois il y avait eu des pleurs et des révoltes.

—C'est une sauvage que cette petite, disait lady Cappadoce à Ghislaine, mais je la dompterai; l'apaisement se fera, l'assiduité viendra.

Sauvage, elle ne l'était pas seulement pour le travail, elle l'était aussi pour le plaisir. Comme lady Cappadoce n'aurait jamais consenti à donner des leçons à une enfant habillée en paysanne, on mettait à Claude une belle robe au moment de partir, un col bien correct, des bottines soigneusement lacées, un ruban dans les cheveux, et, pendant les quatre heures de travail, elle restait figée dans cette tenue sous l'oeil vigilant de la gouvernante. Mais aussitôt rentrée, en un tour de main, elle se débarrassait de sa belle robe, dénouait son ruban, lâchait ses bottines et, reprenant ses vêtements de tous les jours, son casaquin et ses gros souliers, elle s'en allait en plein bois dénicher des nids, ou bien, la faucille à la main, couper de la fougère et de l'herbe pour ses vaches, rapportant sur sa tête la botte qu'elle venait de faire, sans souci d'emmêler ses cheveux tout à l'heure si bien peignés.

Quelle humiliation pour lady Cappadoce quand parfois elle la rencontrait en cet attirail dans une allée de la forêt.

—Une fille à laquelle elle donnait ses leçons!

Et à dix reprises elle avait dit et expliqué à Ghislaine qu'on ne ferait rien de cette enfant tant qu'on la laisserait chez ces paysans:

—Une sauvage!

III

L'âge fixé par Ghislaine elle-même pour mettre Claude au couvent était passé depuis plus d'un an, et cependant l'enfant était encore chez les Dagomer.

Vers dix ans, Claude, qui, si elle n'avait point l'assiduité et l'application au travail qu'exigeait lady Cappadoce, était cependant vive d'intelligence, alerte d'esprit, gaie d'humeur, avait tout à coup changé; il avait semblé que cette intelligence et cet esprit s'alourdissaient, l'attention manquait, même pour ce qu'elle aimait; en même temps un arrêt dans le développement physique se produisait, elle devenait grêle et pâlissait, elle mangeait mal.

Inquiète, Ghislaine avait appelé son médecin de Paris, et celui-ci, la rassurant, avait ordonné simplement l'exercice, le jeu, avec le moins de travail intellectuel possible;—ce qu'il fallait avant tout, c'était en faire une paysanne, le reste viendrait plus tard.

Dans ces conditions, il ne pouvait pas être question de la mettre au couvent, et les heures des leçons de lady Cappadoce avaient été réduites de quatre à deux avec des intervalles de repos de vingt minutes en vingt minutes.

Mais la paysanne que Claude avait été, comme les filles de Dagomer, jusqu'à neuf ans, ne s'était pas tout de suite retrouvée, et même il avait paru à Ghislaine qu'il ne suffirait pas pour cela de la faire vivre chez le garde, en diminuant encore les heures de travail avec lady Cappadoce.

Un jour qu'elle était arrivée sans que personne se fût trouvé là pour la voir venir, elle l'avait aperçue du dehors dans la cuisine du garde Claude, à cheval sur une chaise renversée: elle se tenait assise de côté, et au bas de sa jupe courte traînait un morceau d'étoffe faisant queue; à la main, elle tenait une baguette de coudrier qui était une cravache et en imitant les mouvements d'une femme sur un cheval qui trotte, elle criait de temps en temps: «Hop! hop!»

—Que fais-tu donc là? demanda Ghislaine en entrant.

Claude n'était pas timide avec Ghislaine, ayant très bien compris que tout lui était permis, aussi, après le premier moment de surprise, ne se gêna-t-elle pas pour répondre franchement en souriant:

—Ma promenade au Bois.

Ghislaine fut stupéfaite, n'ayant pas imaginé que Claude savait ce que c'était que le Bois.

—Ah! tu vas au Bois?

—Mais oui.

—Souvent?

—Toutes les fois que j'en ai la liberté.

—Et quand as-tu cette liberté?

—Quand je suis toute seule, et je suis toute seule.

—On te défend donc d'aller au Bois?

—Non, mais les autres se moquent de moi.

Ghislaine pensa que les autres, c'est-à-dire les filles de Dagomer, avaient bien raison, mais elle ne dit rien.

—Tu sais ce que c'est que le Bois?

—Bien sûr; c'est une promenade où les gens du monde se rencontrent, où l'on se montre ses toilettes, où se font les grands mariages.

Ghislaine ne put s'empêcher de rire; mais elle interrogeait Claude d'une voix si douce et avec un regard si encourageant que celle-ci ne pouvait pas être intimidée par ce rire.

—Et qui t'a parlé du Bois? demanda-t-elle du même ton affectueux.

—C'est lady Cappadoce.

—A propos de quoi?

—Quand je ne me tiens pas bien, que je chiffonne ma robe ou casse mon col, elle me dit: «Vous ferez vraiment belle figure au Bois, si vous vous tenez ainsi.»

—Tu voudrais aller au Bois?

—Oh! oui.

—Pourquoi faire?

—Pour me promener donc, pour voir.

—Tu t'ennuies ici?

—Je ne resterai pas toujours ici, j'irai au couvent.

—Les filles qui sont au couvent ne vont pas au Bois.

—Je ne resterai pas toujours au couvent.

—Certes, non; à moins que tu ne le veuilles.

—Je ne le voudrai pas; je me marierai.

—Ah! tu penses à te marier?

—Mais oui, quelquefois, et même souvent, je voudrais avoir un mari pour qu'il m'aime. Vous savez, moi, je n'ai ni père ni mère, et je voudrais être aimée.

—Moi, je t'aime!

—Vous êtes la comtesse d'Unières!

Elle dit cela avec un ton d'admiration et de respect, en petite fille habituée à se faire une idée presque surnaturelle, religieuse, de cette comtesse d'Unières si loin d'elle.

Ghislaine fut remuée jusque dans les entrailles; c'était donc vrai qu'elle était bien loin de cette enfant, que celle-ci, dans son ignorance, n'admettait même pas que cette distance pût être jamais franchie.

Elle jeta un regard autour d'elle. Au dehors, on n'entendait d'autre bruit que celui de la brise dans le feuillage des grands arbres; personne dans la maison, Claude l'avait dit. Alors elle eut une faiblesse, elle qui toujours s'était si rigoureusement observée; d'un mouvement passionné, elle attira sa fille sur sa poitrine et, longuement, elle l'embrassa, murmurant des mots que Claude, surprise, ne comprenait pas.

Puis tout à coup le sentiment de la réalité lui revenant, elle s'arrêta brusquement, et sans repousser l'enfant, elle cessa de l'embrasser.

—Je t'assure que je t'aime, ma petite Claude, et Dagomer aussi t'aime bien.

—C'est vrai, mais il n'est pas mon père.

—On n'a pas toujours une mère et un père; à ton âge je n'avais plus les miens.

—Oui, mais vous les aviez connus, tandis que moi....

C'était là un sujet trop douloureux pour que Ghislaine voulût le continuer, chaque parole de Claude lui était une blessure.

—Mais que sens-tu donc? demanda-t-elle plutôt pour changer l'entretien que par curiosité réelle, quelle étrange odeur!

Claude se troubla.

—Ce n'est ni celle d'une fleur, ni celle d'un fruit. Est-ce une pommade; est-ce une eau?

Elle lui flaira les cheveux et le visage.

—C'est ta bouche qui exhale cette odeur bizarre: tu as mangé des bonbons?

—Non.

—Est-ce que tu ne veux pas me répondre? Il n'y a pas de mal à manger des bonbons, la preuve c'est que je t'en donne quelquefois. Tu as des petites taches rouges aux dents. Qu'est-ce que c'est?

Claude hésita; enfin elle se décida:

—C'est de la cire.

—Quelle cire?

—De la cire à cacheter les lettres.

—Tu manges de la cire à cacheter? Quelle idée!

—C'est très bon; ça fait une pâte.

—Une mauvaise pâte.

—Et puis, c'est amusant, ça colle aux dents.

—Où as-tu eu de la cire?

—J'en ai pris chez lady Cappadoce.

—Comment t'est venue cette idée?

—Un jour que lady Cappadoce, cachetait une lettre, j'ai mis un morceau de cire dans ma bouche sans penser à rien; ça m'a paru bon; j'ai continué; j'aime mieux ça que les meilleurs bonbons.

—Mais tu peux te rendre malade, chère petite; la cire à cacheter n'est pas une chose qui se mange. Veux-tu me promettre de n'en plus manger?

—Oh!

—Tu me feras plaisir.

Claude la regarda un moment profondément dans les yeux:

—C'est vrai que cela vous ferait plaisir? demanda-t-elle.

—Grand plaisir.

—Eh bien! je n'en mangerai plus, je vous le promets.

Ghislaine, en redescendant au château, se trouva troublée et émue.

Il était rare qu'elle eût l'occasion d'être seule avec Claude et pût l'interroger, lire en elle comme elle venait de le faire, sans avoir à craindre de trahir plus de tendresse qu'il ne lui était permis d'en montrer.

Que de révélations dans cette entrevue d'une demi-heure!

N'était-ce pas curieux, vraiment, ce souci de Claude, de se marier pour être aimée! N'était-ce pas ainsi qu'elle-même rêvait et raisonnait, enfant, quand elle se désolait de sa solitude? La pauvre petite aussi souffrait de cette solitude et, détournant les yeux d'un présent triste, les fixait sur l'avenir, que son imagination lui représentait tout plein de tendresse et de joies du coeur. Elle les avait connues ces rêveries, ces regards jetés en avant; et par là elle trouvait entre sa fille et elle, des points de ressemblance qui la rassuraient.

Que de fois, depuis la naissance de Claude, s'était-elle demandé ce qu'elle serait: fille de sa mère? fille de son père? Et la question était assez grosse pour s'imposer avec des angoisses. Paroles, gestes, regards, attitudes, goûts, dispositions, idées, humeur, caractère, nature, tout lui avait été matière à observation. Claude était une vraie brune avec les cheveux ondulés, mais cela ne tranchait rien, car si elle-même l'était, lui aussi avait les cheveux noirs frisés.

Dans ses traits non plus il ne se trouvait rien qui put la faire ranger d'un côté plutôt que de l'autre, car l'expression du visage, généralement mélancolique, ou tout au moins songeuse et recueillie, pouvait aussi bien venir de lui que d'elle; toute jeune, Claude avait été potelée, mais voilà qu'avec l'âge elle tournait à la maigreur et à la sécheresse de son père.

Ce besoin de tendresse s'affirmant d'une façon si particulière et ce désir de mariage étaient quelque chose de caractéristique qui pouvait faire pencher la balance du côté maternel, si l'histoire de la cire à cacheter n'était pas venue la relever. Assurément, ce n'était pas un fait insignifiant que cette perversion de goût. Jamais, dans son enfance, elle n'avait eu de ces fantaisies ni de ces bizarreries, tandis que chez lui elles étaient typiques. Combien en retrouvait-elle maintenant dont le souvenir précisément lui était resté, parce qu'elles étaient aussi étonnantes que cette passion pour la cire à cacheter.

De là son trouble et son émoi: justement parce que Claude tenait de son père par plus d'un côté, il aurait fallu qu'elle fût surveillée avec une sollicitude de tous les instants et redressée: l'éducation corrigerait la nature; en lui montrant où conduisait le mauvais chemin, en la mettant dans le bon, elle suivrait celui-là.

Une mère seule pouvait avoir une main assez ferme en même temps qu'assez douce pour cette tâche; et elle ne pouvait pas se montrer mère pour Claude.

De là aussi son inquiétude de conscience en se demandant si jusqu'à ce jour elle avait fait tout ce qu'elle devait.

Certes il était impossible que les conditions d'habitation pussent être meilleures que celles que Claude trouvait dans cette maison de garde, vaste, bien construite, presque monumentale, avec sa façade de pierres et de briques, bien exposée à la lisière du parc et de la plaine, abritée l'hiver, ombragée l'été, entourée de communs qui abritaient deux vaches, des poules, des cochons, et d'un grand jardin tout plein de légumes; et, puisque les médecins voulaient qu'elle vécut en paysanne, nulle part elle n'eût été mieux que là.

De même il était impossible qu'elle eût un meilleur père nourricier et une meilleure mère que les Dagomer, qui étaient de braves gens, honnêtes, réguliers dans leurs habitudes, propres, soigneux, qui ne faisaient aucune différence entre elle et leurs vrais enfants.

Enfin l'institutrice qui la faisait travailler était celle-là même qui l'avait élevée, un peu sèche il est vrai, rigide, austère, cependant pleine des plus hautes qualités.

Mais était-ce assez!

Quand dans cet entretien elle avait dit à Claude qu'on n'a pas toujours un père et une mère, l'enfant lui avait répondu d'un mot qui ravivait tous ses doutes: «Vous avez connu les vôtres.»

Qui savait l'influence que le souvenir de ce père et de cette mère aimés et respectés avait eu sur sa destinée, tandis que Claude seule, depuis sa naissance, ne subissait que celle de la nature?

IV

Quand Ghislaine avait été un jour à la maison de Dagomer pour voir Claude, elle se promettait de ne pas y retourner le lendemain; il ne fallait pas appeler l'attention sur ces visites qui, trop répétées, deviendraient inexplicables; elle devait être prudente, elle voulait l'être. Mais elle avait beau dire, elle avait beau faire, toujours une raison nouvelle s'imposait pour qu'elle ne tînt pas la parole qu'elle s'était donnée et manquât à sa promesse.

Elle n'entrerait pas: elle passerait et ne jetterait qu'un rapide coup d'oeil dans la maison; elle n'échangerait qu'un mot avec Claude; peut-être même ne lui dirait-elle rien; la voir suffirait.

Et de même qu'elle n'avait pas tenu sa promesse de ne pas aller à la maison du garde, de même elle ne tenait pas celle du rapide coup d'oeil et du seul mot. Arrivée devant la maison, elle entrait, s'asseyait, et le temps passait sans qu'elle en eût conscience: toujours elle avait des questions à adresser à Claude, des recommandations à lui faire.

Elle avait bien essayé de la rencontrer chez lady Cappadoce à l'heure des leçons, sous prétexte de savoir comment elle travaillait, mais elle avait dû y renoncer bientôt. Chez les Dagomer, on pouvait s'étonner qu'elle vînt si souvent, mais c'était tout, on n'allait pas au delà de cet étonnement, on ne l'observait pas avec des yeux capables de voir ce qu'on ne leur montrait pas. Tandis que chez lady Cappadoce, il en était autrement.

La première fois, la gouvernante avait été flattée que l'ancienne élève voulût assister à la leçon de la nouvelle, et elle avait donné à cette leçon une importance considérable—elle avait pionné. Mais à la seconde elle avait été surprise. A la troisième, son esprit curieux avait travaillé la question des pourquoi et des parce que, et Ghislaine, qui la connaissait bien, avait compris qu'il sentit imprudent de s'exposer aux investigations de cette curiosité qui enregistrait les remarques les plus insignifiantes avec une implacable mémoire.

D'ailleurs, comme elle choisissait pour ces visites les jours où le comte allait à Paris sans elle, il en résultait que celui qui le premier aurait pu s'en étonner et s'en plaindre devait les ignorer.

Plusieurs fois, il est vrai, revenant de la Chambre plus tôt qu'elle ne l'attendait, et ne la trouvant pas au château, en amoureux pressé et non en mari jaloux, il avait demandé où elle était pour la rejoindre au plus vite. Sans mauvaise intention et simplement parce que c'était la vérité, le domestique qu'il interrogeait avait répondu que madame la comtesse était sortie, et qu'elle avait pris l'allée du pavillon du garde principal. De même, sans y mettre la plus petite malice, Dagomer avait aussi souvent parlé de ces visites: «C'est ce que madame la comtesse m'a dit hier en venant voir la petite.»

«Voir la petite», il semblait que Ghislaine ne pensât qu'à cela; et comme le comte avait des raisons pour se l'expliquer, il ne s'en étonnait point, pas plus qu'il n'était surpris qu'elle ne lui en dit rien, ayant aussi des raisons pour s'expliquer son silence.

Longtemps il avait balancé s'il ne lui en parlerait pas le premier, et un jour enfin il s'était décidé:

—Vous venez de chez Dagomer?

—Oui.

—Comment va Claude?

—Bien; elle se trouve mieux depuis qu'elle travaille moins.

—Elle n'est évidemment pas faite pour la vie de couvent.

—Je ne crois pas.

—Pourquoi l'y mettre?

—C'est la volonté du conseil de famille.

—Êtes-vous pressée de rentrer?

—Pas du tout, répondit Ghislaine un peu surprise de cette question, qui semblait être le prélude d'une explication.

—Alors, voulez-vous prendre mon bras? nous reviendrons par le plus long; le temps est doux.

En effet, la fin de la journée était sereine, et le soleil qui s'abaissait emplissait les sous-bois de longues nappes de lumière dorée; déjà une fraîcheur montait des taillis, et les oiseaux muets pendant la chaleur, recommençaient leurs chansons qui seules troublaient le silence du parc.

Ils marchèrent un moment côte à côte, Ghislaine se demandant, le coeur serré, quelle allait être cette explication qui, assurément porterait sur Claude, s'efforçant de ne trahir son émotion ni par un mot qui lui échapperait, ni par un mouvement nerveux de sa main qu'elle avait posée sur le bras de son mari.

—Tu l'aimes, cette enfant, dit-il.

Lorsqu'ils n'étaient point en tête à tête et pour les choses banales de la vie ordinaire, leur habitude était d'employer le «vous»; au contraire, pour les choses intimes, pour tout ce qui était tendresse, ils se tutoyaient.

—Mais oui, sans doute, murmura-t-elle bouleversée.

—J'entends d'une affection plus vive que celle que tu laisses paraître, plus profonde.

Elle hésita, n'osant pas lever les yeux sur lui de peur de rencontrer son regard et les tenant fixés sur sa main qu'elle sentait frémir.

Cependant il fallait répondre:

—Il est vrai, dit-elle.

—Pourquoi t'en défendre; surtout pourquoi t'en cacher? Tu ne diras point que tu ne t'en caches pas?

Elle ne répondit pas, incapable de trouver un mot.

—Vois comme te voilà émue; c'est cette émotion dont tu n'es pas maîtresse toutes les fois qu'il s'agit de cette enfant, qui m'a donné l'éveil. Je me suis demandé ce qui pouvait la provoquer; j'ai cherché.

Si doux que fût l'accent de son mari, elle se sentait défaillir.

—Il y a longtemps que je t'observe, plus longtemps que tu ne penses, au sujet de cette petite; mais j'avoue que jusqu'à la mort de ton oncle mon observation ne me conduisait qu'à des contradictions; c'est le testament de M. de Chambrais qui, en m'ouvrant les yeux, m'a mis dans la voie.

C'était en vain que Ghislaine cherchait à comprendre; les paroles étaient terribles, le ton était affectueux et tendre comme à l'ordinaire.

Il continua:

—Il est certain que j'ai eu tort de ne pas m'expliquer avec toi tout de suite franchement, cela eût tranché la situation. Je ne l'ai pas fait, retenu par un sentiment de réserve envers ton oncle et plus encore envers toi; mais les choses ne peuvent pas durer plus longtemps ainsi.

Ne devait-elle pas prendre les devants, se jeter dans les bras de son mari, lui avouer la vérité? Elle s'arrêta un moment, les jambes cassées par l'angoisse.

Mais il poursuivait, l'entraînant doucement dans l'allée où, sur la mousse veloutée, elle traînait les pieds sans avoir la force de les lever.

—Certainement la venue d'un enfant naturel dans une famille est grave, mais....

Elle trébucha.

—Appuie-toi sur moi, dans ton émotion tu ne regardes pas à tes pieds; vois comme cette petite te tient au coeur, je ne connaîtrais pas ta tendresse pour elle que j'en sentirais toute la force en ce moment. Revenant à notre sujet, je disait donc que par le seul fait de l'institution de Claude comme légataire universelle, M. de Chambrais l'avait reconnue pour sa fille.

—Ah!

—....Et que dans ces conditions tu n'as pas à cacher les sentiments affectueux qu'elle t'inspire.

Elle était éperdue, affolée, un soupir de soulagement s'échappa de ses lèvres contractées.

—Évidemment j'aurais dû m'expliquer avec toi là-dessus, le jour même de l'ouverture du testament; si je ne l'ai point fait, c'est, je le répète, par un sentiment de respect pour la mémoire de ton oncle; mais aujourd'hui ce respect, exagéré, j'en conviens, n'est plus de mise, et ce n'est pas porter atteinte à cette mémoire que d'accepter une parenté connue de tout le monde... à un certain point de vue c'est le contraire plutôt; n'est-ce pas ton sentiment?

—Oui... sans doute; je n'ai jamais pensé à cela.

—Je le sais bien, et comme tu n'as pas attendu l'ouverture du testament pour t'attacher à l'enfant, il est certain que la parenté n'a pas été tout d'abord la cause exclusivement déterminante de ton affection; si tu as été à elle inconsciemment pour ainsi dire, ça été parce que nous n'avons pas d'enfants; ton affection a été celle d'une maternité qui n'a pas d'aliment. Est-ce vrai?

—Peut-être; je ne sais.

—Mais je sais, moi. Quand l'esprit ou le coeur est constamment tendu sur un même objet, il y ramène tout; il est donc tout naturel que tu te sois prise de tendresse, d'une tendresse maternelle pour cette petite, avant même de soupçonner que c'était à la fille de ton oncle que t'attachais, à ta cousine; mais maintenant que tu le sais, la situation change.

Il s'arrêta, et lui prenant les deux mains, il la plaça en face de lui, de manière à plonger dans ses yeux:

—Chère femme, chère bien-aimée, dit-il d'une voix vibrante de passion, toi qui depuis dix ans m'as fait l'homme le plus heureux, toi que j'adore, que je vénère, toi par qui je vis, en qui est tout mon bonheur, toute mon espérance dans l'avenir, toutes mes joies dans le passé, tu n'admettras jamais la pensée, n'est-ce pas, que sous mes paroles puisse se cacher un reproche détourné, ou même une plainte. Si le chagrin de notre vie est de n'avoir pas d'enfants, ne crois pas que je t'en rende responsable; c'est un malheur dont tu souffres, comme j'en souffre moi-même, et toi plus que moi sans doute, par cela seul que tu es femme. N'est-il pas possible de rendre cette souffrance moins dure pour toi, ou tout au moins d'en tromper l'impatience?

Il vit dans le regard qu'elle attachait sur lui qu'elle ne comprenait pas.

—Tu ne vois pas comment?

—Non.

—En prenant Claude.

Elle poussa un cri.

—N'est-ce pas tout naturel? En réalité, cette petite est ta cousine et par la mort de son père tu te trouves sa seule parente, sa mère en quelque sorte. Tu l'as si bien compris, si bien senti que depuis la mort de M. de Chambrais, d'instinct, malgré toi, mais poussée par une force à laquelle tu voulais en vain résister, tu as été cette mère pour elle. En réalité, ç'a été en te défendant, en te cachant, comme si tu faisais mal et te le reprochais; mais enfin il en a été ainsi: une vraie mère n'aurait pas été meilleure, plus affectueuse, plus prévenante, plus dévouée que tu ne l'as été; plût à Dieu que tous les enfants en eussent d'aussi tendres! Eh bien! voyant cela, l'idée m'est venue que tu sois cette mère, franchement; pour cela il n'y a qu'à prendre l'enfant avec nous.

—Tu veux!

—Moi aussi je l'ai visitée souvent en ces derniers temps, je l'ai étudiée: elle est intelligente, affectueuse, et je crois que pour être heureuse il ne lui manque que d'être aimée; toi et moi nous pouvons la faire heureuse.

Le saisissement avait été si profond que Ghislaine resta quelque temps sans trouver un mot: sa fille lui était rendue; aux yeux de tous, elle devenait sa fille; elle pouvait l'embrasser sans se cacher; les paroles, les caresses les plus tendres lui étaient permises; plus de sourdine à la voix, plus de voile sur les yeux. Elle pouvait l'élever, la former. Quelle joie pour elle; pour la pauvre abandonnée quel bonheur!

Dans un élan passionné, elle jeta ses bras au cou de son mari, et toute palpitante elle le serra dans une vive étreinte:

—Oh! cher Élie, que je t'aime; quel coeur que le tien!

Il s'était penché vers elle, et sur ses lèvres il mit un long baiser.

Cette caresse la rappela à la réalité; elle n'était pas que mère, elle était femme aussi; ce n'était pas seulement à sa fille qu'elle devait penser, c'était encore et avant tout à son mari, à l'homme qui l'aimait et qu'elle aimait.

Pouvait-elle laisser introduire cet enfant, le sien, sous leur toit; pouvait-elle lui laisser prendre place dans leur coeur sans tout avouer? Était-ce loyal?

Et cet aveu, pouvait-elle le faire, avec la certitude de ne pas briser le bonheur de ce mari?

Son angoisse l'étouffait.

Cependant il fallait répondre:

—Non, dit-elle d'une voix brisée, cela est impossible.

—Et pourquoi?

—Personne ne doit être entre nous; notre enfant à nous, si nous en avons un, oui; un autre, jamais.

—Je croyais aller au-devant de ton désir.

—Et je ne saurais te dire combien j'en suis profondément touchée; mais c'est à moi d'être sage pour deux. Je verrai Claude plus souvent; je la surveillerai de plus près. Je serai sa mère, si tu le permets: toi, tu ne dois pas être son père.

V

Depuis son mariage, Ghislaine avait plus d'une fois rencontré Soupert, ou plus justement, traversant en voiture Palaiseau et les villages environnants, elle l'avait vu devant la porte d'un marchand de vin, attablé avec des amis de hasard, mais jamais ils n'avaient échangé une parole.

Quand il apercevait la voiture de la comtesse, il saluait avec ses grandes manières d'autrefois, Ghislaine s'inclinait et c'était tout.

Elle qui était l'affabilité même avec tout le monde n'avait jamais fait arrêter sa voiture quand elle l'avait rencontré seul sur la route, et dans son salut se montrait une réserve qui aurait tenu Soupert à distance s'il avait eu la pensée de s'imposer.

Pourquoi cette réserve avec lui? Plus d'une fois il se l'était demandé, ne pouvant pas deviner le sentiment de gêne et même de honte qu'il inspirait à son ancienne élève; mais pour ne pas trouver de réponse à cette question, il n'en gardait pas moins un bon souvenir à cette ancienne élève, dont il parlait toujours avec plaisir.

—Je lui ai donné des leçons, à la comtesse d'Unières, quand elle était princesse de Chambrais, et vraiment elle était douée pour la musique. Quand ces leçons m'ont ennuyé, je me suis fait remplacer par un garçon qui était bien l'original le plus curieux que j'aie jamais connu.

Et quand il se trouvait avec des gens en état de s'intéresser à l'histoire de cet original, il la leur racontait avec force détails sur le portrait du grand seigneur russe:

—Celui-là aussi était doué, il serait devenu un artiste de talent s'il avait vécu; mais j'ai tout lieu de croire que le pauvre garçon est mort en Amérique où il avait été donner des concerts; depuis dix ans, personne n'a entendu parler de lui.

Et là-dessus, après boire, Soupert philosophait volontiers. Quel contraste réconfortant (pour lui) entre son existence et celle de ce garçon! Né chétif, il avait atteint ses soixante-dix ans, dans toute la force de l'intelligence et du talent, ne reculant pas plus devant une journée de travail que devant une bonne bouteille, tandis que ce garçon, que la nature semblait avoir créé pour vivre cent ans, avait été se faire tuer en Amérique dans la fleur de la jeunesse; et voilà où se montrait la morale de la vie. Lui, Soupert, n'avait jamais eu que l'art pour but; Nicétas avait voulu gagner de l'argent et l'argent est la perte de tout, aussi, lui, l'avait-il toujours traité avec le plus parfait mépris. Quand il en avait, il achetait une caisse et le mettait dedans pour l'y prendre chaque fois qu'il en avait besoin; quand la caisse était vide, il la vendait et attendait qu'un hasard ou une bonne occasion lui permît d'en acheter une autre. Cette philosophie, il l'avait enseignée à Nicétas, mais celui-ci n'avait pas profité de cette leçon, et il était mort; c'était dommage. Et Soupert, qui n'avait jamais regretté personne, donnait parfois un souvenir attristé à ce garçon.

—Pauvre Nicétas!

Un soir qu'il était attablé tout seul dans sa salle à manger devant un grog à l'eau-de-vie, regardant, tout en buvant à petits coups, le soleil qui se couchait derrière Saint-Cyr, en lui envoyant par la fenêtre ouverte ses rayons obliques qui illuminaient la salle, une ombre s'arrêta sur la route devant cette fenêtre. C'était celle d'un homme de grande taille au visage brun rasé, gras d'une mauvaise graisse bouffie, la physionomie fatiguée, ravagée, le vêtement assez usé et plus encore désordonné: pantalon noir, gilet de coutil, veston jaunâtre, cravate en foulard bleu, chapeau-melon.

—Bonsoir, maëstro.

Soupert n'était certes pas fier, surtout au cabaret, où il acceptait toutes les familiarités pour ne pas boire seul, mais chez lui il se souvenait de ce qu'il avait été et retrouvait un peu de dignité. Cette façon de le saluer, avec des manières amicales chez quelqu'un qu'il ne connaissait pas, le fâcha:

—Bonsoir, dit-il sèchement.

—Vous ne me reconnaissez pas?

—Je vous connais donc?

—Un peu.

—Alors pardonnez-moi.

Quittant sa chaise, du fond de la pièce, Soupert vint à la fenêtre.

Mais ce fut en vain qu'il examina cette ancienne connaissance en évoquant ses souvenirs: ce grand corps fatigué et cette physionomie dure ne lui disaient rien.

—Et où nous sommes-nous donc connus? demanda-t-il.

—Ici.

De nouveau il l'examina.

—Parlez un peu, dit-il, la tête, le corps, les manières changent, la voix est plus fidèle.

—Ne cherchez pas parmi les gens de ce pays, vous n'auriez pas chance de trouver.

—Est-ce possible! s'écria Soupert, dont les oreilles valaient mieux que les yeux.

—Il faut le croire.

—Le bambino!

—Lui-même.

—Tu n'es donc pas mort?

—Vous voyez.

—Au moins tu as diablement changé.

—Il paraît.

—Allons, allons, enjambe la fenêtre.

En même temps, il lui tendit les deux mains pour l'aider.

—Voilà une agréable surprise; heureux de te voir, mon cher garçon, et de te serrer la main, car tu n'es pas une ombre.

—Mais non.

—Prends une chaise, tu vas boire un grog.

Comme il s'occupait à remplir les verres, Nicétas lui arrêta la main:

—Pas d'eau, je vous prie.

Soupert se conforma à cette demande, mais se renversant, il l'examina de nouveau:

—Sais-tu à quoi je pense? dit-il tout à coup en mettant ses deux coudes sur la table. A une certaine soirée qui remonte loin, une douzaine d'années au moins où tu es venu comme aujourd'hui frapper à cette fenêtre; il était plus tard seulement, mais la saison était la même, le temps beau et chaud, comme il l'est; tu avais marché dans la nuit puisque tu arrivais de Chambrais, et pourtant tu ne pouvais te décider à boire ton grog. T'en souviens-tu?

—Oui, et je me souviens aussi de vos paroles en me montrant votre verre: «Voilà le vrai ami, tandis que l'amour, les femmes, la gloire, illusion et folie!»

—Et la vie t'a montré que j'avais raison?

—Que trop.

—Alors, tout n'a pas été rose pour toi, mon pauvre bambino, depuis que tu es quitté la France?

—Pas précisément, mais vous savez que je n'ai pas été voué au rose à ma naissance.

Disant cela, il se versa un demi-verre d'eau-de-vie et le vida d'un trait.

—Il y a longtemps que tu es de retour à Paris?

—Quelques jours.

—C'est gentil à toi, d'être venu me voir tout de suite.

—Vous êtes, cher maëstro, le seul homme en ce pays auprès de qui j'aie trouvé de la sympathie, le seul qui m'ait montré de l'intérêt sans rien attendre en retour, et comme je n'ai jamais été gâté sous ce rapport, ma première pensée a été pour vous.

Soupert lui tendit la main, touché ou tout au moins flatté de ce souvenir.

—Et le violon? demanda-t-il:

—Il y a longtemps que j'ai renoncé au violon.

—Avec ton talent!

—Le talent! Ah! maëstro, en voilà une illusion et une duperie. On croit au talent à quinze ans, à celui qu'on aura; mais à vingt-cinq, on voit celui qui vous manque et l'on est dégoûté de soi. C'est ce qui m'est arrivé. De plus, j'ai compris qu'en ce monde c'était duperie de travailler soi-même au lieu de faire travailler les autres, et j'ai vendu mon violon tout simplement à un plus naïf que moi.

—Les journaux parlaient de tes succès là-bas.

—Les réclames me coûtaient plus qu'elles ne me rapportaient: l'affaire était mauvaise.

—Et alors?

—J'ai essayé un peu de tout. Dans le Colorado j'ai travaillé aux mines et j'ai gagné une forte somme que le jeu m'a prise. Dans le Texas, j'ai fait de la culture et n'ai pas réussi. J'ai été agent d'émigration pour les Chinois vivants et de réexportation pour les Chinois morts. J'ai été officier au service du Pérou. En Colombie, je me suis un peu marié, mais si peu que j'espère que ma femme aura pu prendre un nouveau mari. A la Nouvelle-Orléans, j'ai été directeur de théâtre, et ç'a été mon beau temps: ayant des comédiens, des musiciens à diriger, je leur ai fait payer ce que j'avais souffert dans ma jeunesse. J'ai été journaliste à Baton-Rouge, mormon à Lake-City, maître-d'hôtel à San-Francisco, photographe au Canada; et voilà. J'en oublie; pourtant, c'est assez pour que vous voyiez qu'il m'a fallu faire le coup de poing contre la destinée. Je n'ai pas eu le dessus, mais le dernier mot n'est pas dit. Paris est un bon terrain pour la lutte.

—Et que veux-tu faire?

—Tout; ma vie cahotée a eu cela de bon au moins de me donner des aptitudes diverses en me débarrassant d'un tas de préjugés gênants.

—Et le levier?

—Il est là.

Disant cela, il se frappa le front.

—Il vaudrait mieux qu'il fût là, répondit Soupert en mettant la main sur sa poche.

—Je ne dis pas non, mais j'avoue qu'il n'y est pas.

Il y eut un moment de silence.

—Je regrette de ne pouvoir pas t'aider, dit enfin Soupert, mais tu sais que la fortune et moi nous sommes brouillés depuis pas mal de temps. Pourtant, le jour où tu manqueras d'une pièce de cent sous, viens la chercher; s'il y en a une à la maison, elle sera pour toi.

Il se leva et, ouvrant un placard, il en tira une boîte en bois blanc dans laquelle sonnèrent trois ou quatre pièces de cinq francs; depuis quelques mois il avait vendu son dernier coffre-fort devenu inutile, et c'était cette petite boîte, trop grande encore, qui lui en tenait lieu.

—Partageons, dit-il.

Tout compte fait, il y avait vingt francs et trois ou quatre pièces de monnaie: Nicétas prit douze francs.

—Je vous rendrai ça, dit-il, sans un mot de remerciement.

—Quand tu voudras, quand tu pourras.

Soupert n'entendait pas laisser la conversation sur ce sujet.

—Quand je pense, dit-il, que, dans cette soirée dont nous évoquions le souvenir tout à l'heure, nous avons discuté la question de savoir si tu avais bien ou mal manoeuvré pour forcer mademoiselle de Chambrais à t'épouser!

—Mal, aussi bêtement que possible.

—Je crois me rappeler que ça m'avait produit cet effet alors: tu lui avais fait une déclaration un peu brutale! n'est ce pas, et elle t'avait flanqué à la porte?

—Précisément.

—Elle s'est mariée depuis; elle a épousé le comte d'Unières; ils s'adorent.

—J'ai vu ça dans les journaux; c'était la période, précisément, il y a dix ans, où je rédigeais un journal français à Baton-Rouge. Qu'est-ce que c'est que ce comte d'Unières? Un imbécile, n'est-ce pas?

Il haussa les épaules.

—Mais pas du tout. Pourquoi diable veux-tu que ce soit un imbécile? C'est, au contraire, un homme fort intelligent, un des meilleurs orateurs de la Chambre, et, ce qui vaut mieux, un excellent homme, bon, généreux, digne de sa femme.

—Avec la fortune de sa femme, ça lui est facile, il me semble; la générosité des riches me fait rire.

—Elle a été diminuée, la fortune de sa femme.

—Il a fait de mauvaises spéculations?

—M. d'Unières ne spécule pas. Mais le comte de Chambrais, tu sais, l'oncle de la princesse, ce vieux beau et aimable, est mort, et il a laissé toute sa fortune à un enfant naturel, une petite fille dont la naissance est mystérieuse, mais qu'on croit être sa fille. Ce qu'il y a de certain, c'est que du vivant de M. de Chambrais, cette petite....

—Quel âge a-t-elle?

—Une douzaine d'années, onze ans peut-être. Je te disais que du vivant de M. de Chambrais elle était élevée chez un garde du château; et depuis la mort du comte, c'est madame d'Unières qui la surveille. Par là, tu peux voir que les d'Unières sont bien les braves gens dont je parlais, puisqu'ils n'en veulent point à cette petite qui leur enlève une belle fortune.

VI

La vieille bergère en velours d'Utrecht sur laquelle Nicétas avait dormi plus d'une fois, était toujours le plus bel ornement de la salle à manger de Soupert, car à l'âge avancé auquel elle était arrivée, douze années de plus ou de moins n'avaient pas d'importance pour elle; cette nuit-là, elle servit encore de lit à Nicétas qui, le lendemain, après un solide déjeuner, descendit à Palaiseau, pour prendre le train et retourner à Paris.

Mais comme il arrivait à la gare, il aperçut un flot de Parisiens débarquant en habits de fête, qui lui rappela que c'était dimanche. Qu'irait-il faire à Paris, où rien de particulier ne l'appelait d'ailleurs, quand tout le monde venait à la campagne: errer par les rues désertes dans ce costume de besoigneux n'était pas pour lui plaire; pourquoi lui aussi ne s'offrirait-il pas une partie de campagne? Les douze francs de Soupert sonnaient dans la poche de son gilet mêlés aux quelques pièces de monnaie qu'ils avaient été rejoindre; après une promenade de quelques heures il pourrait se payer un dîner champêtre et le soir reprendre le train pour Paris.

Alors l'idée lui vint d'aller à Chambrais; autant là qu'ailleurs et même mieux, il aurait plaisir à revoir ces bois où tant de fois il s'était promené en rêvant à Ghislaine.

Et par la plaine où les blés nouvellement épiés ondulaient sous une légère brise, il se mit en route d'un pas nonchalant: rien ne le pressait.

C'était vrai qu'il l'avait aimée cette petite Ghislaine, passionnément aimée; depuis douze ans, il avait connu bien des femmes, mais aucune n'avait ému son coeur comme celle-là, chez aucune il n'avait retrouvé cette grâce, ce charme, cette séduction, ç'avait été son beau temps dans sa vie tourmentée, le seul qui lut eût laissé des souvenirs heureux, auxquels il eût plaisir à se reporter, le seul où il eût envisagé l'avenir avec espérance, où il eût eu confiance dans le présent.

Quel fou, quel naïf il avait été!

Ah! pourquoi ne s'était-elle pas laissée aimer? pourquoi ne l'avait-elle pas aimé! Comme tout changeait; Mais elle l'avait repoussé, et voilà où il en était arrivé. Découragé, il avait abandonné le métier qu'il avait aux mains et maintenant il roulait de chute en chute, au hasard, misérable jouet de sa destinée, solitaire, sans soutien, sans but, sans autre ambition que de ne pas crever de faim le lendemain.

La sotte, l'orgueilleuse créature; c'était un imbécile qu'il lui fallait, ce d'Unières.

Et il avait forcé le pas, se disant qu'il serait amusant de voir cet imbécile et de lui rire au nez.

—Tu es fier de ta femme, eh bien! je l'ai eue, et avant toi, encore. Demande lui si elle s'en souvient; elle m'a chassé et pourtant je suis toujours entre elle et toi.

Quelle chance elle avait eue de ne pas attraper un enfant; voilà qui eût été vraiment drôle.

Comme cette pensée le faisait rire il s'arrêta tout à coup, et se frappa le front.

Et pourquoi n'en aurait-elle pas attrapé un? N'était-il pas bizarre qu'après son aventure elle eût voyagé à l'étranger, se sauvant? On ne se sauve pas quand on n'a rien à cacher; on ne disparaît pas pendant des mois.

L'intéressant serait de savoir combien de temps avait duré son absence et où le comte l'avait cachée.

Quand il avait appris qu'elle était partie avec M. de Chambrais, cette idée lui avait bien traversé l'esprit, mais il ne s'y était pas arrêté; se disant qu'il était plus raisonnable de supposer, plus vraisemblable de croire qu'elle se sauvait pour n'être pas exposée à le rencontrer et pour échapper à ses poursuites. Et pour se distraire lui-même, pour secouer son ennui, sa mauvaise humeur, son chagrin, il avait accepté de partir pour l'Amérique, sans attendre qu'elle fût de retour. Jamais, depuis, cette idée d'enfant ne lui était venue, mais ce que Soupert lui avait raconté devait le faire réfléchir.

Quelle était cette petite fille, que le comte aurait eue, qu'on élevait chez un garde du château, à qui le comte léguait sa fortune, sans que sa nièce s'en fâchât?

Cela n'était-il pas bizarre, alors surtout qu'en considérant l'âge de cette enfant: onze ans, douze ans, disait Soupert; mais justement si Ghislaine avait eu un enfant, celui-ci précisément serait de cet âge.

N'était-ce pas là une coïncidence extraordinaire ou tout au moins curieuse?

—Hé, hé!

Mais il ne fallait pas s'emballer, et comme la marche lui fouettait le sang, il s'assit à un carrefour où se trouvait un bouquet d'arbres; l'endroit était désert; en cette journée du dimanche les champs étaient abandonnés; personne ne le dérangerait dans ses réflexions.

Était il possible que M. de Chambrais eût organisé cette supercherie de l'enfant naturel? Pour lui, après la démarche du comte et ses menaces, la question n'était pas douteuse: capable de tout, le comte pour sauver l'honneur de son nom. Si sa nièce était dans une situation embarrassante, rien de plus simple que de prendre l'enfant à son compte.

Mais ce qui ne l'était pas, et ne se comprenait guère, c'était que cet enfant, né à l'étranger, fût amené en France et installé justement au château: si Ghislaine était sa mère elle ne devait pas désirer l'avoir près d'elle, et si le comte était son oncle, il ne devant pas instituer son légataire un enfant qui, pour tous deux, ne pouvait être qu'un objet d'exécration dans le présent et une menace de honte pour l'avenir.

La question était plus compliquée qu'elle ne le paraissait au premier abord, et pour la résoudre il fallait autre chose que des suppositions plus ou moins romanesques, car si Ghislaine pouvait être la mère, le comte pouvait tout aussi bien être le père.

Avant de rien décider, le mieux était donc de voir et de se renseigner, c'est-à-dire de faire une enquête à Chambrais même.

Se relevant, il se remit en route, et son pas nonchalant en quittant Palaiseau se fit plus nerveux; maintenant il avait un but.

Si Ghislaine était la mère de cette petite fille, il en était le père, lui; et c'était une situation que celle de père d'une héritière pour un homme qui n'avait pas vingt francs dans sa poche! Décidément, il avait été bien avisé de revenir en France, et comme il le disait à Soupert, Paris était un bon terrain pour la lutte.

Comme il approchait de Chambrais il entendit une sonnerie de cloches: sans doute, c'étaient les vêpres. Au temps où il était le professeur de Ghislaine, elle ne manquait aucun office; en épousant un des chefs du parti catholique elle n'avait pas dû renoncer à ces pratiques religieuses, il y avait donc chance de la trouver à l'église; si en ce moment elle habitait Chambrais.

Il hâta le pas et ne tarda pas à entrer dans le village: de loin on entendait les ronflements de l'ophicléide et les notes claires des voix enfantines. Bâtie au quinzième siècle en pierres de grès et en pierres meulières, comme dans la plupart des villages environnants, l'église de Chambrais est des plus simple, au moins à l'extérieur, ce genre de matériaux ne comportant aucune décoration; mais à l'intérieur la piété des princes de Chambrais l'a enrichie de vitraux, de sculptures, de tableaux, de statues qui lui donnent un caractère particulier qu'accentue encore la chapelle funéraire de la famille, prise dans le collatéral de gauche et fermée par une magnifique grille en fer forgé du quinzième siècle, achetée en Flandre et offerte par le père de Ghislaine.

Ce fut à travers les barreaux de cette grille qu'après l'avoir longtemps et minutieusement cherchée dans l'église, Nicétas aperçut madame d'Unières, ayant près d'elle un homme de tournure élégante qui ne pouvait être que son mari.

Alors, sans qu'il en eût conscience, il murmura quelques mots qui le firent regarder curieusement par les deux ou trois paysannes qui les entendirent:

—Dommage.

Ce cri de regret était en même temps un élan d'admiration la retrouvant telle qu'il l'avait aimée; il semblait que l'âge pour elle n'eût pas marché, et qu'elle fût restée aussi fine, aussi mignonne qu'à dix-huit ans: ses yeux gris, chatoyants, avaient la même douceur profonde, et sa bonne grâce, sa simplicité de tenue étaient toujours les mêmes.

Quel contraste entre elle et lui qui avait tant changé; qu'après douze ans d'absence personne ne voulait le reconnaître!

Pour ne pas provoquer l'attention, car son plan n'était pas arrêté, il devait être prudent; il gagna doucement la porte et il se promena sur le parvis en attendant la fin des vêpres. Ce fut seulement quand on commença à sortir qu'il se rapprocha du porche de façon à ce qu'elle dût passer devant lui.

En effet, elle ne tarda pas à paraître au bras de son mari, s'entretenant avec lady Cappadoce qui marchait près d'elle, tout en répondant d'une inclinaison de tête et d'un sourire affable aux saluts qu'on lui adressait à gauche et à droite. Elle était si bien absorbée dans son entretien et ses politesses qu'elle ne le vit point, ou tout au moins qu'elle ne le remarqua pas.

Mais il n'en fut pas de même du comte d'Unières qui, en apercevant cet inconnu, tourna la tête vers lui; quand leurs yeux se croisèrent, Nicétas eut un mauvais sourire, et tout bas ses lèvres répétèrent le mot qu'il avait déjà dit plusieurs fois.

—Imbécile.

Mais il dut reconnaître que, pour la tournure et les manières, cet imbécile n'était pas le premier venu.

Il ne quitta sa place que lorsqu'il les eût vus disparaître dans la rue qui conduit au château.

Peut-être celle pour laquelle il était dans ce village, sa fille avait-elle passé devant lui, mais parmi les fillettes qu'il avait vues, comment l'eût-il devinée? C'était son enquête qui devait la lui faire connaître.

Cette enquête, bien entendu, il n'allait pas la commencer en interrogeant tout simplement et tout franchement les gens qu'il rencontrerait, ce qui, avec des paysans, serait le meilleur moyen de ne rien apprendre, en même temps que ce serait le meilleur aussi de se trahir.

—De quel droit, à quel titre s'occupait-il de cette petite fille? Qui était-il? Que voulait-il?

Ces manières primitives n'étaient point de son âge; l'épreuve qu'il avait faite de la vie lui en avait appris d'autres moins naïves et plus sûres.

Quand il venait pour ses leçons, et qu'il arrivait ayant chaud, il entrait quelquefois pour se rafraîchir dans un cabaret situé à une petite distance du château et portant précisément pour enseigne: «Au Château»; il s'établirait là, et en restant longtemps attablé, ce serait bien le diable s'il ne trouvait pas moyen d'engager la conversation avec un paysan ou un domestique.

A cette époque il y avait des domestiques, particulièrement les valets d'écurie, les garçons jardiniers, qui, n'étant point nourris au château, prenaient là leurs repas; il devait en être toujours ainsi.

De plus c'était dimanche, et ce jour-là le cabaret était toujours plein; il aurait vraiment peu de chance, ou il serait bien maladroit s'il ne trouvait pas un bavard qui voulût parler. Il est vrai que pour parler, il faut savoir, et qu'il pouvait tomber sur un ignorant; mais il avait toute la journée, toute la soirée à lui.

Quand il entra, la grande salle était pleine, et sur l'ardoise des tables on remuait, en les tapant, des dominos, tandis que sur d'autres on abattait des cartes grasses. A coté des paysans aux mains calleuses et encroûtées, au visage hâlé et tanné, se trouvaient les domestiques du château, valets d'écurie, valets de pied, aides de cuisine, qu'on reconnaissait tout de suite à leur menton bleu et à leurs belles manières.

Ce fut à une table voisine de ces derniers qu'il s'assit.

VII

Avant de parler, Nicétas jugea qu'il était plus prudent d'écouter; et sans en avoir l'air, tout en buvant à petits coups son absinthe, il se mit à étudier les gens du château qui l'entouraient, cherchant celui qui, plus naïf et plus bavard que les autres, se laisserait questionner utilement.

Quand il était entré on l'avait regardé curieusement, mais bientôt on avait paru ne plus faire attention à lui, ce qui lui permit de se livrer à son examen.

Allant de table en table, il fut surpris de voir que parmi ces domestiques qui pour l'honneur de leur maison devaient être tous plus décoratifs les uns que les autres, il y en avait un qui était borgne, un autre boiteux. Alors il se prit à rire tout bas, se disant que c'était une drôle de boutique qui réunissait ces éclopés, et il conclut que le d'Unières était un avare qui ne dédaignait aucune économie, même celles qui conduisent au ridicule, car sûrement il ne payait pas ces pauvres diables aussi cher que de beaux gars dont on achète la prestance autant que les services.

En quoi il se trompait et raisonnait à faux, en attribuant ce choix à l'économie. Chez le comte d'Unières, les pauvres diables étaient payés aussi bien que partout, seulement ils n'étaient point repoussés pour leur infirmité comme ils le sont généralement, et s'il n'y avait pas de maison où cochers, valets de pied, maîtres d'hôtel fussent plus décoratifs, par contre les cuisiniers, les palefreniers, les jardiniers étaient ce qu'ils pouvaient et tels que la nature ou la maladie les avait faits.

Pour les jardiniers spécialement, le spectacle qu'ils offraient le matin quand ils se réunissaient devant la loge du concierge pour recevoir les ordres du chef, était aussi curieux qu'instructif: les ordres reçus, ils se séparaient, et alors on voyait une collection de pauvres vieux cassés par l'âge et la fatigue, de boiteux tournant sur leur bâton, de rhumatisants voûtés qui, clopin clopant, par les belles allées droites, sous le regard des statues aux poses théâtrales du grand siècle, se rendaient à leur travail: à vingt qu'ils étaient ils abattaient de l'ouvrage comme sept ou huit, mais ils vivaient de leur journée, non d'aumône, ou tout au moins ils avaient la fierté d'en vivre.

Comme Nicétas considérait avec un mépris croissant ces infirmes, un garde entra dans la salle; sur sa poitrine brillait une plaque d'argent timbrée des armes des d'Unières surmontées de la couronne ducale, et sur l'épaule droite, retenu par une bretelle de cuir, pendait un fusil court à deux coups. Si les pauvres diables dont riait Nicétas étaient plus ou moins éclopés, celui-là était un vrai invalide: il boitait tout bas d'une jambe, et le bras gauche avait été amputé de la main.

—Tiens! Dagomer, dirent quelques voix affectueusement.

—Bonjour, la compagnie.

Il regarda autour de lui, mais toutes les tables étaient occupées, devant celle de Nicétas seulement il restait deux tabourets.

Dagomer porta la main à sa casquette:

—Permettez-vous, monsieur? demanda-t-il.

—Volontiers.

Alors, le garde, dépassant la bretelle de dessus son épaule, prit un tabouret, et s'assit en mettant son fusil entre ses jambes.

—Il ne lâche pas son fusil, Dagomer, dit un des domestiques.

—Mais non.

—Il parait qu'il couche avec, ajouta un paysan d'un air finaud.

—Juste, répondit Dagomer en riant, par jalousie.

C'était un homme d'une quarantaine d'années, à l'air ouvert et bon enfant, mais rude en même temps et surtout résolu.

—C'est vrai, monsieur Dagomer, demanda un jeune groom, que malgré votre main coupée vous ne manquez pas un lapin?

—Généralement celui qui déboule est boulé, mais dire que je n'en ai jamais manqué, ce qui s'appelle un seul, ça ne serai pas vrai.

—Et pourtant, si bien que vous tiriez, vous vous êtes fait arranger comme ça, dit un paysan à l'air grincheux et qui avait probablement des raisons personnelles pour en vouloir au garde.

—Quand on se met trois sur un homme seul qui ne doit pas tirer le premier, ça n'est pas étonnant, mais malgré ma main gauche cassée, j'en ai tout de même démoli un de la main droite; c'est dommage que celui-là ne soit plus de ce monde, il vous dirait si le coup était bon.

Et sans forfanterie, Dagomer se mit tranquillement à sucrer le café qu'on venait de lui servir; c'était le dimanche seulement qu'il entrait au cabaret, et ce jour-là, quel que fût le temps, froid ou chaud, il s'offrait une tasse de café.

—C'est ici que s'est passée cette lutte? demanda Nicétas.

—Non, à Crèvecoeur, où j'étais avant de venir ici. Vous connaissez Crèvecoeur?

—Non.

—Dans la Brie, sur la lisière de la forêt de Crécy.

Le renseignement était bon à retenir, et Nicétas le casa dans sa mémoire: Crèvecoeur dans la Brie; peut-être était-ce là que l'enfant avait vécu avant de venir à Chambrais!

Cependant Dagomer battait son café à petits coups de cuillère, et le dégustait béatement sans plus faire attention à Nicétas que s'il avait eu en face de lui une figure de cire.

Dans le brouhaha de la salle on n'entendait que des paroles sans suite qui, pour Nicétas, n'avaient pas d'intérêt: de temps en temps un mot sur les biens de la terre du côté des paysans; de l'autre une drôlerie sur les femmes de service du château, et c'était tout.

Il fallait cependant que Nicétas se décidât; sans doute, ces domestiques n'allaient pas rester là jusqu'au soir.

—Puisque le hasard nous place à la même table, dit-il en s'adressant à Dagomer avec son sourire le plus engageant, voulez-vous me permettre de vous adresser une question?

—A votre service.

—Est-ce que vraiment il est impossible de visiter le château?

—Pour sûr.

—C'est le mardi seulement que les visiteurs sont admis?

—Oui.

—Je serais bien contrarié de rester ici jusqu'à mardi.

—Dame!

En voyant l'effet que cette réponse produisait, Dagomer se ravisa; et appelant:

—Monsieur Auguste.

Un grand garçon bellâtre s'approcha avec un sourire protecteur:

—Monsieur Dagomer.

—Voilà ce que c'est, dit celui-ci, ce monsieur,—il désigna Nicétas,—voudrait visiter le château et il demande s'il faudra qu'il reste jusqu'à mardi.

M. Auguste toisa Nicétas dédaigneusement, et celui-ci voyant l'effet que produisait son costume sur ce personnage important, habitué à juger les gens sur la mine, trouva opportun de balancer cet effet par quelques paroles habiles:

—Je suis chargé par un journal américain dont je suis correspondant, dit-il, de lui envoyer la description du château de Chambrais, et je serais très gêné de différer ma visite jusqu'à mardi.

—Ah! monsieur est journaliste, dit Auguste, s'adoucissant, évidemment parce qu'il admettait qu'un journaliste américain pouvait être négligé dans sa tenue.

—Voulez-vous me faire l'honneur d'accepter quelque chose? demanda Nicétas.

—Avec plaisir.

Il s'assit sur le tabouret libre et Nicétas appela le le cabaretier. M. Auguste désirait un apéritif, Dagomer un «autre café»; quand ils furent servis, l'entretien reprit:

—Certainement je voudrais vous obliger, dit M. Auguste, mais si M. le comte ne va pas demain à la Chambre et si madame la comtesse ne l'accompagne pas, il n'y aura pas moyen. S'ils partent, au contraire, je vous ferai visiter le château: venez à une heure, j'aurai fini de déjeuner.

Pour jouer son rôle, Nicétas demanda des renseignements sur le château, sur le nombre des domestiques, des chevaux, des chiens, sur l'étendue du parc, puis il passa aux maîtres.

—Il y a longtemps que M. le comte d'Unières a épousé la princesse de Chambrais?

—Dix ans.

—Combien d'enfants?

Disant cela d'un air indifférent, il tira un carnet pour prendre des notes.

—Ils n'ont pas d'enfants.

—Ils les ont perdus? demanda-t-il avec ingénuité.

—Ils n'en ont jamais eu.

—S'ils mouraient, à qui irait cette belle fortune? Est-ce qu'il n'y a pas un oncle?

—Il est mort.

—Alors au lieu que ce soit lui qui hérite de sa nièce, c'est sa nièce qui a hérité de lui?

—Pas précisément.

—Expliquez-moi donc ça: vous savez, en Amérique, on est très curieux de ces détails, et rien de ce qui touche le comte d'Unières, le grand orateur, n'est indifférent. Est-ce qu'il était mal avec son oncle le comte de Chambrais.

—Non.

—Alors l'oncle avait des enfants?

—Non; il a laissé sa fortune à une jeune fille pour laquelle il avait de l'affection.

—Tiens! c'est drôle, si elle n'était qu'une jeune fille comme vous dites.

—Une enfant qu'élève l'ami Dagomer.

—Ça n'intéresse pas les Américains, la jeune fille, interrompit Dagomer, en donnant un coup de coude à M. Auguste.

Celui-ci se leva en disant que son service l'appelait au château, et le garde, le fusil à l'épaule, le suivit.

Ce fut inutilement que Nicétas tenta d'entamer d'autres interrogations; alors, ne voulant pas se compromettre, il attendit, puisqu'il restait à Chambrais jusqu'au lendemain; le soir sans doute, il pourrait faire causer l'aubergiste.

Et pour passer le temps, il s'en alla flâner par les rues du village et devant le château. Puis il dîna longuement à côté des palefreniers, dont les conversations, qu'il écouta sans en perdre un mot, ne lui apprirent rien d'intéressant: la qualité des voitures du comte, les mérites de ses chevaux lui étant tout à fait indifférents.

Ce fut seulement au moment du coucher qu'il put échanger quelques paroles avec l'aubergiste, jusqu'à ce moment trop occupé pour bavarder.

—C'est une histoire curieuse que celle que m'a contée M. Auguste.

—Quelle histoire?

—Celle de l'enfant du comte de Chambrais.

—La petite Claude?

—Oui, la petite Claude; comment donc se fait-il que madame d'Unières ne soit pas fâchée d'être privée d'un héritage sur lequel elle devait compter?

—Oh! vous savez, quand madame la comtesse se fâchera pour des affaires d'argent, le monde sera changé.

—Il est vrai que si cette enfant est la fille du comte...

—Comment si c'est sa fille!

—Reconnue?

—Non, pas reconnue, elle n'a même pas d'acte de naissance.

—Mais on a toujours un acte de naissance.

—Elle n'en a pas; on l'a bien vu à l'ouverture de la succession puisqu'il a fallu un acte de notoriété et que MM. Vaubourdin et Meunier ont été témoins.

—Et à combien se monte cette fortune? demanda Nicétas qui n'eut pas la patience de filer cette question.

—Soixante mille francs de rente.

Il avait cru à un plus gros chiffre, cependant celui-là était encore assez beau pour l'empêcher de dormir quand il fut au lit.

—Pourquoi ce vieux gueux de comte de Chambrais avait-il mangé la plus grosse part de son héritage? Comment? Avec qui?

Mais il n'allait pas s'arrêter à cette question oiseuse quand une autre plus urgente et plus brûlante,—celle de l'acte de naissance, s'imposait à son attention.

Évidemment, si Claude n'avait pas d'acte de naissance, c'est qu'elle n'était pas née en France, ou qu'on avait caché l'accouchement de la mère.

Et alors il était non moins évident que cette mère était Ghislaine, emmenée par son oncle dans quelque pays perdu, où elle avait passé le temps de sa grossesse et où elle était accouchée.

C'était quelque chose d'avoir appris cela, et décidément il avait cédé à une bonne inspiration en venant à Chambrais.

—Soixante mille francs de rente!

VIII

Malgré l'accueil peu encourageant de Dagomer lorsqu'il avait essayé de parler de Claude, il voulut risquer une tentative auprès de celui-ci, et le lendemain dans la matinée il se dirigea vers le pavillon du garde qu'il connaissait bien pour être plus d'une fois, au temps de ses leçons, sorti par cette porte.

D'ailleurs, il était bien aise de voir cette petite qui était sa fille. A qui ressemblait-elle? Quel effet lui produirait-elle? Il allait donc faire l'expérience de la voix du sang. Ce serait curieux. Il avait haï son père, ses frères, ses soeurs; aimerait-il sa fille? tout à fait intéressante l'épreuve dans les conditions où elle se présentait; au milieu des enfants du garde reconnaîtrait-il la sienne?

Son intention n'était pas d'entrer simplement chez le garde et de commencer un interrogatoire en règle, car ce serait, semblait-il, le plus sûr moyen pour se faire mettre à la porte: il procéderait avec moins de naïveté.

En sortant du village, il avait pris le chemin qui, par les champs, longe les murs du parc, et en dix minutes il était arrivé en vue du pavillon que les grands tilleuls qui l'entouraient signalaient au loin.

Par les bavardages du cabaretier il savait que la famille de Dagomer se composait de trois garçons et de quatre filles, sans compter Claude, ce qui faisait huit enfants; il allait donc avoir à faire un choix au milieu de ces filles pour reconnaître la sienne; et comme il avait appris aussi que Claude travaillait dans l'après-midi chez lady Cappadoce, il était à peu près certain de la trouver chez le garde ou aux alentours.

Quand il arriva devant le pavillon, il n'aperçut personne et n'entendit aucun bruit de voix; mais comme la porte ainsi que les fenêtres étaient ouvertes, les habitants sûrement n'étaient pas loin: sur le seuil, deux bassets aux longues oreilles dormaient au soleil; dans le chemin, des poules allaient de-ci de-là en picotant l'herbe des bas-côtés.

Au lieu de traverser ce chemin et de s'approcher de la maison, il s'assit au pied d'un tilleul, et tirant son carnet il se mit à dessiner le pavillon. Sans être en état de faire un vrai dessin, il pouvait cependant enlever un croquis, et cela suffisait pour justifier sa présence si Dagomer s'en inquiétait, en même temps que cela lui permettait aussi de rester là autant qu'il voudrait: il verrait venir.

Ce qu'il vit tout d'abord, ce fut une femme qui sortit d'un bâtiment attenant au pavillon; elle portait sur son épaule une charge de linge mouillé qu'elle étendit sur une haie d'épine; deux petites filles de six et sept ans vinrent l'aider; c'était évidemment madame Dagomer et ses filles; elles ne parurent pas faire attention à lui; leur travail achevé, elles rentrèrent dans le bâtiment.

Il avait tout le temps d'attendre en continuant son croquis avec une prudente lenteur. Comme il tenait ses yeux fixés sur le pavillon, il entendit un bruit de pas derrière lui dans le chemin; se retournant, il vit venir une grande fillette portant une botte d'herbe sur la tête: elle était vêtue d'une robe d'indienne toute mouillée par le bas, et chaussée de sabots; bien qu'elle eût l'âge de Claude, il n'admit point qu'une fille dans ce costume de paysanne pût être celle de la comtesse d'Unières: une Dagomer, sans aucun doute.

Arrivée près de lui, elle jeta sa botte d'herbe à terre, et s'arrêtant, elle le regarda: alors il la salua gracieusement, se disant que, s'ils engageaient une conversation, il en pourrait peut-être tirer quelque chose.

—Bonjour, mademoiselle.

—Bonjour, monsieur.

Elle s'approcha avec curiosité: alors il remarqua qu'elle ne ressemblait en rien aux petites Dagomer qu'il avait vues quelques minutes auparavant, ni à leur mère.

Elles étaient blondasses, elle était brune; elles étaient épaisses, elle était svelte; mais ce qui le frappa surtout en elle, ce furent ses yeux profonds et ses cheveux noirs ondulés,—les cheveux de Ghislaine.

Allons, décidément, la voix du sang était muette en lui: à la vue de cette fillette dont il était le père, son coeur n'avait pas du tout bondi.

Il fallait savoir s'il ne se trompait pas.

—Votre papa est sorti, n'est-ce pas, mademoiselle?

—Papa Dagomer, oui, il fait sa tournée.

Il était fixé.

—Pardonnez-moi, dit-il, ce costume m'avait trompé, vous êtes mademoiselle Claude.

—Vous me connaissez?

—J'ai entendu parler de vous.

Elle ne parut pas flattée que cet homme de mauvaise mine eût entendu parler d'elle, cependant elle eut la coquetterie de vouloir expliquer ce costume:

—C'est ma robe pour cueillir de l'herbe à mes lapins, dit-elle; pour aller arracher des coquelicots dans les blés je n'allais pas m'habiller.

—Assurément.

Elle se pencha au-dessus du carnet:

—C'est notre maison que vous faites là?

—Vous voyez; est-ce que vous la reconnaissez!

—Oui et non.

—Vous dessinez?

—Non; je dessinerai l'année prochaine au couvent.

—Vous allez au couvent l'année prochaine?

—J'y serais déjà si madame la comtesse n'avait pas voulu me garder parce que j'étais malade; il est venu un médecin de Paris qui a dit que je devais vivre en paysanne.

—Elle est bonne pour vous, madame la comtesse?

—Elle est bonne pour tout le monde.

—Je veux dire elle vous aime?

—Mais oui.

—Elle s'occupe de vous?

—Certainement.

—Vous la voyez souvent?

—Tous les jours quand elle est à Chambrais.

—Vous allez au château?

—Non, c'est elle qui vient.

Il jeta autour de lui un regard rapide, et ne voyant personne, il risqua une question plus décisive:

—Elle est votre parente, n'est-ce pas?

Claude fixa sur lui ses yeux profonds:

—Pourquoi me demandez-vous cela, monsieur?

—Par intérêt pour vous, car enfin c'est un honneur, d'être de la famille de la comtesse d'Unières.

Elle prit un air de hauteur étonnant pour une fillette de cet âge, mais qui, dans sa pensée, avait pour but certainement de couper court à ces questions:

—Je n'ai pas de parents.

—Qui vous a dit cela?

—Je le sais bien.

—Si vous vous trompiez?

—On me l'a dit.

—Si l'on vous avait trompée?

Elle le regarda de nouveau avec une anxiété qui contractait son visage:

—Vous connaissez mes parents?

—Voudriez-vous les connaître, vous? un père qui vous aimerait, près de qui vous pourriez vivre?

—Et une mère?

—Une mère aussi.

    Qui m'embrasserait?

—Qui vous embrasserait, qui vous chérirait.

—Où sont mes parents?

Elle dit ces quelques mets d'une voix vibrante qui criait son trouble.

—Je ne peux vous le dire... en ce moment.

—Alors pourquoi m'en parlez-vous? Qui êtes-vous?

—Un ami, le meilleur ami de celui que je crois votre père.

—Vous croyez! Vous ne savez donc pas?

—Pour que je sois sûr, il faudrait que j'eusse la preuve que vous êtes bien l'enfant que je suppose; et cette preuve, je ne l'ai pas encore tout à fait. Vous savez que votre naissance est entourée de mystère?

—C'est vrai.

—Il faut m'aider à l'éclaircir, ce mystère.

—Comment?

—En me disant tout ce que vous savez vous-même.

—Je ne sais rien.

—Intelligente comme vous l'êtes, vous avez dû remarquer dans votre enfance, depuis que vous êtes en âge de voir et de comprendre, des choses qui ont dû vous frapper.

—Ce qui m'a frappée, c'est quand maman Dagomer m'a dit que je n'étais pas sa fille, car je croyais que je l'étais, moi, vous comprenez?

—Elle vous a parlé de vos parents?

—C'est moi qui lui en ai parlé.

—Elle vous a dit?

—Elle m'a dit que je n'avais pas de parents; et comme je pleurais, car c'est triste de n'avoir pas de parents, vous savez, elle m'a dit que je ne devais pas me chagriner parce que M. le comte de Chambrais serait un père pour moi. Et je suis bien sûre qu'il a été aussi bon pour moi qu'un vrai père, le comte de Chambrais, quoiqu'il y eût des moments où il me regardait avec des yeux durs, comme si je lui avais déplu, comme s'il me détestait. Mais j'étais bête de croire ça puisqu'il m'a donné sa fortune; et quand on donne sa fortune à quelqu'un c'est qu'on l'aime.

—Elle ne vous a jamais parlé de votre maman, madame Dagomer?

—Jamais.

—Vous n'avez pas vu venir une dame qui, en vous caressant, en vous embrassant, vous aurait donné la pensée qu'elle pourrait être votre mère?

—Non, jamais je n'ai vu cette dame; il n'y a que madame la comtesse d'Unières qui me regarde avec tendresse, oh! si tendrement, et qui quelquefois me caresse, m'embrasse.

—Mais elle ne vous parle jamais de vos parents, madame d'Unières?

—Non, jamais. Sans doute qu'elle ne les connaît pas.

—Nous verrons cela. Et M. le comte d'Unières?

—Il est aussi très bon pour moi.

—Est-ce qu'il vous embrasse?

—Non, mais il me parle très doucement.

—Est-ce que vous vous rappelez avoir été dans un autre pays que Chambrais?

—Non.

—Et en dehors de la famille Dagomer vous n'avez jamais vu d'autres personnes que M. de Chambrais, le comte et la comtesse d'Unières vous témoigner de l'intérêt?

—Non, pas d'autres.

Tout cela était clair; elle ne savait que peu de choses sur elle, cette petite, mais ce peu confirmait ce qu'il avait pressenti: M. de Chambrais s'était fait le père de l'enfant de Ghislaine, et Ghislaine aimait sa fille.

C'était là le point essentiel; celui qui devait le guider dans la ligne qu'il adopterait: mariée à un homme qu'elle aimait, disait-on, elle était l'esclave de son amour maternel.

Il eût voulu la questionner encore, mais il était dangereux de prolonger cet entretien qui n'avait que trop duré; il ne fallait point qu'on remarquât ce tête-à-tête.

—A vous voir, dit-il, et bien que je ne vous connaisse que depuis quelques minutes, il est certain que vous êtes une jeune fille capable de réflexion et de discrétion. C'est dans votre intérêt que j'agis et pour votre bonheur. Depuis longtemps je vous cherche; ce n'est point un hasard qui, vous devez bien l'imaginer, m'a amené devant cette maison. Mais, pour que je puisse vous rendre à vos parents, comme je l'espère, il faut que personne ne sache ce qui s'est dit entre nous. Si nous avons été vus, vous regardiez mon dessin, voilà tout. Me le promettez-vous?

Elle inclina la tête.

—Je vais continuer mes démarches et bientôt, je vous le promets, nous nous retrouverons. Ne vous impatientez pas: soyez sûre que je travaille pour vous et pour eux. Alors, je pourrai parler et vous en apprendrez davantage.

A ce moment un chien courant parut dans le chemin.

—Papa Dagomer, dit-elle.

—Ne vous éloignez pas brusquement, murmura-t-il, ayez l'air de tourner autour de mon dessin.

C'était en effet Dagomer qui arrivait boitant tout bas. En apercevant Claude auprès de celui qui l'avait questionné la veille, il fit un geste de mécontentement.

—Bonjour, monsieur Dagomer, dit Nicétas, vous permettez que je fasse le portrait de votre joli pavillon?

—La rue est à tout le monde, répondit Dagomer d'un ton bourru.

Puis, s'adressant à Claude:

—Rentre donc à la maison; mouillée comme tu l'es, tu vas gagner froid.

Comme il allait la suivre on entendit le jacassement d'une pie; instantanément il dépassa la bretelle de son fusil, et sans ajuster il tira sur la pie qui passait en l'air à une dizaine de mètres; elle tomba les ailes étendues.

—Vous êtes adroit, dit Nicétas, et prompt.

—Comme ça: on n'en tuera jamais assez de ces bougresses-là; quand elles ont leurs petits, elles dépeuplent tous les nids.

IX

Ghislaine n'ayant pas accompagné le comte à Paris Nicétas ne put pas visiter le château, mais il s'en consola: au point où en étaient les choses, la conversation de M. Auguste ne lui aurait probablement rien appris.

Ce n'était pas à Chambrais qu'il devait continuer pour le moment ses recherches: c'était à Crèvecoeur, là où Claude avait été remise à Dagomer; il pouvait très bien ne rien trouver, mais il pouvait aussi avoir la chance de tomber dans la bonne piste.

Seulement, pour continuer ces recherches, pour aller à Crèvecoeur, pour payer les bavardages qu'il provoquerait, pour se faire délivrer les actes qu'il découvrirait, s'il en découvrait, il fallait de l'argent, et il n'en avait pas.

C'était à bout de ressources qu'il s'était décidé à revenir en France, comme la bête chassée revient épuisée à son point de départ, sans bien savoir pourquoi, et depuis son retour, il n'avait vécu que grâce à l'hospitalité que lui avait donnée un ancien camarade retrouvé à grand'peine. Mais le camarade n'était guère en meilleure situation que lui, si ce n'est qu'ayant un logement, il n'était pas exposé à coucher dehors. Après avoir essayé de tous les métiers en France, comme Nicétas en Amérique, il attendait maintenant son sauvetage d'un mariage, que son nom précédé d'une particule et sa belle figure devaient lui faire faire d'autant plus sûrement qu'il n'était pas difficile: jeune fille dans une situation intéressante, veuve compromise, vieille comédienne, il acceptait tout. Malheureusement la concurrence était telle qu'elle lui avait fait manquer plusieurs affaires; et puis, malgré sa belle figure et son nom, il aurait fallu pour l'achalandage de son commerce qu'il fût «petit rez-de-chaussée», et il n'était que sixième étage, et à Montmartre encore: à quoi bon s'appeler le baron d'Anthan si l'on ne pouvait pas donner son adresse!

—Compte sur moi quand je serai marié, avait-il dit.

Il semblait, étant donné le caractère bon enfant du baron, qu'on pouvait faire fond sur sa promesse; mais quand serait-il marié? Malgré les dix ou douze affaires en train, la date était problématique; cependant, en rentrant de Palaiseau, ce fut à lui que Nicétas s'adressa:

—Moi aussi j'ai une affaire.

—Un mariage?

—Mieux que ça: un enfant.

—Déjà!

Il fallut qu'il expliquât son affaire, et en la racontant, elle se précisa pour lui: les beaux côtés qu'il voulait montrer lui apparurent plus beaux qu'il ne les avait vus tout d'abord, et en les groupant il leur donna une importance qu'il n'avait pas tout de suite appréciée à sa réelle valeur: bien entendu, il eut soin de ne prononcer aucun nom vrai, ni de personne ni de pays; si ce ne fut pas par discrétion, ce fut par prudence.

L'ami eut un mouvement d'envie en écoutant ce récit: une fillette de onze ans; soixante mille francs de rente dont jouirait le père pendant dix ans! Avait-il une chance, ce Nicétas! mais ce mauvais sentiment ne dura pas; avec soixante mille francs de rente, Nicétas devenait un camarade utile, et puis le pauvre diable avait eu assez de déveine; il était temps vraiment que la roue tournât.

—Que vas-tu faire? demanda d'Anthan.

—Avant tout, ce qu'il faut, c'est bien établir la situation de l'enfant.

—Tu la veux, n'est-ce pas?

—Parbleu!

—La mère a épousé un homme puissant!

—Très puissant, disposant d'une influence énorme.

—Riche?

—Très riche.

—Eh bien! dans ces conditions et aussi vu l'état de ta caisse, il me semble difficile que tu réussisses tout seul, il te faudrait l'appui de gens solides pour te guider, d'une agence par exemple; j'en connais deux, l'une derrière la Madeleine, l'autre au Marché-Saint-Honoré, qui je le crois, se chargeraient de l'affaire.

—Il faudrait partager avec elles, bien entendu.

—Dame!

—Soixante mille francs ne font déjà pas une trop forte somme.

—Encore quarante ou cinquante mille francs valent-ils mieux que rien du tout. Je comprends que tu rechignes devant les conditions trop dures que t'imposeraient des agences, mais comme ni toi ni moi nous ne sommes en bonne situation, il faut bien que tu te procures d'une façon quelconque les premiers fonds pour entrer en campagne.

—Il le faut, mais comment?

—Si tu veux faire un sacrifice j'ai ton homme. Un agent d'affaire appelé Caffié, un ancien avoué qui s'occupe de successions, de mariages, et qui est très fort.

—Il ne t'a pas marié.

—Pour deux raisons: la première c'est que j'ai des exigences pécuniaires qui rendent mon mariage difficile dans la clientèle de Caffié; la seconde, c'est que cette clientèle a des exigences,—comment dirai-je bien,—mondaines, morales qui font qu'elles ne m'acceptent point. En effet, cette clientèle se compose généralement de parents qui ont une tare, Caffié appelle ça une *paille*, des comédiennes en peine de filles à marier, des commerçants qui ont fait quelques faillites ou qui ont eu des ennuis avec la justice. Alors comme ils se trouvent par eux-mêmes dans des conditions particulières, ils veulent pour leur fille un gendre qui les relève; et ce gendre, c'est généralement à l'armée qu'on le demande: un officier fait toujours bien et il est doué d'un prestige qui me manque. Caffié a un annuaire d'officiers pauvres, qui offre un choix varié: les uns refusent, les autres acceptent, voilà l'homme, le veux-tu?

Nicétas n'avait pas la liberté du choix, autant celui-là qu'un autre, c'était déjà beaucoup d'en trouver un; s'il montrait trop d'exigences, il saurait bien défendre ses intérêts.

Le lendemain matin, ils sonnèrent à la porte de Caffié qui habitait rue Sainte-Anne, dans une vieille maison, un petit appartement enfumé où l'odeur des moisissures du plâtre et de la pierre se mêlait à celle des paperasses.

En quelques mots la présentation fut faite et d'Anthan se retira, laissant Nicétas en tête à tête avec le vieil agent d'affaires.

—C'est pour un mariage? demanda celui-ci en relevant sa longue taille voûtée pour toiser ce nouveau client dont le costume et la tournure ne paraissaient pas lui inspirer une bien vive sympathie.

—Non, c'est pour un enfant naturel.

—Que vous voudriez légitimer?

—Que je voudrais reconnaître.

—On peut toujours reconnaître un enfant naturel.

Caffié répondit cela du ton d'un homme qui ne voit pas bien en quoi ses conseils peuvent être utiles pour un acte aussi simple.

Et de son côté Nicétas reçut cette réponse en homme qui n'avait pas besoin qu'on la lui fît; ne savait-il pas par lui même, puisque c'était son cas, qu'on peut reconnaître et même légitimer un enfant dont on n'est pas le père?

—Voici mon histoire.

—C'est le mieux.

Mais cette histoire, il se garda bien de la faire véridique, surtout en ce qui se rapportait à la fortune léguée à l'enfant; pour que l'homme d'affaires n'eût pas de trop grosses exigences, il n'accusa que dix mille francs de rente; de même pour la mère, il arrangea la réalité, elle devint la femme d'un commerçant.

Cependant, par ses questions qui toutes portaient, Caffié le força à préciser plusieurs points qu'il aurait préféré laisser dans une obscurité protectrice.

—Qu'est-ce que vous voulez? demanda Caffié quand Nicétas fut arrivé au bout de son récit.

—Reconnaître ma fille.

—Pourquoi?

—Comment pourquoi? mais parce que je suis son père.

—Dans quel but tenez-vous à être son père?

—Mais....

—Vous comprenez, mon cher monsieur, qu'il faut que sache ce que vous voulez, et que le mieux est de parler net; ici vous êtes à confesse; si vous ne dites pas tout, tant pis pour vous: est-ce à l'enfant que vous tenez, ou au revenu de la fortune qui lui a été léguée?

—A l'enfant et au revenu.

—L'enfant, vous pouvez le reconnaître, et d'autant mieux que la mère, ne l'ayant pas reconnu elle-même, n'a pas la parole devant la justice pour contester votre dire; dans l'acte de reconnaissance vous pouvez même indiquer la mère dans un but de recherche de maternité, si vous trouvez un notaire qui consente à insérer cette indication, car un officier de l'état civil ne la recevrait pas; à la vérité, cette indication de la mère faite sans mandat de celle-ci n'aurait aucun effet contre elle, mais il pourrait y en avoir d'autres que vous sentez sans que je précise: scandale, intimidation, etc. Vous me suivez, n'est-ce pas?

—Parfaitement.

—Maintenant cette reconnaissance sera-t-elle contestée? Cela est certain. Le tuteur de l'enfant aura même de fortes raisons à vous opposer, car vous ne savez même pas où est né cet enfant que vous réclamez, vous n'avez même pas son acte de naissance.

—Parce qu'on m'a caché cette naissance.

—Je sais bien. Je vous présente la défense de l'adversaire, pour vous montrer que l'affaire n'ira pas sur des roulettes, qu'il faudra manoeuvrer, et que celui qui conduira cette manoeuvre devra être un malin. Je passe au revenu. D'abord l'enfant jouit-elle du revenu de la fortune qui lui a été léguée? C'est à savoir. Vous le croyez, mais vous n'en êtes pas sûr. Il se peut très bien que, par une sage précaution, un âge ait été fixé par le testateur où elle aura la jouissance de ce revenu. J'admets qu'elle ait cette jouissance; j'admets que votre reconnaissance soit admise, résulte-t-il de tout cela que vous allez, en qualité de père, jouir vous-même de ce revenu et administrer la fortune de votre fille?

—Le père n'est-il pas le tuteur de ses enfants?

—Le père légitime, oui. Mais le père naturel, c'est autre chose, et il faut distinguer. Il n'est pas tuteur légal, celui-là, et pour qu'il ait la tutelle de son enfant naturel reconnu, il faut qu'elle lui soit conférée par le conseil de famille. Croyez-vous que ce conseil de famille composé de trois amis de l'enfant, auxquels se joindraient très probablement le juge de paix eu égard à votre situation, vous conférerait la tutelle? J'admets que vous êtes tuteur, cela vous donne l'administration de la fortune de votre fille, mais les revenus? Je dois vous dire que là-dessus les auteurs ne sont pas d'accord, et que le plus grand nombre refusent même au père naturel la jouissance de ce revenu.

A mesure que Caffié parlait, la figure de Nicétas s'allongeait.

—Mais alors, s'écria-t-il, le père qui reconnaît son enfant n'a donc aucuns droits sur lui?

—Si, il a le droit de garde, d'éducation, de correction, c'est-à-dire que l'enfant lui est remis pour qu'il le dirige comme il veut. De plus, il a le droit de rechercher la maternité au nom de son enfant, et si la mère est dans une situation où cette recherche doit la déshonorer, si elle est riche, il y a là matière à organiser un chantage *au salé*....

—*Au salé?*

—C'est un mot d'argot qui, dans l'espèce, signifie un enfant. Ce chantage peut être très fructueux, et même beaucoup plus que ne le seraient et l'administration et la jouissance de la fortune de l'enfant. Voilà pourquoi, en commençant, je vous demandais de dire ce que vous vouliez.

Nicétas éprouva un moment d'embarras; le regard froid de ce vieux bonhomme le troublait, il voyait trop loin.

Cependant, il fallait répondre.

—Ce que je voulais, c'était l'enfant, mais les difficultés que vous me montrez me rendent très perplexe. Je réfléchirai.

—Ah! ah! vous réfléchirez. Voulez-vous que je vous dise à quoi vous réfléchirez? aux moyens de vous passer de moi ou d'un autre. Eh bien, écoutez mon conseil: il n'y a pas de questions plus délicates que celles qui touchent aux enfants naturels, n'essayez pas de les aborder sans un bon guide, vous vous feriez rouler et vous vous casseriez le cou. Il vaut mieux partager avec un homme habile ce que celui-ci vous fait obtenir, que de n'avoir rien du tout.

—Et vos conditions?

—Nous partagerions.

—Je réfléchirai.

—Prenez votre temps, dit Caffié, en jetant un regard ironique sur la tenue de son futur client.

X

Partager!

Vraiment ce vieux crocodile en parlait à son aise.

La situation telle que Caffié venait de la présenter n'était pas du tout celle qu'il imaginait avant cette consultation. De la loi, il ne savait que ce qu'il en avait appris par expérience: ainsi il avait vu que les pères et mères jouissaient des revenus des héritages que faisaient leurs enfants et il savait même que cela s'appelait l'usufruit légal, ce qui dit tout,—établi par la loi; de même il avait vu aussi que les pères avaient toujours la tutelle de leurs enfants: tutelle légale, établie par la loi.

Avant tout, il devait se renseigner; le crocodile n'était pas un homme à qui l'on pouvait se fier, et il n'y avait rien que de vraisemblable à admettre qu'il eût cherché à l'effrayer: «Il n'y a pas de questions plus délicates que celles qui touchent aux enfants naturels, n'essayez pas de les aborder sans un bon guide, vous vous feriez rouler»; c'était peut-être vrai, mais ce qui l'était plus encore, c'était ce qui se cachait sous ces paroles: il voulait faire payer ses services, le bon guide, et pour cela il exagérait à l'avance les difficultés et les dangers du chemin.

Il eût eu quelques louis en poche qu'il se serait adressé à un avocat pour lui demander une consultation, mais comme les louis manquaient et aussi les pièces de cinq francs, il n'avait qu'à s'adresser à la loi elle-même. Justement il venait d'arriver place Louvois, la Bibliothèque était devant lui: rien de plus simple que d'entrer et de se faire donner un Code.

C'était la première fois qu'il en ouvrait un, mais cela ne l'embarrassait point: tous les livres ont une table, il n'avait qu'à chercher au mot «Enfant naturel», il trouverait là sûrement les indications qui lui étaient nécessaires.

Il ne trouva rien du tout, pas même le mot «Enfant naturel», il était bien question de la présentation des enfants à l'officier de l'état-civil, des enfants trouvés, des enfants de troupe, mais c'était tout.

Il resta un moment embarrassé. Où diable chercher dans cet énorme volume? Il réfléchit un moment en feuilletant cette table. Que voulait-il? Reconnaître sa fille. Le mot «Reconnaissance» le mettrait peut-être sur la voie: «Reconnaissance d'enfant, *civ.* 62-334.» Il était sauvé.

Mais ces petites phrases courtes précédées d'un numéro, rédigées en un style simple qui semble la clarté même, ne livrent pas leur secret à une première lecture, et, pour peu qu'on ait quelque intelligence, on sent vaguement qu'à côté de ce qu'elles disent il y a un tas de choses qu'il faut préalablement savoir pour s'y reconnaître.

Plus il lut et relut la section de la *Reconnaissance des enfants naturels*, qui se renferme cependant dans une dizaine d'articles, moins il la comprit.

Il alla au bureau des conservateurs, et aussi poliment qu'il put, il demanda qu'on lui indiquât les meilleurs livres de droit qui traitaient la question des enfants naturels.

—Voulez-vous Dalloz, Laurent, Demolombe, Bonnier, Demante, Toullier, Aubry et Rau? répondit le conservateur, habitué à ne s'étonner d'aucune demande du public, même des plus hétéroclites, voulez-vous....

—Je voudrais celui que vous me conseillerez vous-même.

—Je ne suis pas jurisconsulte, répondit le conservateur qui était vaudevilliste.

—Ni moi non plus.

—Vous étudiez peut-être pour le devenir?

—Pas précisément.

—Je vais vous faire donner Demolombe.

Si le Code avait été obscur pour Nicétas, parce qu'il n'en disait pas assez, Demolombe le fut parce qu'il en disait trop; sèche la loi; diffus, confus le commentaire.

Ce n'était pas sa première exaspération contre cette loi barbare qui l'avait fait le misérable qu'il était, elle l'avait écrasé de tout son poids, paralysé, anéanti; les autres en avaient tiré contre lui tout le parti qu'ils voulaient; et voilà que quand, à son tour, il voulait en tirer parti contre les autres, elle restait muette.

Il en était encore à compulser son traité de la *Paternité et de la filiation*, quand la Bibliothèque ferma, et il se trouvait plus embarrassé, plus perplexe qu'en entrant.

Cependant, de tout ce qu'il avait lu se dégageait un fait certain, résultant d'un article de cette odieuse loi, c'est que pour l'enfant dont on recherchait la maternité, on devait prouver qu'il était identiquement le même que celui dont la mère était accouchée, et qu'on n'était reçu à faire cette preuve par témoins que lorsqu'on avait déjà un commencement de preuve par écrit.

N'avait-il pas eu une habileté diabolique, ce vieux comte de Chambrais, d'enlever sa nièce dans un pays étranger où il était presque impossible de la suivre?

S'il parvenait jamais à découvrir l'endroit où elle était accouchée, il semblait que c'était à Crèvecoeur qu'il devait tout d'abord le chercher; il irait donc à Crèvecoeur, si faibles que lui parussent les chances d'obtenir un résultat, et comme l'argent qu'il avait en poche ne lui permettait pas de prendre le chemin de fer, il irait à pied; la forêt de Crécy dans la Brie, cela ne devait pas être très loin de Paris.

Au temps où il habitait la rue de Savoie, il passait souvent, lorsqu'il revenait de la rive droite chez lui, sur le quai Voltaire, et à une boutique de ce quai, il avait vu des cartes étalées, qu'il s'était plus d'une fois amusé à regarder. Peut-être le hasard ferait-il, un bienheureux hasard qui ne l'avait jamais gâté, qu'il y aurait une carte en montre sur laquelle il pourrait tracer son itinéraire.

Il alla donc quai Voltaire, en sortant de la Bibliothèque.

Mais le hasard sur lequel il avait compté ne lui fut pas favorable; à la vérité, une grande carte de France était accrochée à la devanture de la boutique, mais si haut qu'il lui était impossible de lire le nom des pays au-dessus de la Loire. C'était bien là sa chance habituelle.

Cependant il ne se fâcha pas; mais entrant dans le magasin il demanda, comme s'il voulait les acheter, les cartes de l'état-major qui comprenaient la Brie, et les étalant les unes à côté des autres, sur une table, d'un coup d'oeil rapide il trouva son chemin à partir de Paris; puis le format du collage sur toile ne lui convenant pas pour entrer dans ses poches, il remercia et sortit.

Il était fixé: il quittait Paris par la barrière du Trône, traversait le bois de Vincennes, Joinville, Champigny, la Queue-en-Brie, Tournan, et il arrivait à Crèvecoeur, situé à l'entrée de la forêt de Crécy; en tout, cinquante kilomètres environ.

Mais ce n'était point une distance pour l'effrayer: il en avait parcouru de plus longues sans chemins tracés quand il était officier au Pérou, ou gardien de troupeaux au Texas: la vie d'aventurier a au moins cela de bon qu'elle donne de l'initiative à l'esprit et du courage aux jambes; ce n'était point quand il raclait du violon aux Conservatoires de Vienne et de Paris qu'il aurait envisagé d'un oeil calme cent kilomètres à faire à pied et deux ou trois nuits à coucher à la belle étoile.

Le lendemain matin, à deux heures, il quittait les hauteurs de Montmartre encore noires et descendait dans Paris; quand il arriva au Château-d'Eau, une lueur blanche éclairait le ciel au bout du boulevard Voltaire; à la barrière du Trône, il faisait jour; et sur le cours de Vincennes, il croisait les voitures des paysannes qui, en une longue file, s'en allaient à la halle, laissant derrière elles une bonne odeur de fraises. A Champigny, il acheta une livre de pain, et au haut de la côte, assis dans l'herbe, à l'ombre d'un petit bois, il déjeuna en regardant le panorama de Paris, qui, au delà de la verdure du bois de Vincennes, se perdait dans la brume et la fumée.

—Oui, le terrain était bon, et s'il l'exploitait adroitement, il en tirerait quelque chose, la moisson ne se ferait pas attendre.

Il se remit en route, et sans se presser, mais d'un bon pas régulier, il traversa les plaines monotones de la Brie. A cinq heures du soir, il arrivait à la Houssaye, et peu de temps après il apercevait un tout petit village qui se détachait sur la masse sombre d'une forêt: c'était Crèvecoeur.

Alors il s'arrêta; avec une branche cassée et une poignée d'herbe, il fit la toilette de son pantalon et de ses souliers couverts d'une épaisse couche de poussière blanche, de façon à ce qu'on ne pût pas le prendre pour un pauvre diable qui arrive à pied de Paris; de la station voisine, c'était admissible, mais de Paris il n'eût trouvé crédit nulle part.

Quand il entra dans le village, son peu d'importance lui donna bon espoir; il n'était pas possible que dans un pays composé seulement de quelques maisons, où tout le monde devait être amis ou ennemis, on n'eût pas gardé le souvenir non seulement de Dagomer et de sa famille, mais encore de ce qui les touchait.

En route, il avait bâti son plan, qui était très simple: il recherchait des renseignements sur une petite fille mise en nourrice chez Dagomer dix ou onze ans auparavant; cette petite fille venait de faire un gros héritage, et l'on paierait une forte prime à celui qui procurerait ces renseignements... aussitôt qu'ils auraient été reconnus bons.

Ce fut ce qu'il expliqua au secrétaire de la mairie, un vieil instituteur en retraite qui, n'ayant jamais quitté Crèvecoeur, devait se rappeler Dagomer.

—S'il se rappelait Dagomer? Bien sûr qu'il se le rappelait. Un brave garçon. Peut-être un peu dur aux braconniers, mais il était payé pour ça; et puis les braconniers n'étaient vraiment pas raisonnables non plus; jamais satisfaits. Seulement, quant à se rappeler un nourrisson qu'on aurait mis chez les Dagomer, c'était impossible, par cette raison que les Dagomer n'avaient jamais eu de nourrisson.

—Pourtant ils étaient arrivés à Chambrais avec une petite fille âgée maintenant de plus de onze ans, et comme ils avaient quitté Crèvecoeur depuis dix ans, à l'époque de leur départ cette enfant avait plus d'un an.

Tout fut inutile: insistance, raisonnements; le vieil instituteur ne pouvait pas se rappeler ce nourrisson puisque les Dagomer n'en avaient jamais eu: tout Crèvecoeur le dirait comme lui.

Alors il fallut bien que Nicétas admit ce qui lui était venu plus d'une fois à l'esprit, sans qu'il voulût l'accepter: née à l'étranger, Claude avait été ramenée en France au moment même où Dagomer était venu habiter Chambrais, et personne, à l'exception de Ghislaine, ne devait connaître le lieu de naissance de l'enfant.

La déception fut rude; mais il n'était point dans son caractère de s'abandonner; il fallait réfléchir. En venant, il avait vu une prairie où l'on mettait du foin en meules; il serait bien là pour passer la nuit en se faisant un lit dans le foin chaud quand les paysans auraient quitté les champs.

Il y dormit en effet d'un bon sommeil jusqu'au lendemain matin, et au soleil levant, il reprit le chemin de Paris.

Ce n'était pas lui qui le voulait, c'était la fatalité: puisqu'il ne lui restait que ce moyen, il fallait bien qu'il le subît: tant pis pour Ghislaine s'il le lui faisait au *salé*, comme disait Caffié.

Il était las en montant à dix heures du soir les six étages de son ami d'Anthan, cependant il n'attendit pas au lendemain pour la lettre qu'il avait préparée:

«Madame,

«Je rentre en France et trouve ma fille, qui est aussi la vôtre, installée chez un garde, au lieu d'occuper auprès de sa mère, la place à laquelle *elle a droit*. Je ne puis tolérer cela et mon devoir est de prendre sa défense. Je vous attendrai après-demain, à trois heures, aux abords de la *Mare aux Joncs*. S'il vous était impossible de vous y trouver, je me présenterais au château.

«NICÉTAS»

Il redescendit l'escalier dont les marches étaient terriblement dures pour ses genoux, et jeta sa lettre dans la boîte d'un débit de tabac.

FIN DE LA TROISIÈME PARTIE

QUATRIÈME PARTIE

I

Le jour où Ghislaine reçut cette lettre, elle avait passé une partie de la matinée au pavillon du garde, car depuis l'entretien qui avait définitivement fixé le sort de Claude, elle montrait, beaucoup plus librement qu'avant, sa tendresse pour sa fille.

N'avait-elle pas l'autorisation de son mari, et à l'avance n'était-elle pas certaine que, quoi qu'elle fît, il ne s'en inquiéterait pas?

Maintenant elle ne prenait plus des prétextes pour l'aller voir, et franchement elle disait: «Je vais près de Claude»; arrivée chez le garde, elle ne se cachait plus pour laisser paraître son affection, et franchement aussi elle embrassait sa fille.

Le plus souvent elle l'emmenait dans le parc, et quand elles étaient assises, en tête à tête, à l'abri de la curiosité des enfants Dagomer ou des passants, elle la faisait causer en l'interrogeant doucement.

Ce n'était point sur de graves sujets qu'elle la mettait, mais simplement sur ceux où, pouvant forcer par d'adroites questions sa réserve toujours un peu craintive, elle l'amenait à se livrer. N'était-ce pas cela qui touchait son coeur de mère: savoir ce qu'était cette enfant qu'elle n'avait pas toujours près d'elle, et qu'une observation constante dans les choses importantes comme dans les riens, dans la joie comme dans le chagrin, la bonne humeur ou la colère, ne pouvait pas lui faire connaître à fond, avec sa vraie nature.

Et c'était cette vraie nature qui l'intéressait, qui l'inquiétait: par où tenait-elle de son père, par où s'en éloignait-elle?

Sous cette main douce et caressante, le coeur de Claude s'ouvrait; avec un abandon plein de confiance, elle bavardait, disant tout ce qui lui passait par la tête, tout ce qu'elle avait dans l'esprit; d'un mot, Ghislaine la redressait, la soutenait, et par des histoires qu'elle arrangeait, par des exemples la conduisait où elle voulait qu'elle allât.

Quelquefois aussi il était question des leçons, c'est-à-dire que Claude en parlait, car Ghislaine, qui connaissait la susceptibilité de lady Cappadoce, veillait à ne pas donner à son ancienne gouvernante des sujets d'inquiétude.

—Ah! si lady Cappadoce m'expliquait les choses comme vous, disait Claude.

—Lady Cappadoce est une maîtresse.

—Et vous?

—Moi, chère enfant, moi... je n'en suis pas une.

Et Ghislaine était obligée de s'arrêter, car le mot qui lui montait du coeur, elle ne pourrait jamais le prononcer, et il ne fallait pas que, par une imprudence, par un entraînement, elle permît à Claude de le prononcer elle-même, sinon en ce moment, au moins plus tard.

On ne parlait pas toujours, il y avait aussi des moments de silence et de recueillement où elles restaient les yeux dans les yeux; alors Ghislaine attirait Claude contre elle, et de son bras elle l'enveloppait doucement.

C'était à Chambrais que Nicétas avait adressé sa lettre, et il avait calculé qu'à l'heure où Ghislaine la recevrait, M. d'Unières devrait être à la Chambre,— ce qui serait parfait, car elle serait troublée, et pour le succès de sa combinaison, il ne fallait pas qu'elle trahît une trop vive émotion devant son mari.

Mais ce calcul se trouva faux; au lieu d'aller à la Chambre, le comte était resté au château pour préparer un discours important qu'il devait prononcer le lendemain, et après le déjeuner il s'était installé dans la bibliothèque avec sa femme près de lui, comme toujours lorsqu'il travaillait. N'était-elle pas son inspiration et sa conscience? Il trouvait plus vite lorsqu'elle était là. Et il n'était sûr d'un effet ou d'un argument que lorsqu'après discussion elle l'avait approuvé.

Le domestique qui recevait le courrier en faisait le tri, mettant dans une corbeille ce qui était pour le comte, et sur un plateau les lettres à l'adresse de la comtesse. Quand il entra dans la bibliothèque, le comte, qui était devant une grande table couverte de volumes du *Journal officiel*, n'interrompit point son travail; mais Ghislaine, assise à un petit bureau dans l'embrasure d'une fenêtre, posa le livre qu'elle lisait, et commença à ouvrir les lettres.

Bien qu'elle sût à l'avance à peu près ce qu'elles contenaient, et justement même par ce qu'elle savait qu'elles étaient des demandes de secours, il fallait qu'elle les lût tout de suite pour y répondre sans retard, ou pour faire faire les recherches auxquelles elles donnaient lieu.

Elles étaient ce jour-là nombreuses et déjà elle en avait lu plusieurs, lorsqu'elle ouvrit celle de Nicétas.

«Je rentre en France et trouve ma fille qui est aussi la vôtre....»

Elle n'alla pas plus loin: un voile avait passé devant ses yeux, son coeur s'était arrêté.

Heureusement la lettre était posée sur le bureau sans quoi elle serait tombée, ou elle aurait été secouée de telle sorte dans sa main tremblante que l'attention du comte eût été provoquée.

Lui! depuis onze ans elle l'attendait; mais les angoisses des premières années; toujours vaines, avaient fini par lui donner une sorte de confiance; si elle devait l'attendre, n'était-il pas permis d'espérer qu'il ne reviendrait point; douze années s'étaient écoulées sans qu'il reparût, n'y avait-il pas des chances pour que d'autres s'écoulassent encore? Quels droits avait-il sur elle, d'ailleurs, et sur Claude dont il ne connaissait même pas l'existence?

Elle fit un effort pour ne pas s'abandonner, et la tête basse, à la dérobée, rapidement elle jeta un coup d'oeil du côté de son mari: absorbé dans son travail, il n'avait rien remarqué, et penché sur sa table, il continuait à prendre des notes; sa plume en écrivant craquait avec un bruit régulier.

Elle était comme paralysée de corps et d'esprit. Quelle contenance tenir? Que faire? Elle ne savait. Et même elle était incapable de se poser une question raisonnable.

La lettre restait ouverte sur le bureau, sans qu'elle osât même la faire disparaître, et cependant elle sentait vaguement que son mari pouvait se lever, venir à elle comme il le faisait à chaque instant, et machinalement, sans intention, laisser tomber son regard sur cette feuille de papier, où le mot «votre fille» flamboyait, croyait-elle, se détachant en caractères d'affiche. Dans leur étroite intimité, ils n'avaient pas de secrets l'un pour l'autre, et si monsieur ouvrait ses lettres, si madame ouvrait les siennes, en réalité elles étaient les unes et les autres pour monsieur aussi bien que pour madame, pour madame aussi bien que pour monsieur.

Il semblait, autant qu'elle pouvait avoir une idée, que la première chose à faire était de cacher cette lettre. Mais comment? Dans les circonstances ordinaires, rien n'eût été plus simple que d'ouvrir un tiroir du bureau et de la mettre dedans. Elle n'osait pas. La glisser dans sa poche? Elle n'osait pas non plus, s'imaginant que le froissement du papier allait crier sa honte.

Et la terrible feuille était devant ses yeux, hypnotisante.

Comme elle allait se remettre à lire, elle sentit que son mari se tournait vers elle. Alors, elle le regarda; il ne s'était point levé et ne paraissait pas disposé à quitter son travail:

—Te rappelles-tu la date de mon discours à propos de l'ordre du jour Bunou-Bunou.

L'ordre du jour Bunou-Bunou! Dans toute autre circonstance, elle eût donné la date de jour, de mois, d'année. Mais en ce moment, comment réfléchir, chercher, se rappeler? Et cependant, elle devait répondre sans que sa voix trahit son bouleversement.

—A peu près trois ans, il me semble.

—Trois ans. Dis plutôt sept ans. Comment ta mémoire si ferme peut-elle se tromper de tant d'années?

—Sans doute, je fais une confusion.

—Ne cherche pas, je vais vérifier.

Quittant sa table, il passa dans une pièce voisine qui servait d'annexe à la bibliothèque.

Alors elle se jeta sur la lettre, et d'un coup d'oeil la lut, puis vivement elle la mit dans sa poche.

Il n'était que temps, le comte rentrait, il vint à elle.

—Je te fais mes excuses, dit-il, tu étais plus près que moi de la vérité; il y a quatre ans.

Comme elle avait ordinairement le triomphe modeste, il ne s'étonna pas qu'elle ne répondît point, et tranquillement il retourna à son travail. Il fallait qu'elle prît un parti, et tout de suite, puisque c'était pour le lendemain même qu'il fixait son rendez-vous.

S'attendant depuis son mariage à le voir surgir d'un moment à l'autre, elle avait bien des fois examiné la question de sa défense, et elle s'était toujours dit qu'alors elle devrait avoir recours à cette arme dont son oncle lui avait parlé avant de mourir.

Quelle était cette arme? Elle ne le savait pas au juste. Une lettre sans doute qui lui fermerait la bouche s'il voulait parler; mais quelle qu'elle fût, elle devait être efficace puisque son oncle lui avait recommandé d'en faire usage; il fallait donc qu'avant tout elle la réclamât au notaire chez qui elle était déposée et que tout de suite elle allât à Paris.
Bien qu'il fût scrupuleusement observé qu'elle restât auprès de son mari quand il travaillait, elle n'hésita pas; n'était-ce pas son honneur et son repos, le bonheur de l'homme qu'elle aimait, la vie même de sa fille qui se trouvaient en jeu?
—Si tu ne t'y opposes pas, dit-elle d'une voix qu'elle s'efforçait d'affermir, je partirai pour Paris.
Il fut stupéfait:
—Comme ça, tout de suite?
Il fallait qu'elle donnât une raison, bien qu'il ne lui en demandât pas, et que pour la première fois elle ne fût pas franche.
—Parmi ces lettres, il s'en trouve une qui exige une solution immédiate.

—Tu seras longtemps?

—Strictement ce qu'il faut pour aller et revenir.

Il sonna et commanda d'atteler.

—Certainement tu me retrouveras au travail, dit-il, car ça ne va pas aller, et je suis sûr que demain à la Chambre tu sentiras toi-même que ton aide m'a manqué.

Il voulut la mettre lui-même en voiture, et la portière fermée, il recommanda au cocher de marcher rondement.

A trois heures, les chevaux, blancs d'écume, s'arrêtaient devant les panonceaux de M. Le Genest de la Crochardière, et Ghislaine entrait dans l'étude. C'était la première fois qu'elle venait chez son notaire, car quoi qu'elle eût dû mettre bien souvent sa signature au bas d'actes notariés, on était toujours venu les lui faire signer à l'hôtel de la rue Monsieur. Quand elle se trouva dans une grande pièce où sur des tables a pupitre en bois noirci travaillaient une dizaine de clercs, elle se trouva intimidée sous le feu de tous ces yeux qui s'étaient levés sur elle. Mais le second clerc, qui la connaissait et qui dirigeait cette étude, accourut avec les démonstrations de la plus respectueuse politesse:

—Madame la comtesse désire voir M. Le Genest, sans doute, je vais m'informer s'il peut recevoir.

Le notaire lui-même apporta la réponse en venant au-devant de sa cliente qu'il fit entrer dans son cabinet.

La demande que Ghislaine avait à présenter était bien simple, cependant ce fut avec un extrême embarras qu'elle s'expliqua. Heureusement depuis longtemps le vieux notaire était habitué à ne pas laisser deviner qu'il remarquait la gêne d'un client; encore moins d'une cliente. Aussitôt qu'il put comprendre ce dont il s'agissait, il alla à une grande caisse qu'il ouvrit, et en tirant la pièce qui lui avait été confiée par M. de Chambrais, il la remit à Ghislaine.

Elle eût voulu sortir au plus vite pour déchirer l'enveloppe et lire cette pièce, mais le notaire ne lui en laissait pas la liberté: il parlait de Claude, et il fallait bien qu'elle l'écoutât.

—Par M. le comte d'Unières, j'ai appris tout l'intérêt que vous inspire cette chère enfant et toute la tendresse que vous lui témoignez. Dans son isolement, c'est un grand bonheur pour elle: une mère, me disait M. le comte, n'aurait pas plus d'affectueuse sollicitude.

Il continua assez longtemps ainsi; mais sans insister cependant, et en gardant la mesure qu'il savait mettre en tout.

Enfin elle put se lever et, conduite par le notaire, regagner sa voiture.

II

Accotée dans un coin de son coupé, les glaces relevées, Ghislaine put déchirer l'enveloppe que le notaire lui avait remise.

Elle ne contenait qu'une lettre et une note écrite par son oncle; ce fut par cette note qu'elle commença: «La lettre ci-jointe m'a été remise par son auteur le jour même où elle a été écrite; elle est la preuve, elle est l'aveu d'un crime qui, je l'espère, restera ignoré; mais si jamais il était découvert, elle porterait témoignage contre le coupable.

«CHAMBRAIS.»

Vivement elle passa à la lettre, et le début elle le lut sans trop d'émotion: que lui importaient ces déclamations, que lui importaient ces plaintes et ces cris de révolte!

Mais aux mots: «Je vous aimais», l'indignation la suffoqua comme si c'était une déclaration: elle le voyait devant elle, elle l'entendait, et dans son coeur résonnaient encore les éclats sourds de sa voix heurtée.

Elle reprit, et sans s'arrêter alla jusqu'au bout; mais arrivée à la dernière ligne, elle chercha si c'était tout.

Une arme, disait son oncle; le crime découvert peut-être, une accusation au moins contre le coupable et nécessairement la défense de l'innocente; mais ce n'était pas sur cela qu'elle avait compté; découvert le crime ne l'était pas, et ce qu'elle avait cru trouver c'était un moyen pour qu'il ne le fût jamais.

A quoi en ce moment cette lettre pouvait-elle lui servir? Elle ne le voyait pas, et restait dans un inconnu dont le mystère l'épouvantait. Que ne pas craindre d'un homme capable de tout.

En sortant de chez le notaire, le cocher était venu rue Monsieur pour changer de chevaux; elle descendit de voiture et serra la lettre avec la note de son oncle dans un meuble où elles devaient être en sûreté: inutiles en ce moment, elles devenaient peut-être le lendemain l'arme qu'elle était venue chercher, car maintenant qui pouvait savoir ce que serait ce lendemain?

Ne trouvant rien pour se défendre sous le coup immédiat de la déception, elle s'était dit qu'avec la réflexion et en se remettant de cet écrasement, il lui viendrait sans doute une idée.

Mais la route se faisait, les villages défilaient devant elle! Bourg-la-Reine, la Croix de Berny, le pont d'Antony et elle restait paralysée dans son impuissance; il lui semblait qu'au lieu de la surexciter comme elle l'avait cru, le mouvement rapide de la voiture l'engourdissait et elle se sentait entraînée en imagination comme elle l'était en réalité: rien pour la retenir, rien pour la guider, l'éclairer, et au bout le gouffre dans lequel tombaient avec elle, entraînés par elle, ceux qu'elle aimait: son mari, sa fille.

C'était vainement aussi qu'elle cherchait à prévoir ce qu'il pouvait contre elle et contre eux: tout sans doute, puisqu'il avait écrit cette lettre.

Quand même elle lui résisterait, elle le repousserait, c'était la lutte; et dans cette lutte, le repos, le bonheur, l'honneur de son mari ne seraient-ils pas atteints?

A cette pensée, une sueur froide la syncopait: lui, malheureux par elle! Dix années d'amour et de bonheur s'effondrant dans la honte! Que n'avait-elle cru ses craintes, quand aux instances de son oncle elle répondait par un refus; elle la frappait, cette punition qu'elle sentait alors suspendue sur sa tête.

Dans son désarroi et sa confusion, si profonds que fussent son trouble et son émoi, elle n'avait cependant pas une seule fois admis la possibilité de l'abandon et de la fuite: il voulait la voir, il la verrait; car ne pas aller au rendez-vous qu'il lui donnait ou lui faire fermer la porte quand il se présenterait, c'était remettre le danger au lendemain et non l'écarter: repoussé par elle, que ne ferait-il pas, à qui ne s'adresserait-il pas? Avant tout, elle devait savoir ce qu'il voulait. Après, elle aviserait.

La *Mare aux Joncs*, le lieu de rendez-vous qu'il avait choisi, était un des endroits les plus sauvages et les plus déserts de la forêt: une combe étroite entourée de collines boisées, point de chemin pour y arriver, mais seulement d'étroits sentiers tortueux, des grands arbres sur les bords de la mare et toute une végétation foisonnante de roseaux, sur les collines d'épais taillis, elle serait là à sa discrétion; si personne ne pouvait entendre ce qu'ils diraient, personne non plus ne viendrait à ses cris si elle appelait, et il ferait d'elle ce qu'il voudrait; bien qu'elle fût brave ordinairement, jamais elle ne s'exposerait à ce danger; ce serait folie.

Mieux valait encore le laisser pénétrer jusqu'à elle dans le château, malgré sa répulsion et son dégoût. Au moins, n'y serait-elle pas seule et sans secours.

Ce lui fut un soulagement de s'être arrêtée à cela.

Sans doute elle ne savait ni ce qu'elle dirait, ni comment elle se défendrait, mais au moins elle n'était plus dans l'irrésolution.

Quand elle entra dans la bibliothèque, elle trouva son mari au travail, et en la voyant il eut un sourire d'heureuse surprise.

Tendrement il l'embrassa.

Mais il la connaissait trop bien, ils étaient trop intimement, trop profondément liés l'un à l'autre pour qu'il ne sentît pas dans cette étreinte qu'elle était troublée.

—Tu as éprouvé une contrariété, dit-il en la regardant.

—Pas d'autre que celle de n'être pas restée près de toi.

—J'ai travaillé quand même; malgré tout, je crois que demain tu seras contente.

Ainsi qu'il avait été convenu entre eux, il croyait qu'elle assisterait le lendemain à la séance de la Chambre.

—Veux-tu que je t'indique les points principaux de mon discours?

—Certainement.

Elle se débarrassa de son chapeau et prit sa place ordinaire devant son petit bureau, tandis qu'il s'asseyait sur un coin de la grande table. Alors il commença, les yeux fixés sur elle; mais il n'alla pas loin:

—Est-ce que tu trouves que je ne suis pas dans le vrai? demandât en s'arrêtant.

—Je ne trouve pas cela du tout.

—Tu as l'air de ne pas me suivre.

—Mon air te trompe.

Elle était au supplice, car elle avait beau faire, elle sentait qu'à certains moments sa volonté lui échappait; alors son regard trahissait sa préoccupation, et comme il ne la quittait pas des yeux, tout de suite il s'apercevait de ce désaccord.

Il fallait qu'elle s'appliquât! n'en aurait-elle pas la force, faible coeur qu'elle était?

—Continue, dit-elle, je t'assure que je te suis.

—Si tu trouves cela mauvais ou à côté, dis-le franchement, je t'en prie.

—Mais non, je ne trouve pas cela mauvais; qui peut te donner cette idée?

Il reprit.

Ce fut elle à son tour qui ne le quitta pas des yeux.

De temps en temps elle faisait un geste d'approbation ou bien elle murmurait:

—Bien, très bien.

—N'est-ce pas?

Alors il s'échauffa, et de l'analyse toute sèche de son discours, il passa peu à peu à des développement sous lesquels se sentait le mouvement oratoire.

A le suivre ainsi, elle se laissa prendre à ce qu'il disait et à oublier sa propre situation, suspendue qu'elle était aux lèvres et aux yeux de son mari, complétant par la pensée les effets qu'il laissait de côté.

Et la retrouvant telle qu'il l'avait vue depuis dix ans, il allait toujours; quittant sa table, il avait fait un pas vers elle, puis deux, et maintenant il parlait en la tenant dans le cercle de ses bras, penché sur elle, l'effleurant presque de sa barbe. Tout à coup il s'arrêta et se mettant à sourire:

—Mais c'est une vraie répétition, dit-il.

Elle se jeta à son cou, dans un mouvement passionné:

—Ah! pourquoi t'interromps-tu? s'écria-telle en le serrant dans ses bras.

—Alors c'est bien?

—C'est superbe.

—Vraiment?

—Vas-tu douter de moi, maintenant?

—Non, chère femme. De moi, oui, toujours; de toi, jamais; tu verras demain la force que m'aura donnée ton appui d'aujourd'hui. Il me semblait bien qu'il y avait quelque chose; mais tu n'étais pas là, je ne pouvais pas te consulter et ne savais que penser.

Pendant qu'il parlait, elle se demandait comment elle s'y prendrait pour ne pas aller le lendemain à la Chambre. Quoi inventer? Quel prétexte trouver? Quelle excuse assez bonne pour qu'il l'acceptât sans s'inquiéter, sans se peiner?

Ce fut à chercher ce prétexte que sa soirée se passa, et partout, au dîner, à la promenade qui le suivit, elle porta, malgré ses efforts, une préoccupation évidente, qu'elle ne rendait que plus sensible par ce qu'elle faisait pour la dissimuler. Quand elle comprenait qu'elle se trahissait, elle se jetait dans une gaîté factice, dont bien vite elle avait honte, et qu'elle cherchait aussitôt à racheter par un élan de tendresse sincère.

Jamais il ne l'avait vue dans cet état, elle qui d'ordinaire était si bien équilibrée, d'une humeur si douce, si juste, si calme.

Il n'osait pas l'interroger, et même, il n'osait pas l'observer de peur qu'elle se tourmentât.

Et pour comprendre ce changement il ne trouvait qu'une explication; elle était souffrante, nerveuse: peut-être ce rapide voyage à Paris l'avait-il fatiguée.

Alors il s'appliqua à la distraire, en ayant soin de ne pas laisser deviner qu'il la trouvait autre qu'elle n'était habituellement.

La nuit, il se releva trois ou quatre fois pour venir pieds nus, sans bruit, écouter derrière la portière qui séparait leurs chambres si elle dormait d'un bon sommeil, et toujours il entendit qu'elle s'agitait et respirait d'une façon irrégulière.

Le matin, l'inquiétude l'emporta sur la réserve, et il ne put pas s'empêcher de l'interroger; mais elle se défendit: elle n'avait rien; peut-être était-elle un peu nerveuse, ce qui tenait sans doute au temps orageux.

Alors il lui proposa de ne pas venir à Paris: son discours, elle le connaissait, et il le dirait peut-être beaucoup moins bien à la Chambre qui ne l'avait dit la veille pour elle seule; d'ailleurs, par ce temps orageux, l'atmosphère des tribunes serait étouffante, comme le voyage à Paris serait pénible dans la chaleur du midi.

Elle fut grandement soulagée de le voir ainsi venir au devant d'elle, et ne se défendit tout juste, que ce qu'il fallait.

—Eh bien! je resterai, dit-elle, mais à une condition.

—Toutes celles que tu voudras.

—Reviens aussitôt que ta présence ne sera plus indispensable à la Chambre.

—Je te le promets.

—Jamais je n'ai eu autant besoin de toi, de ta présence, de ton amour.

—Veux-tu que je n'aille pas à la Chambre?

—Y penses tu?

—Pourquoi pas?

—Et ton discours?

—Un discours a-t-il jamais changé un vote?

—Qu'importe le vote; l'essentiel c'est de faire son devoir; rien n'est perdu si l'honneur est sauf.

Si jamais elle n'avait eu autant besoin de lui, jamais non plus elle ne l'avait embrassé avec l'ardeur passionnée qu'elle mit dans son étreinte, lorsqu'il se sépara d'elle pour monter en voiture.

—De bonne heure, tu me le promets, dit-elle.

—Aussitôt, aussi vite que possible.

III

Si Nicétas restait à la Mare aux Joncs vingt ou trente minutes après l'heure qu'il avait fixée, il pouvait arriver au château vers quatre heures; c'était donc à ce moment qu'elle devait l'attendre... s'il venait.

Sans doute, elle ne pouvait trouver qu'un bien faible sujet d'espérance dans cette pensée que, par cela seul qu'elle n'avait pas été à son rendez-vous, il renoncerait à la voir; mais enfin, elle se disait que cela était possible: ce refus d'obéir à son injonction l'aurait fait réfléchir; il aurait senti l'extravagance de sa demande; il retournerait à Paris.

Cependant elle se prépara à le recevoir, si malgré tout il venait, et pour cela elle s'installa dans le grand salon qui par un autre se trouvait en communication directe avec le vestibule où se tenait toujours un valet de pied: en parlant sur le ton ordinaire, la voix ne pouvait pas arriver distincte à ce vestibule, mais en l'élevant il y avait certitude qu'elle serait entendue.

Elle avait pris un livre pour tâcher de ne pas penser, mais ses efforts pour s'absorber dans sa lecture ne produisaient aucun résultat, elle ne savait pas même ce qu'elle lisait, et si ses yeux suivaient des lignes noires, son esprit était à la Mare aux Joncs.

Trois heures avaient sonné, puis le quart, puis la demie; incapable de rester en place, elle se levait à chaque instant pour aller à une fenêtre jeter un regard dans la cour d'honneur jusqu'à la loge du concierge.

Elle avait repris son livre et elle lisait des yeux et des lèvres lorsque la cloche qui annonçait l'arrivée d'un visiteur sonna.

Elle alla vivement à la fenêtre, les jambes tremblantes, et sans se montrer, derrière un rideau, elle regarda: dans la façon dont il se présenterait, elle verrait peut-être ce qu'allait être cette entrevue, ce qu'elle avait à craindre ou à espérer.

Mais elle s'était trompée en croyant que c'était lui: l'homme qui traversait la cour, marchant sans se presser vers le perron, était bien de grande taille, mais il était gras ou plutôt bouffi de visage comme de corps, les cheveux étaient courts, les joues et le menton rasés; enfin le vêtement usé, composé d'un pantalon noir, d'un veston jaunâtre et d'un chapeau melon, annonçait sûrement quelque pauvre diable qui venait demander un secours.

Cependant le pauvre diable était arrivé au perron et, à la porte du vestibule, il avait trouvé Auguste de service ce jour-là.

—Tiens, c'est vous, dit celui-ci en reconnaissant son journaliste américain, vous n'avez pas de chance, madame la comtesse n'a pas été à Paris, je ne peux pas vous montrer le château.

—Je lui ai écrit, veuillez lui remettre cette lettre.

Et sans paraître le moins du monde embarrassé, Nicétas lui tendit un petit billet qu'il venait d'écrire à l'auberge du Château.

—Mais je ne sais...

—Allez donc, elle me recevra, je vous le promets.

Quand Ghislaine vit sur ce billet la même écriture que celle de la demande de rendez-vous, elle se rassura: s'il écrivait au lieu de venir, c'est qu'il n'osait pas se présenter; et à la pensée de ne pas le voir son coeur se desserra; sans doute ce pauvre diable était un commissionnaire.

Elle avait ouvert le billet.

«Je pense que vous ne m'obligerez pas à forcer votre porte; donnez donc l'ordre que je sois admis près de vous.

«NICÉTAS.»

C'était lui. Elle eut une seconde d'anéantissement; lui, ce pauvre diable; arrivé à ce point de misère et de cynisme, de quoi ne serait-il pas capable!

Cependant, le plateau à la main, le valet attendait devant elle, la regardant à la dérobée, en se demandant quelle pouvait être la cause de ce bouleversement dans une physionomie qui n'avait jamais exprimé que le calme et la sérénité.

Il fallait qu'elle se contînt et prît un parti:

—Faites entrer, dit-elle.

Et pendant le court espace de temps que le valet mettait à traverser les deux salons, elle tâcha de se donner une contenance.

Comme il allait ouvrir la porte du vestibule, elle le rappela:

—Vous ne quitterez pas le vestibule.

Cette recommandation insolite pouvait surprendre ce domestique, mais elle n'était pas en situation de s'arrêter devant une considération de ce genre: avant tout elle devait assurer sa sécurité; comment se défendre si elle était paralysée par la peur d'une surprise?

Ce fut lentement que Nicétas traversa les deux salons pour venir jusqu'à elle.

Alors, l'examinant, elle le retrouva, mais combien changé, vieilli, ravagé!

Lorsqu'il fut à quelques pas, elle l'arrêta d'un mot:

—Que voulez-vous monsieur?

—Je vous l'ai écrit, vous entretenir de ma fille, de notre fille.

—C'est de la jeune fille élevée chez notre garde que vous parlez?

—Précisément.

Il prit une chaise et s'assit:

—D'elle-même.

—Par quelle combinaison êtes-vous arrivé à trouver que cet enfant est votre fille?

—Et la vôtre. Cela serait bien long à raconter; mais un mot suffit; c'est vous-même qui avez reconnu cette enfant pour ma fille et pour la vôtre.

—Moi!

—Pas par un acte authentique, bien entendu, puisqu'on vous a fait prendre toutes sortes de précautions qu'on croyait habiles pour échapper à cette reconnaissance,—mais par un fait: en me recevant ici. Est-ce que si cette enfant ne vous était rien et ne m'était rien vous m'auriez reçu après la lettre que je vous ai écrite et aussi après ce qui s'est passé entre nous il y a douze ans. Pour que vous ayez fait taire les sentiments d'indignation que vos yeux trahissent malgré vous en rencontrant les miens, il fallait une raison toute-puissante, qui emportait tout: répulsion, mépris, horreur, haine; et cette raison se trouve dans l'intérêt que vous portez à cette enfant: vous avez peur pour elle; vous voulez la défendre.

Il s'arrêta pour juger de l'effet qu'il avait produit, et en la voyant devant lui, il eut lieu d'être satisfait: elle était atterrée.

Il continua:

—L'ordre de m'introduire près de vous était un aveu; et si j'avais eu besoin qu'une nouvelle preuve s'ajoutât à toutes celles que j'ai déjà pu réunir, vous me la donneriez en ce moment, mais rassurez-vous, je n'en avais pas besoin; j'ai en mains toutes les pièces nécessaires pour affirmer mes droits sur ma fille.

—Et ces pièces? demanda-t-elle en essayant de se défendre.

—Je les produirai si vous m'y obligez, mais j'espère que nous n'en viendrons pas à cette extrémité. En effet, je n'ai qu'un but: assurer l'avenir de ma fille, et il me semble que vous ne pouvez pas ne pas vous associer à moi.

—Cet avenir a été assuré

—Vous voulez parler du testament de M. de Chambrais. Je suis, je l'avoue, surpris que vous considériez l'avenir d'un enfant assuré par la donation d'une somme d'argent. Il y a autre chose que l'argent dans la vie d'un enfant...

Il dit cela avec une grandeur qui devait toucher Ghislaine.

—... Il y a l'éducation, il y a les sentiments qui dirigent cette éducation, il y a l'affection maternelle, ou paternelle, il y a le milieu dans lequel l'enfant est élevé. Si Claude a la fortune, a-t-elle cette éducation dont je parle, a-t-elle cette affection maternelle? Est-elle dans un milieu digne d'elle? Élevée chez le garde, ayant pour camarades, pour frères et soeurs des enfants grossiers, de vrais paysans...

—Elle devait entrer au couvent. C'est le médecin qui a ordonné qu'elle vive en paysanne.

—A la campagne, je l'admets, mais en paysanne, en fille de garde-chasse, c'est autre chose. Si de votre mariage vous aviez une fille de onze ans, la feriez-vous élever par un garde, sous prétexte que les médecins ordonnent qu'elle vive en paysanne? Non, n'est-ce pas? Eh bien! pour n'être pas née de votre mariage, Claude n'en est pas moins votre fille. Et puisque vous l'oubliez, mon devoir est de vous le rappeler. Pour mon malheur, je sais par expérience ce que c'est que d'être élevé dans une maison étrangère; je ne veux pas que ma fille souffre ce qu'a souffert son père, et que l'absence d'une direction affectueuse, ferme et douce à la fois, fasse d'elle ce qu'elle a fait de moi.

Ghislaine écoutait stupéfaite: était-il possible que ce langage fût sincère; c'était lui qui parlait de devoir, d'affection, de dignité, de fierté! Où voulait-il en venir? Qui se cachait derrière cet étalage de tendresse et de sollicitude pour une enfant qu'il ne connaissait pas? Son premier mouvement avait été de répondre lorsqu'il avait invoqué l'affection maternelle; mais n'était-ce pas là un piège dans lequel elle ne devait pas tomber, un autre aveu plus précis que ceux sur lesquels il s'appuyait déjà? Ne serait-ce pas se défendre d'ailleurs?

—Enfin, que demandez-vous? dit-elle.

—C'est bien simple, répondit-il. Ou Claude occupera prés de vous, dans votre maison, la place à laquelle elle a droit par sa naissance, ou je la prends près de moi.

—Vous la prenez!

Ce cri qui lui avait échappé la trahissait par l'intensité de son émoi; elle voulut l'atténuer en l'expliquant:

—Et comment prenez-vous un enfant qui n'est rien pour vous et pour qui vous n'avez jamais rien été?

—En la reconnaissant pour ma fille par un acte authentique.

—C'est impossible.

—Permettez-moi de ne pas m'incliner devant vos connaissances juridiques; c'est au contraire parfaitement possible et même très facile. Pour contester cette reconnaissance, si telle était votre intention, il faudrait que vous eussiez un état-civil en règle à m'opposer, avec indication du père et de la mère; et je ne crois pas que ce soit votre cas; les précautions que vous avez prises pour cacher la naissance de l'enfant disent le contraire. Cependant, si je me trompe, vous n'avez qu'à produire cet acte de naissance, et je me reconnais battu. Mais vous ne le produirez point, n'est-ce pas?

Il attendit un moment, et comme elle ne répondait pas, il poursuivit:

—Chez vous, elle trouve une existence brillante, riche, et aussi, je l'espère, heureuse par les soins et la tendresse de sa mère. Près de moi, elle n'est associée qu'à une vie de travail et de lutte, mais elle est aimée, passionnément aimée par un père qui n'a pas d'autre affection; sous une tendre direction son coeur se forme en même temps que son esprit; et comme elle est la légataire de M. de Chambrais, elle ne souffre pas de ma pauvreté.

A ce mot elle l'interrompit:

—Vous avez été mal renseigné.

—Elle n'est pas légataire de M. de Chambrais?

—Elle l'est; mais mon oncle, dans une pensée de prévoyance dont je n'ai compris toute la sagesse qu'à l'instant même, a mis une condition à son legs, qui est que Claude ne jouira de sa fortune qu'à sa majorité ou à son mariage.

Si Nicétas fut touché, il ne fut pas trop surpris puisque c'était la réalisation de ce que Caffié avait prévu; décidément il était le malin qu'il avait dit, le vieux crocodile.

—Eh bien! reprit-il, s'il en est ainsi, elle travaillera pour son père comme son père travaillera pour elle; à deux on est fort; je l'ai entendue chanter une chanson de paysans, elle a la voix d'une justesse extraordinaire et le sentiment de la mesure, j'en ferai une excellente musicienne. Dans cinq ans elle sera en état de donner des leçons, et par conséquent de seize à vingt ans elle pourra m'aider si j'ai besoin d'elle. Vous voyez donc qu'alors même que je n'obéirais pas à un sentiment d'affection paternelle et à la voix du devoir, j'aurais tout intérêt à prendre Claude avec moi et à la reconnaître pour ma fille: à seize ans, elle gagnera sa vie largement; à vingt et un ans, elle jouira de sa fortune; enfin si la fatalité et l'injuste Providence qui n'ont cessé de me poursuivre me l'enlevaient, j'hériterais d'elle.

—Est-ce donc là votre calcul? s'écria-t-elle avec horreur.

—Il est vrai qu'il y a des pères qui font mourir leurs enfants pour en hériter, mais rassurez-vous, si dur que je sois devenu sous les coups du sort, je ne suis pas cependant un de ces pères, et la preuve c'est que je suis prêt à renoncer à tous les avantages qu'il y aurait pour moi à reconnaître Claude, avantages moraux aussi bien que matériels,—si vous vous engagez à la prendre près de vous dans cette maison, et à la traiter comme votre fille.

—Vous savez bien que c'est impossible, je suis mariée.

—On ne se marie pas quand on a un enfant, ou on l'impose à son mari; je serais vraiment surpris si vous me disiez que le vôtre n'appartient pas à la catégorie de ceux qui acceptent tout.

Sur ce mot, il se leva: il la voyait éperdue, affolée; c'était assez pour le succès de son plan; ce qu'il avait dit ne pouvait que l'affaiblir s'il le répétait ou le laissait discuter; au point où les choses en étaient arrivées, la réflexion en ferait plus que lui.

—Je vous reverrai après-demain, dit-il, à la même heure, d'ici vous aurez le temps d'envisager la situation sous son vrai jour, et vous pourrez alors me faire part de la résolution à laquelle vous vous arrêtez. Bien entendu, si M. le comte d'Unières était au château, je remettrais ma visite au lendemain: nous avons besoin du tête-à-tête.

Il fit un pas vers la porte, mais pour s'arrêter aussitôt.

—Je n'ajoute qu'un mot: si je ne pouvais arriver jusqu'à vous, ce serait une réponse négative à mon désir de vous voir prendre Claude; alors je la reconnaîtrais.

IV

Dans tout ce qu'il avait dit, elle avait été frappée d'un mot prononcé de façon, au moins lui semblait-il ainsi, à s'imposer à l'attention; c'était celui qui se rapportait aux avantages résultant pour lui de la reconnaissance de Claude. Si ces avantages n'avaient pas existé, il n'aurait donc pas pensé à cette reconnaissance, et il n'eût jamais réclamé sa paternité si sa fille n'avait pas été l'héritière de M. de Chambrais.

Donc, il était homme d'argent et il n'y avait à cela rien que de naturel dans la misère qui paraissait être la sienne; c'était par besoin d'argent qu'il poursuivait cette reconnaissance d'un enfant, dont il ne s'était jamais préoccupé; par besoin d'argent qu'il cherchait à exploiter sa paternité; enfin, par besoin d'argent aussi qu'il menaçait:

—Prenez l'enfant ou je la reconnais.

Si, comme tout l'indiquait, il ne tenait nullement à ce que Claude sortît d'un milieu indigne d'elle, ses menaces n'avaient donc d'autre objet que de se faire payer la non reconnaissance de l'enfant.

Arrivée à ce point, Ghislaine respira; jusque-là elle avait eu le coeur serré par l'angoisse comme si sa fille était en danger de mort, sans qu'elle pût rien pour la secourir et la sauver; mais maintenant il semblait qu'elle avait le moyen de lui venir en aide et de la défendre: c'était une lutte dans laquelle elle ne restait pas désarmée.

Cette espérance la releva, et bien qu'elle ne pût pas prévoir ce que serait cette lutte avec un pareil homme, elle se calma un peu: le danger n'était pas immédiat; elle avait un certain temps devant elle pour aviser, pour chercher.

Quand le comte rentra, elle était assez maîtresse de sa volonté pour l'accueillir comme à l'ordinaire et le questionner.

—Comment avait-il parlé?

Il lui raconta la séance et elle l'écouta sans donner des signes trop manifestes de distraction ou de préoccupation; comme il disait qu'il serait sans doute obligé de reprendre la parole le lendemain, elle manifesta le désir de l'accompagner.

—Te sens-tu en état de venir demain à Paris?

—Oh! certainement.

—Alors tu es tout à fait bien?

—Tout à fait.

—Tant pis.

—Comment tant pis?

Il la prit dans ses bras et l'embrassa doucement:

—Une idée qui m'est venue pendant mon voyage au lieu de penser à mon discours, j'étais avec toi et me disais que ce malaise pourrait être un indice heureux.

—Pauvre ami! murmura-t-elle tristement.

—Pourquoi non? Nous est-il donc interdit d'espérer! Tu as trente ans, j'en ai trente-sept. Ce n'est pas la première fois qu'en te voyant indisposée je me suis réjoui. Sais-tu que j'ai étudié les signes caractéristiques de la grossesse, signes rationnels et signes sensibles, signes incertains, probables, certains, et que sur ce sujet j'en sais peut être autant que bien des médecins? Enfin ce malaise n'a pas persisté.

—Pas du tout; et je suis sûre que rien ne m'empêchera d'aller demain à Paris; je profiterai de ce voyage pour faire quelques courses indispensables. Quand dois-tu parler?

—Si je parle, ce sera au commencement de la séance.

—Eh bien! après ton discours, je quitterai la Chambre, de manière à ne pas te faire attendre pour revenir ici.

Les choses s'arrangèrent ainsi, elle assista à la première partie de la séance, puis, quand le comte eut parlé, elle quitta la tribune et revint rue Monsieur.

Par son contrat de mariage, il avait été stipulé qu'elle toucherait une pension pour ses besoins personnels; mais dans l'étroite intimité où elle vivait avec son mari, jamais cette clause n'avait été observée: tout entre eux se partageait en commun; ne faisant qu'un de coeur et d'esprit, ils n'avaient qu'une fortune, qu'ils employaient selon leurs besoins, se consultant le plus souvent avant d'engager une dépense, ou, s'ils n'avaient pas le temps, s'en rendant compte après qu'elle était faite.

Dans ces conditions, elle ne pouvait donc pas prendre une somme un peu importante sans en parler à son mari; aussi n'était-ce point de cette façon qu'elle espérait se procurer l'argent nécessaire au rachat de Claude.

Ce n'était point seulement dans leur château et leur hôtel que les princes de Chambrais avaient toujours pieusement conservé ce qu'ils avaient reçu de leurs pères; pour les meubles, pour les bijoux, il en avait été de même, la mode n'avait jamais eu prise sur eux: on faisait disparaître dans une pièce reculée, où l'on serrait dans des armoires ce qui était par trop antiquaille sans être ancien, mais on ne s'en débarrassait point: les greniers étaient bondés de meubles rococo, et il y avait des placards remplis de porcelaines ridicules appartenant au style Louis-Philippe.

C'est ainsi que Ghislaine possédait quelques bijoux de prix par la valeur de leurs pierres, mais que leurs montures rendaient immettables: jamais elle ne les avait portés. Placés dans des écrins, ils étaient conservés dans un coffre que, depuis leur mariage, son mari n'avait pas ouvert: ils étaient là, cela suffisait, ils faisaient partie des joyaux de la famille, et comme il avait une parfaite indifférence pour les pierreries, il ne s'en inquiétait pas autrement; ce ne serait pas lui assurément qui lui demanderait de mettre jamais telle ou telle parure, puisqu'il ne les connaissait même pas.

Obligée de trouver instantanément une forte somme, c'était sur la vente de quelques-uns de ces bijoux qu'elle comptait.

C'était là une cruelle extrémité, et à la pensée d'entrer dans un magasin, elle, la comtesse d'Unières, pour vendre des pierres précieuses, le rouge lui montait aux joues; mais elle n'avait pas le choix des moyens, et coûte que coûte, il fallait qu'elle prît le seul qu'elle trouvait, sans se laisser arrêter par la honte et par la peur des commentaires qu'elle allait provoquer.

Rentrée chez elle, elle ouvrit le coffret où étaient serrés ces bijoux, et elle chercha ceux qu'elle pouvait prendre, c'est-à-dire ceux qui, par leurs pierreries, avaient une valeur marchande; elle s'arrêta à une broche en rubis et en diamants, à un noeud avec deux glands et à un bouquet de corsage. Combien tout cela valait-il? Elle n'en savait trop rien. Une assez grosse somme, croyait-elle, mais sans pouvoir la préciser. Alors, de peur que ce qu'elle en obtiendrait fût au-dessous de ce qu'elle voulait, elle y ajouta une boucle de ceinture.

Puis, tassant le tout dans un journal, de manière à n'avoir pas à porter un trop gros paquet, ce qui eût provoqué l'attention, elle remonta en voiture et se fit conduire chez Marche et Chabert, les grands bijoutiers de la rue de la Paix, à qui elle avait plus d'une fois acheté des bijoux pour cadeaux, et qui devaient, croyait-elle, l'accueillir convenablement. Sans doute elle eût préféré s'adresser à des marchands qui ne l'eussent pas connue; mais, à ces marchands, elle aurait dû donner son nom pour qu'on la payât, et dans ces conditions mieux valait encore avoir affaire à Marche et Chabert, qui avaient une réputation d'honnêteté.

Quand sa voiture s'arrêta devant le magasin, un commis, qui avait reconnu la livrée, se hâta de venir au-devant d'elle, tandis qu'un autre prenait des mains du valet de pied le paquet de bijoux.

Elle demanda à parler à l'un des maîtres de la maison, et presque aussitôt M. Chabert arriva, souriant et respectueux, empressé de se mettre à la disposition de sa noble cliente; comme c'était en particulier qu'elle désirait l'entretenir, il la fit passer dans son cabinet dont il referma la porte; alors elle exposa franchement sa demande.

Ayant besoin d'une certaine somme pour un emploi secret, elle désirait vendre des pierreries qui ne lui servaient à rien.

Le bijoutier examina ces pierreries et déclara qu'il était prêt à les acheter.

—Faudra-t-il les remplacer par des pierres fausses? demanda-t-il.

—Non.

—Vous avez bien raison, les montures n'ont aucune valeur; elles sont d'un autre âge.

—C'est ce qui me décide à m'en débarrasser.

—Quand on possède des diamants et un collier de perles comme madame la comtesse, on est en droit de se montrer difficile en fait de bijoux.

Il était trop parisien pour ne pas comprendre qu'une femme comme la comtesse d'Unières ne se résigne à une pareille démarche que sous le coup d'un impérieux besoin d'argent, aussi, comme il fallait un certain temps pour peser ces pierres et les estimer, proposa-t-il à Ghislaine de lui verser immédiatement cinquante mille francs; plus tard il compléterait la somme; puis, réfléchissant qu'une grosse liasse de billets pourrait l'embarrasser, il lui offrit un chèque sur la banque.

L'affaire ainsi arrangée, il n'ajouta qu'un mot:

—Quel jour devrai-je me rendre chez madame la comtesse?

—Je viendrai.

V

Quelle somme était-ce que cinquante mille francs? Grosse? Petite? Suffisante ou insuffisante pour exciter des convoitises et satisfaire des appétits?

C'était ce que Ghislaine se demandait, se trouvant à l'égard de l'argent dans l'ignorance de ceux qui, ayant toujours été riches, connaissent mal sa valeur.

Que représentaient cinquante mille francs pour Nicétas?

Au temps où il donnait des leçons et où il gagnait quatre cents francs par mois pour venir deux jours par semaine à Chambrais, ils eussent été certainement une fortune pour lui, le paiement de dix années de travail.

Mais maintenant?

A la vérité, si l'on s'en tenait à l'apparence, et à la tenue, on pouvait croire qu'ils en seraient une bien plus tentante encore, puisqu'ils le tireraient de la misère.

Mais était-il l'homme du temps des leçons, et ces douze années de misère ne lui avaient-elles pas donné d'autres besoins et d'autres exigences?

De même qu'elle ne l'avait pas reconnu en le voyant traverser la cour, de même elle ne l'avait pas retrouvé en l'entendant parler: dans sa voix il y avait une dureté, dans son regard une brutalité, et dans toute sa personne un cynisme qui montraient qu'il n'était pas resté l'homme d'autrefois.

Quelles étaient les prétentions de l'homme d'aujourd'hui? Sur quoi les avait-il établies? Car plus elle réfléchissait à leur entrevue, plus elle se confirmait dans l'idée qu'il avait joué une comédie dont le dénouement devait être l'offre d'une somme d'argent.

Accepterait-il celle qu'elle allait lui proposer!

C'était un marché, et elle se sentait bien inexpérimentée, bien faible, bien maladroite pour le débattre comme il aurait fallu: pour la première fois de sa vie elle allait avoir à discuter une affaire d'argent, et tandis qu'il l'intimiderait de son audace, elle serait paralysée de toutes les manières, par son inexpérience, par sa dignité, par sa tendresse pour sa fille, par le souci de son honneur et de celui de son mari.

Était-il conditions plus fâcheuses, situation plus terrible? Elle eût voulu n'avoir pas à attendre et que tout de suite ce marché vînt en discussion. Mais le lendemain précisément son mari resta à Chambrais, et elle dut veiller à ne pas trahir son anxiété et son angoisse.

Elle y réussit assez mal, et plus d'une fois elle vit qu'il l'examinait pour lire en elle.

—Comme tu es nerveuse, dit-il à un certain moment.

Elle s'en défendit mais sans le convaincre, ainsi qu'elle en eut bientôt la preuve.

—Tu sais que je persiste dans mon idée.

—Quelle idée?

—Celle que ton malaise d'avant-hier m'a inspirée. Évidemment, il se passe en toi quelque chose d'insolite. Quoi? Je n'en sais rien. Quelle est la cause de ce changement? Je ne le sais pas non plus. Mais le changement est certain: tu n'es pas dans ton état ordinaire. Alors, comme je ne vois pas de raisons qui l'expliquent, j'en cherche dans le sens que je désire. Sans doute, ce serait une folie de croire, mais ce n'en est pas une d'espérer. La persistance de ton état nerveux est significative.

Après le dîner, ils sortirent en charrette anglaise pour aller à une certaine distance du château, voir des poulains dans une prairie, à laquelle on n'accédait que par un mauvais chemin charrois.

Comme ils revenaient à la nuit tombante, ils croisèrent Nicétas qui flânait par les rues du village, en attendant l'heure d'aller se coucher dans une meule foin.

Cette fois Ghislaine le vit, et de nouveau le comte le remarqua, son attention étant attirée par la fixité des regards que Nicétas attachait sur lui.

—Tu ne sais pas ce qu'est cet individu de mauvaise mine qui rôde dans le pays? demanda-t-il.

Elle ne répondit pas.

Alors il continua:

—Je l'ai déjà vu dimanche à la sortie des vêpres; il semble qu'il cherche à nous demander quelque chose. Si, par hasard, il voulait entrer aux écuries, il faudrait que François prît sur lui des renseignements sérieux: il a bien vilaine tournure.

Et c'était le père de Claude; il voulait la prendre près de lui pour qu'elle y trouvât une direction affectueuse, dans un milieu digne d'elle!

Après un premier moment de honte et d'accablement, cette rencontre lui donna encore plus de force pour la journée du lendemain: à tout prix, il fallait sauver Claude de ce misérable,—que le comte ne trouvait même pas bon pour ses écuries.

Quant à trois heures quarante cinq minutes Nicétas, annoncé par le coup de cloche du concierge, entra dans le vestibule, il y trouva Auguste qui était encore de service ce jour-là.

—Ah! c'est vous, monsieur! dit le valet de pied avec surprise.

—Vous voyez; votre maîtresse m'a promis de répondre aujourd'hui à mes questions, et je viens chercher ses réponses: nous collaborons: c'est beaucoup d'honneur pour moi.

—Alors, vous n'avez qu'à lui demander l'autorisation de visiter le château, elle ne pourra pas vous le refuser.

—C'est une idée; mais maintenant le château m'intéresse moins.

Il trouva Ghislaine dans le même salon et à la même place que la première fois.

—Cet empressement à me recevoir est d'un heureux augure, dit-il, et j'espère que nous nous entendrons.

—Vous vous trompez.

—Ah!

—Au moins quant à la condition que vous prétendez m'imposer.

—Mais il y a deux conditions que je prétends vous imposer: ou vous prenez Claude, ou je la prends moi-même.

—Cela est également impossible.

—C'est vous, madame, qui vous trompez, car si vous pouvez ne pas prendre votre fille, vous ne pouvez pas m'empêcher de la prendre, moi; ne suis-je pas son père?

—Et qu'en feriez-vous?

—Une honnête fille, une fille tendrement aimée.

—Je ne voudrais pas aborder un sujet blessant pour vous.

—Oh! ne vous gênez pas, et dans un entretien de l'importance de celui-ci, qui met tant d'intérêts en jeu, l'avenir de votre fille, votre honneur, celui de votre mari, laissez, je vous prie, toute politesse de côté; ce n'est ni le lieu, ni le moment.

—Je voulais dire qu'alors que vous voyiez dans Claude une héritière jouissant dès maintenant de ses revenus, vous pouviez penser à la prendre.

—C'est-à-dire que je spéculais sur ma paternité, n'est-ce pas? Dites-le donc, puisque vous le pensez; cela n'est pas pour me blesser; en réalité, rien n'est pour me blesser.

Malgré la permission qu'il lui en donnait, elle ne vouait pas «ne pas se gêner» comme il disait, ni pousser les choses aux extrêmes.

—Claude en possession de ses revenus, dit-elle, vous pouviez lui donner une existence large, en même temps que vous vous la donniez à vous-même. Mais maintenant ce n'est pas le cas. J'admets pour un moment que vous puissiez la prendre—mais je n'admets cela que pour la discussion, car dans la réalité son conseil de famille la défendrait, et la justice ne sanctionnerait jamais des droits qui ne reposent sur rien. Que feriez-vous d'elle, et comment vivrez-vous? Quels avantages matériels retirerez-vous de cette reconnaissance? Claude serait une charge pour vous, non une source de produit.

—Où voulez-vous en venir?

—A ceci: que vous pourriez trouver ces avantages précisément à ne pas prendre Claude, à ne pas vous occuper d'elle, à m'abandonner ce soin ainsi qu'à son conseil de famille, enfin à la laisser, aussitôt que sa santé le permettra, entrer au couvent, où elle recevra une éducation convenable, et d'où elle sortira pour se marier.

—Je ne comprends pas, dit-il en prenant un air étonné, et ne vois pas où seraient ces avantages.

Elle avait placé le chèque de Marche et Chabert sous un livre, à portée de sa main; elle souleva le livre, et tirant le chèque, elle le lui tendit:

—Dans ceci.

Il prit le chèque avec un mouvement de joie presque triomphant; mais dès qu'il eut jeté les yeux dessus, son visage se contracta.

—Alors vous me proposez de m'acheter ma fille? dit-il.

—Vous m'avez offert un marché, je vous en offre un autre.

—Et vous estimez qu'elle vaut cinquante mille francs: pour une fille du sang des Chambrais, convenez que ce n'est pas cher; je ne parle pas du sang de son père, puisque vous ne le connaissez pas. En ne me recevant pas hier—ce n'est pas votre faute, je le sais—vous m'avez permis de faire une enquête dans le pays, et de connaître ainsi le chiffre précis de la fortune de M. de Chambrais; comment me supposez-vous assez simple pour vendre cinquante mille francs ce qui en vaut quinze cent mille?

—On ne vend que ce qu'on possède, et de ces quinze cents mille francs vous ne toucherez jamais un centime.

—C'est à voir, et vous préjugez le résultat d'un procès que vous avez tout intérêt à ne pas laisser engager, ne l'oubliez pas, et, je vous en prie, faites entrer cet intérêt en compte dans vos calculs; il serait imprudent de le négliger. Aussi ces cinquante mille francs sont-ils une vraie dérision. Comment avez-vous pu croire que je les accepterais?

Ainsi elle ne s'était pas trompée, il consentait, comme elle l'avait pressenti, à renoncer à Claude et à la vendre; la contestation maintenant ne portait que sur le prix de cette vente; quelque dégoût qu'elle en eût, il fallait qu'elle entrât dans un marchandage.

Il examinait le chèque.

—Votre offre est d'autant moins sérieuse, reprit-il, que ce chèque dit lui-même que, si vous aviez voulu, vous auriez pu me faire une proposition plus convenable. Pour voir d'où proviennent ces cinquante mille francs il n'y a qu'à regarder le chèque; évidemment, vous ne les avez pas pris sur votre fortune personnelle, et vous ne les avez pas empruntés. Je ne recherche pas pour quelles raisons; je constate simplement qu'il en est ainsi. Voulant m'acheter ma fille, vous avez cherché dans vos vieux bijoux ceux qui avaient cessé de vous plaire, et vous les avez vendus à Marche et Chabert, les bijoutiers de la rue de la Paix qui vous les ont payés avec ce chèque sur la Banque: voilà leur nom imprimé et leur signature. Eh bien! madame, vous n'en avez pas vendu assez.

Il fit une pause pour jouir de l'effet d'étonnement qu'il avait produit.

—Parlons net, reprit-il bientôt, et ayons l'un et l'autre une égale franchise: vous, en ne cherchant pas des phrases échappatoires pour ne pas dire que Claude est votre fille ni qu'elle ne l'est pas, ce à quoi vous êtes parvenue jusqu'à présent, j'en conviens, mais ce qui a dû bien vous gêner; moi en vous donnant mon dernier prix. J'avoue que j'avais compté sur le revenu de la fortune de M. de Chambrais pour élever ma fille convenablement, et ce revenu me manquant, je comprends que l'enfant ne trouverait pas auprès de moi l'existence que je voulais lui faire. Dans son intérêt donc, il est mieux qu'elle aille au couvent, mais si je ne la reconnais pas, je renonce par cela même à tous les droits que j'aurais sur la pension que je pourrais lui demander quand elle sera majeure, ou sur son héritage si elle venait à mourir; et cette renonciation, je l'estime à trois cent mille francs. J'accepte ce chèque comme un acompte.—Il le mit dans sa poche.—Vous m'en devez deux cent cinquante mille, que je vous demande de me verser d'aujourd'hui en huit.

—Et où voulez-vous que je les prenne? s'écria-t-elle.

—Ce n'est pas mon affaire. Vendez d'autres bijoux. Empruntez. En huit jours une femme comme vous peut trouver des millions; et je ne vous demande que deux cent cinquante mille francs. Mais ces deux cent cinquante mille francs, j'y tiens, car ils me permettront de me créer une situation digne de ma fille: ne voulez-vous pas que le père de votre enfant cesse d'être le misérable que vous voyez devant vous? Comme il pourrait être dangereux que vous me receviez toujours ici, je vous attendrai où vous voudrez, dans une église, chez votre médecin, votre dentiste, votre couturière, tous endroits à souhait pour des rendez-vous. Aimez-vous mieux une gare? D'aujourd'hui en huit à trois heures et demie, gare de l'Est,—on y voit peu de Parisiens,—salle des pas perdus.

VI

Ce qui rendait la situation de Ghislaine désespérée, c'est qu'elle n'avait personne à qui s'ouvrir, de qui elle pût attendre conseils et secours: la connaissant bien, il l'exploitait, sûr à l'avance qu'il ne trouverait pas un homme devant lui pour l'arrêter; c'était à une femme qu'il avait affaire, en femme il la traitait.

Vendez ou empruntez.

Pour emprunter, il fallait qu'elle s'adressât à quelqu'un; à qui? De gens d'affaires, elle ne connaissait que son notaire, et il avait toujours été pour elle d'une déférence parfaite; toutes les fois qu'il lui avait fait signer un acte, il semblait que c'était une faveur qu'il lui réclamait; mais comment lui parler d'un emprunt de deux cent cinquante mille francs? Il faudrait des explications, il faudrait une confession; elle serait morte de honte.

D'ailleurs, alors même qu'elle se résignerait à cette confession, qu'obtiendrait-elle? Si peu qu'elle fût au courant des choses de la loi, elle savait cependant qu'une femme ne peut rien faire sans l'assistance de son mari, ni ventes, ni emprunts. Et ce serait assurément l'objection que lui opposerait Me Le Genest. Emprunt pour le satisfaire, procès pour lui résister, étaient donc aussi impossibles l'un que l'autre. Elle n'eût pu se procurer cette somme qu'auprès d'un parent ou d'un ami; et elle n'avait ni parents ni amis en situation de lui rendre ce service. Ses seuls parents habitaient l'Espagne. Et quand une femme vit dans une étroite intimité avec son mari, comme elle vivait avec le sien, elle a peu d'amis; elle, elle n'en avait pas.

Il ne lui restait qu'un moyen, qu'une seule ressource: vendre; vendre de nouveau des bijoux.

Quand elle avait fait le choix de ceux qu'on venait de lui payer cinquante mille francs, elle s'était imaginée, sans rien préciser d'ailleurs, que la somme qu'on lui offrirait serait beaucoup plus forte. Certes, elle ne doutait pas de l'honnêteté de Marche et Chabert, qui sûrement les avaient estimés à leur prix marchand, mais elle doutait de la valeur de ceux qui lui restaient, comprenant très bien que les pierreries comme toutes choses subissent des dépréciations. Combien tirerait-t-elle de ceux qu'elle pouvait prendre encore, sans qu'on remarquât leur disparition? Une dizaine, une vingtaine de mille francs peut-être. Et de cette somme à celle qu'il exigeait il y avait loin, si loin, que ces vingt mille francs ne pouvaient lui être d'aucune utilité.

A la vérité, son écrin ne se composait pas que de ces respectables antiquailles; il comprenait des bracelets, une rivière, des croissants, un diadème, des peignes, des agrafes, des bouquets de corsage, que son mari lui avait donnés, ainsi que le fameux collier de perles et les diamants de sa mère; mais ceux-là elle ne pouvait pas les vendre; les uns, parce qu'ils lui venaient de son mari et qu'elle n'allait pas les employer à la rançon de sa fille; les autres, parce qu'ils étaient des souvenirs.

Et cependant, puisqu'elle était contrainte à une nouvelle vente, c'était de ces souvenirs qu'elle devait se séparer; l'hésitation n'était possible que pour le choix.

Après avoir balancé le pour et le contre, elle se décida pour le collier de perles; avec lui, au moins, elle était certaine d'obtenir la somme dont elle avait besoin, puisqu'il avait été estimé à quatre cent mille francs, et elle n'aurait pas la confusion de retourner chez Marche et Chabert.

En effet, il ne pouvait pas être question de vendre ce fameux collier, car si le comte était d'une indifférence complète pour tous les bijoux, il ne laisserait pas disparaître celui-là sans s'en apercevoir. Ce qu'il fallait, c'était faire mettre des perles fausses à la place des vraies et vendre celles-ci. Dans l'écrin où il resterait désormais enfermé, on ne s'apercevrait pas de cette substitution. Qui le verrait? Le comte seul. Et encore était-il possible qu'il ne le regardât plus jamais.

Pour vendre ses bijoux elle avait été tout droit chez Marche et Chabert qu'elle connaissait; mais pour les perles fausses elle ne savait à qui les commander. Cependant, comme elle avait acheté des parures de jais pour le deuil de son oncle, elle pensa que si dans cette maison on ne se chargeait pas de ce travail, on lui dirait à qui elle pouvait s'adresser. Le lendemain même elle s'en alla en voiture de place au boulevard des Italiens, et se faisant descendre à la Chaussée d'Antin, elle entra dans un magasin où, à côté du jais et du grenat, se trouvaient exposées des pierreries et des perles fausses.

Bien qu'elle eût préparé ses premières paroles, elle éprouva un moment d'hésitation confuse avant de pouvoir s'expliquer: on ne savait pas qui elle était, elle en avait la presque certitude, mais enfin on ne pouvait pas ne pas s'étonner de sa commande et ne pas chercher à deviner ce qui se cachait derrière.

Enfin elle se décida:

—Pouvez-vous, dans un collier, remplacer les perles vraies qui le composent par des perles fausses sans que cette substitution saute aux yeux?

—Saute aux yeux! Mais, madame, nous pouvons arriver à une imitation si parfaite que personne ne s'apercevra que c'est une imitation. Tenez.

Ouvrant un tiroir, le bijoutier étala sur une vitrine une poignée de perles:

—Voyez vous-même.

Ce que vit Ghislaine, ce fut que ces perles n'avaient pas l'orient doux, chatoyant, satiné des vraies, mais enfin l'imitation était suffisante pour qu'elle s'en contentât.

—Où est le collier? demanda le bijoutier.

—Je l'apporterai demain: vous le copierez aussi exactement que possible, même nombre, il y en a quatre cents...

Le bijoutier eut un sourire de surprise.

—... Même grosseur; vous ferez servir l'ancien fermoir pour attacher ces perles fausses, et vous mettrez les vraies dans une boîte.

Lorsqu'elle revint le lendemain, apportant le collier, ce ne fut plus de la surprise que montra le bijoutier, ce fut du respect; mais il ne se laissa pas effrayer par la perfection de ces perles, et il déclara que la copie serait digne du modèle.

—Ce sera une oeuvre d'art, je vous le promets, et si vous ne laissez pas un curieux indiscret mordre mes perles, ce qui ne se fait pas dans le monde de madame, j'en suis sûr, vous pourrez porter votre collier avec pleine sécurité.

—Qu'appelez-vous mordre vos perles? demanda Ghislaine surprise.

—J'entends les mordre avec les dents, ce qui est un moyen à la portée de tout le monde de s'assurer que les perles sont vraies, les fausses n'ayant pas la solidité des vraies.

On lui demandait quinze jours pour ce travail, elle n'en put donner que six; le samedi, à trois heures précises, il fallait qu'on le lui livrât.

Et en effet, quand elle arriva le samedi, elle trouva le collier faux dans son écrin, et dans une boîte les perles vraies. Le bijoutier aurait voulu qu'elle admirât longuement «son oeuvre d'art»; mais elle n'en avait pas le temps; après avoir jeté un rapide coup d'oeil au collier, compté les perles vraies et payé sa facture, qu'on avait eu la délicatesse de préparer sans nom, elle remonta dans son fiacre et se fit conduire à la gare de l'Est; quand elle entra dans la salle, l'horloge marquait trois heures vingt-huit minutes.

Elle chercha autour d'elle et ne l'aperçut pas. Comme ce n'était pas une heure de départ, la salle était presque déserte; seuls quelques paysans arrivés longtemps à l'avance étaient assis sur des bancs, leurs paniers et leurs paquets devant eux.

Ne sachant que faire, elle se mit à lire une affiche machinalement: tournée contre la muraille, elle ne cédait point à la tentation de jeter çà et là des regards inquiets qui auraient trahi son agitation.

Sans doute il ne la ferait pas longtemps attendre; l'âpreté lui donnerait de l'empressement.

Comme elle passait d'une affiche à une autre, elle crut voir que de loin quelqu'un se dirigeait vers elle. Mais ce quelqu'un ne ressemblait en rien, par sa tenue, au misérable que deux fois elle avait reçu, et dont le débraillé s'était imprimé dans ses yeux de façon à ce qu'elle ne l'oubliât jamais: c'était un gentleman de tournure élégante, la toilette soignée: bottines à guêtres mastic, pantalon quadrillé noir et blanc, gilet blanc, jaquette à carreaux, chapeau gris; dans une de ses mains gantées de chevreau clair, un jonc à pomme de lapis.

Et pourtant, c'était sa taille élevée; quand il se fut rapproché, le doute n'était plus possible: elle ne l'avait pas reconnu déguenillé, et maintenant elle ne le reconnaissait pas élégant.

Il l'aborda, chapeau bas, avec toutes les marques du respect:

—Oserai-je vous offrir mon bras?

Elle eut un mouvement de répulsion.

—Marchez près de moi.

Il l'accompagna, le chapeau à la main.

—Je n'ai pas l'argent, dit-elle.

Il mit son chapeau.

—Et alors? dit-il brutalement.

—Dans cette boite il y a quatre cents perles provenant d'un collier pesant plus de six mille grains, qui a été estimé quatre cent mille francs; prenez-les et vendez-les vous-même, ce que je n'ai pu faire; vous en obtiendrez certainement plus de deux cent cinquante mille francs.

—En êtes-vous sûre?

—Les perles sont de premier choix; elles font l'envie des bijoutiers.

—S'il en est ainsi... d'ailleurs, la perle est en hausse, je crois.

—Je voudrais qu'elles fussent vendues ailleurs qu'à Paris où elles sont connues.

—Vos désirs sont des ordres, et puisque vous mettez votre honneur entre mes mains, soyez tranquille; ne sommes-nous pas associés?

Elle lui tendait la boîte; il fit mine de ne pas la prendre:

—L'argent me remplacera-t-il jamais l'affection de ma fille; ah! madame, aimez-la bien.

Il prit la boîte, salua plus bas encore qu'en arrivant et s'en alla.

VII

Le calme avait succédé aux angoisses désespérées qui avaient bouleversé Ghislaine pendant les quelques jours où elle était restée sous le coup des exigences de Nicétas.

Certes, ce calme ne ressemblait en rien à l'heureuse sérénité des années qui avaient précédé cet orage, mais elle respirait; si tout danger n'était pas à jamais écarté, il était au moins ajourné.

Était-il déraisonnable d'admettre qu'il pouvait retourner à l'étranger et y rester? Puisqu'il avait passé onze ans sans revenir à Paris, c'est que rien ne l'y appelait et ne l'y retenait; ce n'était pas sans intention qu'elle lui avait demandé de ne pas vendre les perles du collier à Paris; et si tout d'abord il y avait là une raison de prudence, il y en avait une aussi d'espérance: une fois à Londres, à Vienne, ou à New York, il pouvait très bien ne pas penser à rentrer à Paris.

Cependant, comme c'eût été folie de s'endormir dans cette espérance qui ne reposait sur rien de précis, elle voulut prendre quelques précautions contre un retour possible et une nouvelle attaque.

Pour elle, il n'était que trop certain qu'elle ne pouvait rien, et comme elle avait été une marionnette entre ses mains, dont il jouait selon sa fantaisie, elle le serait toujours.

Mais pour Claude, il en était autrement, et si après avoir agi contre la mère, il trouvait de son intérêt de se tourner contre l'enfant, il fallait qu'à ce moment celle-ci fût en sûreté.

Pour cela, le mieux était de la mettre au couvent; s'il voulait tenter quelque chose, où la chercherait-il quand les portes d'un couvent se seraient refermées sur elle à Paris ou aux environs?

Mais elle ne voulut pas prendre cette résolution sans avoir consulté son médecin qu'elle fit venir à Chambrais, pour qu'il examinât Claude de nouveau.

Le médecin fut d'avis qu'à la rentrée d'octobre elle pourrait travailler comme toutes les filles de son âge, mais que pour le moment il importait qu'elle passât les mois d'été à la campagne sans faire grand'chose.

—Encore trois mois de vie animale, dit-il en concluant, et je crois qu'à l'automne elle sera en état de supporter la règle et le travail d'un internat. Mais à condition cependant que ce ne sera pas à Paris. Là-dessus ma prescription est formelle: sa bonne santé dans l'avenir dépend de la vie à la campagne. C'est une absurdité meurtrière de maintenir des internats à Paris: lycées ou couvents; et il y a longtemps qu'on les aurait transportés aux champs, si dans toute maison d'éducation on ne faisait point passer les convenances des directeurs et des professeurs avant l'intérêt des élèves.

Ce n'était pas pour ne pas suivre les conseils de son médecin qu'elle les avait demandés; il aurait ordonné le couvent que Claude eût tout de suite quitté Chambrais, mais la prescription d'attendre jusqu'à l'automne était trop bien d'accord avec son secret dessein pour qu'elle n'en fût pas heureuse: elle aurait sa fille pendant trois mois encore.

En trois mois il ne dépenserait pas trois cent mille francs, sans doute, et avant qu'il revînt à l'assaut—si comme elle le pressentait il devait y revenir,—on aurait le temps de cacher Claude dans quelque petite ville des environs de Paris, assez bien pour qu'il ne pût pas la découvrir.

Cependant, comme il était sage de s'entourer de toutes les précautions, même de celles qui paraissaient ne devoir pas servir, elle recommanda à Dagomer de faire bonne garde autour de Claude et de ne jamais la laisser sortir avec personne autre que lui et que sa femme; quand elle irait chez lady Cappadoce, comme quand elle en reviendrait, elle devrait être accompagnée. Elle n'était plus une gamine qui peut s'en aller par les chemins.

Cela organisé de la sorte, il semblait que Ghislaine pouvait reprendre sa vie ordinaire et être tranquille.

Et de fait elle le fut pendant un certain temps, mais, un jour, elle se trouva tout a coup menacée précisément par où elle se croyait le plus en sûreté, c'est-à-dire du côté de son mari.

Pendant l'été ils vivaient à Chambrais, mais cependant sans que l'hôtel de la rue Monsieur fût complètement fermé; le comte y venait tous les jours en allant à la Chambre, Ghislaine l'accompagnait souvent, et, jusqu'aux vacances parlementaires, ils y recevaient parfois des amis, notamment des étrangers, pour lesquels une excursion à Chambrais n'eût pas été un agrément; c'était le moment où Ghislaine voyait ses parents d'Espagne à Paris, et le comte les amis avec lesquels il s'était lié dans ses voyages.

Au commencement de juillet un dîner fut ainsi donné en l'honneur d'une infante d'Espagne qui était venue passer à Paris le mois du Grand Prix, et pour se rencontrer avec elle les d'Unières avaient choisi la fleur de leurs amis, l'hôtel avait pris son air de gala et les serres de Chambrais s'étaient vidées dans les appartements et dans le jardin de la rue Monsieur.

Quand le comte revint de la Chambre où il y avait une séance importante, il trouva Ghislaine déjà habillée et installée dans le grand salon prête à recevoir ses invités: ce soir-là, elle avait renoncée à ses habitudes de simplicité, et portait une robe de crêpe de Chine blanc brodé d'or qu'elle mettait pour la première fois.

A quelques pas d'elle le comte s'arrêta pour la regarder, pour l'admirer:

—Comme cette robe te va bien, dit-il, elle est faite pour ta beauté brune; c'est une merveille d'harmonie.

Le premier coup d'oeil avait été, comme toujours, pour l'admiration, mais le second fut pour la critique:

—Comment, pas un bijou, dit-il, c'est trop de simplicité pour nos hôtes.

—Oh! en cette saison, répondit-elle surprise de cette observation, la première de ce genre qu'il se permît depuis dix ans.

—Aujourd'hui que nous recevons les Infants il n'y a pas de saison; je ne te demande pas de te charger de diamants, mais tu pourrais mettre ton collier de perles qui sur tes épaules, éclairé par les reflets noirs de tes cheveux et l'or de la bordure de ton corsage, produira un effet superbe.

Elle restait interdite.

—As-tu des raisons pour ne pas mettre ce collier? demanda-t-il en l'examinant.

—Quelles raisons?

—Eh bien! alors, fais-moi ce plaisir, c'est sérieusement que je te le demande; non seulement par égard pour nos invités, mais encore pour mon agrément.

Elle pensa à dire que le collier n'était pas en état, mais le comte prévint cette objection:

—Il est en bon état, puisque Marche et Chabert ont dernièrement réparé le fermoir.

Toute résistance était impossible.

—Je vais le mettre, dit-elle.

Elle monta à son cabinet de toilette, soumise à la fatalité.

—C'est la punition qui commence, se dit-elle en l'accrochant, où s'arrêtera-t-elle? C'est mon premier mensonge, dans combien d'autres serai-je encore entraînée?

Elle se regarda dans la psyché, mais son trouble la rendait incapable de voir si la fausseté des perles sautait aux yeux. Il lui semblait que, si l'on n'était pas prévenu, on pouvait les croire vraies, alors surtout qu'on ne les examinerait pas de très près. Seulement ne se laissait-elle pas influencer par les éloges que le bijoutier s'était lui-même décernés? Et ne les voyait-elle pas telles qu'elle voulait qu'elles fussent?

Il fallait redescendre, car les invités allaient arriver, et il fallait aussi se donner une assurance qui lui permit de ne pas se troubler quand elle verrait les regards s'attacher, comme toujours, sur son collier qui ne manquait jamais son effet. Ordinairement, ces regards la gênaient plus qu'il ne la flattaient; que serait-ce ce soir là?

En effet, chaque fois que, pendant le dîner et la soirée, elle sentit les yeux s'attacher sur elle un peu plus longtemps qu'il n'était naturel, croyait-elle, elle s'imaginait qu'on était frappé par l'étrangeté de ses perles et qu'on se demandait d'où elles provenaient: les hommes, pour la plupart, ne se connaissent guère en bijoux, mais combien de femmes en remontreraient aux joailliers! Elle ignorait si parmi ses convives il ne s'en trouverait pas une en état de deviner son mensonge. C'est dans leur amour-propre que tremblent les femmes qui ont la faiblesse de porter des bijoux faux, elle, c'était dans son amour et dans son honneur.

A un moment de la soirée, elle éprouva une émotion qui la paralysa: une de ses cousines, une jeune Espagnole, qui faisait son voyage de noces, porta la main sur le collier:

—Oh! ma cousine, que je suis contente de voir votre collier; j'en avais bien entendu parler par maman, mais je n'imaginais pas qu'il fût si beau, laissez-moi le regarder de près.

Elle ne pouvait pas refuser; heureusement elle était jeune, la cousine, et elle ne devait pas avoir de fortes connaissances en joaillerie, étant sortie du couvent pour se marier; et puis, comment soupçonnerait-elle que ce collier dont on parlait tant pouvait être faux? C'était à travers son histoire et la tradition qu'on le regardait, non à travers la réalité.

C'était là surtout qu'elle devait trouver une raison pour se rassurer et prendre confiance.

Cependant quand la soirée se termina et que les derniers convives partirent, elle fut grandement soulagée; enfin elle était sauvée; tout au moins l'était-elle pour cette fois; et après cette épreuve, si l'hiver prochain elle devait le mettre encore «par ordre», elle serait moins inquiète.

Montée dans sa chambre, elle le défit tout de suite pour le réintégrer dans l'écrin où elle espérait bien le tenir longtemps renfermé; mais au moment où elle allait ouvrir cet écrin, elle entendit le pas de son mari; alors, instinctivement, comme si elle était en faute, elle posa le collier sur une table en malachite et le recouvrit du fichu de dentelles dans lequel elle s'était enveloppé les épaules en sortant du salon.

—Vous vous déshabillez? dit-il.

—Oui.

—Eh bien! je vais attendre, nous causerons tout à l'heure; ne vous pressez pas; j'ai à lire ce paquet de lettres qu'on vient de me remettre.

Elle passa dans son cabinet, n'osant pas prendre le collier qui d'ailleurs, était bien caché, croyait-elle.

Le comte s'assit auprès de la table, sur laquelle était posée une grosse lampe en bronze, et il ouvrit une de ses lettres. Mais comme il se trouvait en dehors du rayon de la lumière, il se leva et prit la lampe pour la rapprocher.

En la reposant, une des trois griffes qui formaient le pied rencontra un coin du fichu et il se produisit un petit bruit sec comme celui d'une fracture.

Qu'avait-il donc cassé?

Il enleva le fichu et trouva le collier étalé sur la malachite; il avait écrasé deux perles.

Son premier mouvement fut du dépit et du chagrin.

—Quel maladroit je fais, se dit-il, et comme Ghislaine va être désolée; son collier.

Mais il s'arrêta surpris; si peu versé qu'il fût dans l'art de la joaillerie, il savait que les perles sont formées d'une matière nacrée, compacte, solide, résistante, qui ne s'écrase pas sous le pied d'une lampe, si lourde que soit cette lampe.

Alors, qu'est-ce que cela voulait dire?

Il resta un moment interdit, ne comprenant pas.

Puis, ramassant les morceaux des perles, il les prit dans sa main, les examina. Mais il n'y vit rien de particulier; et cependant il y avait là quelque chose d'étrange et de mystérieux.

Sa première pensée fut d'entrer dans le cabinet de toilette pour raconter cette aventure à Ghislaine; mais il avait déjà fait deux pas, quand il s'arrêta, revint à la table, égalisa les perles de façon à ce que le vide qu'il avait fait disparût, et recouvrit le collier avec le fichu.

VIII

Quand Ghislaine rentra dans sa chambre, elle trouva son mari assis auprès de la table, lisant ses lettres sous la lumière de la lampe.

Contrairement à ce qui avait toujours lieu, il ne leva pas les yeux pour la voir venir: au contraire, il resta absorbé dans sa lecture.

Elle attendit un moment, et comme il lisait toujours, elle se mit au lit.

C'était en effet l'habitude que, quand ils allaient dans le monde, ou quand ils recevaient, il vint passer quelques instants dans sa chambre; couchée, il s'asseyait sur une chaise basse auprès de son lit, elle tournait la tête de son côté, il lui prenait la main dans les siennes et ils causaient longuement, se disant l'un l'autre ce que les exigences du monde ne leur avaient pas permis de se communiquer dans la soirée: douces confidences qui se prolongeaient tard souvent, car après avoir commencé par les autres, ils en arrivaient bien vite à eux mêmes, et alors ils n'en finissaient plus.—Va-t'en, disait-elle.—Quand tu dormiras.—Je dormirai quand tu seras parti.—Je partirai quand tu dormiras. Parfois sous son regard, sa main dans les siennes, elle s'endormait. Et comme elle ne se levait jamais sans qu'il fût entré dans sa chambre, il arrivait quelquefois que le lendemain, en ouvrant les yeux, elle trouvait ceux de son mari attachés sur elle, comme s'il avait passé toute la nuit près d'elle à la regarder dormir.

Mais ce soir-là, il ne vint pas tout de suite prendre sa chaise basse.

—Est-ce que ces lettres contiennent des choses graves? demanda-t-elle après avoir attendu un moment.

—Des ennuis.

—Quels ennuis?

—Comme toujours, des demandes qu'il est impossible de satisfaire.

C'était une réponse, mais elle n'était pas suffisante pour expliquer cette préoccupation subite: pendant le dîner et la soirée, elle avait à chaque instant rencontré ses regards pleins d'une tendre fierté qui la suivaient, et voilà que tout à coup, alors qu'ils étaient libres, il s'enfermait dans cette attitude étrange. Qu'avait-il donc, et pourquoi ce brusque changement?

Il vint cependant s'asseoir auprès d'elle, mais au lieu d'une causerie affectueuse et abandonnée où celui qui parlait exprimait les idées de l'autre en même temps que les siennes propres, ils ne s'entretinrent que de choses banales, et au bout de peu de temps il la quitta pour rentrer chez lui. A peine avait-il fermé la porte qu'elle descendit doucement de son lit, et allant à la table, guidée par la faible lumière de la veilleuse, elle mit le collier dans l'écrin, un peu à tâtons, mais avec précaution pour ne pas faire de bruit.

Une fois seul, le comte avait tâché de réfléchir et de se retrouver; mais dans sa tête troublée, aucune réponse n'arrêtait les questions qui s'y heurtaient les unes contre les autres, et toujours il revenait à la même conclusion qui était que les perles vraies ne peuvent pas s'écraser ainsi.

Ce qui les compliquait et les rendait pour lui tout à fait mystérieuses, c'est que six semaines auparavant le collier avait été remis aux bijoutiers Marche et Chabert pour une réparation au fermoir, et que par conséquent il semblait raisonnable d'admettre qu'à ce moment toutes les perles étaient vraies, sans quoi ces bijoutiers n'auraient pas manqué de signaler celles qui étaient fausses—leur responsabilité se trouvant engagée.

Était-il possible que l'ouvrier chargé de la réparation eût substitué une ou plusieurs perles fausses aux vraies qu'il aurait détournées? Il se le demandait, mais sans croire beaucoup à cette explication.

Cependant, comme cela n'était ni invraisemblable ni impossible, le plus sage était de ne pas lâcher la bride à l'imagination, sans avoir préalablement fait une enquête de ce côté.

Le lendemain matin, avant le déjeuner, il se rendit chez les bijoutiers, et il les trouva tous les deux dans leur magasin, surveillant l'ouverture des caisses dans lesquelles les commis prenaient les bijoux qu'on devait mettre en montre ce jour-là.

Il passait rue de la Paix par hasard et, se trouvant devant le magasin, il était entré pour payer la réparation du collier de perles de madame d'Unières.

—Madame la comtesse a payé elle-même cette réparation.

Il le savait, mais il n'avait pas trouvé d'autre prétexte que celui-là qui lui permît de parler du collier.

—Il va bien, le collier? dit-il d'un air indifférent.

Les deux associés se regardèrent.

—J'entends, continua le comte, que les perles sont toujours en bon état?

—Mais, sans doute.

—Est-ce que les perles ne sont pas sujettes à des maladies et ne perdent pas leur beauté en vieillissant?

—Elles meurent; mais celles de madame la comtesse d'Unières n'en sont pas là, il s'en faut; jamais elles n'ont été plus belles. Quand la réparation a été faite, nous avons laissé le collier dans son écrin ouvert, sur cette table, et elles ont fait l'admiration de toutes nos clientes qui les ont vues. Je suis sûr que madame la comtesse d'Unières exposerait son collier au profit d'une oeuvre de charité, qu'à lui seul il ferait recette.

—Vous croyez?

—Incontestablement. Sans doute il y a des perles plus grosses; mais pour mon compte, je n'en connais pas une réunion plus parfaite; quatre cents perles pareilles sans qu'une seule soit inférieure aux autres, cela ne se voit pas tous les jours; je les ai regardées moi-même une à une avant de renvoyer le collier, et pour un homme du métier c'était une jouissance.

Ainsi, quand le collier était sorti des mains de ces bijoutiers, toutes les perles étaient vraies; c'était donc depuis ce moment que la fraude avait eu lieu.

Il restait au comte une question à poser.

—Est-il possible qu'un de vos employés ait substitué des perles fausses aux perles vraies?

Mais cette question était un aveu en même temps qu'une accusation: l'aveu qu'il avait découvert des perles fausses dans le collier de la comtesse, l'accusation contre celui des commis qui avait porté l'écrin de la rue de la Paix à la rue Monsieur, et qui serait coupable de cette fraude.

Elle était donc impossible à tous les points de vue, et il devait s'en tenir à ce qu'il avait obtenu.

Quand il fut sorti, les deux associés passèrent dans leur cabinet et, la porte fermée, en même temps ils s'interrogèrent du regard d'abord, puis franchement?

—Marche?

—Chabert?

—Ça vous parait naturel tout cela?

—Le mari qui entre par hasard.

—La femme qui vend ses anciens bijoux pour faire de leur produit un emploi secret.

—L'embarras de l'un.

—La confusion de l'autre.

—C'est-à-dire que moi, s'il s'agissait d'une autre femme que de madame d'Unières, je dirais ça y est.

—Et moi je dirais que le collier a été vendu comme les anciens bijoux.

—A qui?

—Pourquoi pas à nous!

—Voilà qui n'est pas juste.

—Nous, nous la connaissons.

—Nom de nom, pourvu que ce ne soit pas à Freteau.

—On les aura envoyées à Londres.

—C'est égal, si les perles viennent dans le commerce, je les reconnaîtrai.

—Le joli, ce serait de les revendre au comte, car enfin un collier comme celui-là ne peut pas disparaître sans que l'honneur de la famille soit engagé.

—Je vais écrire à Londres.

—Quand Jacob et Van Meulen viendront, il faudra leur en parler.

Le comte rentra plus perplexe, plus angoissé qu'il ne l'était en sortant le matin, car avant d'aller chez ces bijoutiers, il pouvait croire que les perles fausses se trouvaient depuis longtemps dans le collier, depuis toujours peut-être, tandis que maintenant, à moins d'accuser Marche et Chabert d'être des voleurs ou des ignorants, il fallait reconnaître qu'elles n'y avaient été introduites que depuis la réparation du fermoir.

Si la question de la date semblait résolue, l'autre, celle du «comment», restait entière, et même elle s'était aggravée en se limitant, puisqu'il était démontré que le collier ne se composait que de perles vraies quand il avait été remis à Ghislaine, des mains de laquelle il n'avait pas dû sortir.

Cela était si grave, qu'il revint en arrière, sans oser aller plus loin.

Jusque-là il avait raisonné en partant de ce point que les perles s'étaient écrasées parce qu'elles étaient fausses, et que, si elles avaient été vraies, elles auraient résisté au coup porté par la lampe. Mais ce point était-il indiscutable? Il le croyait. En réalité, il ne le savait pas d'une manière certaine: il supposait que des perles ne devaient pas s'écraser, mais si elles avaient un défaut caché, si elles étaient malades, ou même si elles étaient mortes, ne pouvaient-elles pas être brisées par un choc lourd comme celui d'une grosse lampe, se produisant sur une matière dure telle que la malachite formant enclume?

C'était cela maintenant qui avant tout devait être élucidé, et un seul moyen se présentait d'aller au fond des choses, sans laisser place au doute et aux tergiversations, c'était de soumettre le collier à l'examen d'un bijoutier ou d'un expert—ce qu'il ferait.

Après le déjeuner, au lieu de retourner à Chambrais avec Ghislaine, il resta seul à Paris, quand elle fut partie, ouvrant le coffre-fort, dont ils avaient chacun une clé; il prit le collier, qu'à cause de la dimension de l'écrin on ne serrait pas dans le coffret aux bijoux, et s'en alla chez un des grands joailliers du Palais Royal, qui devait ne pas le connaître.

Là, il n'y avait besoin ni de finesse ni de réticence. Il apportait un collier pour qu'on remplaçât deux perles qui manquaient.

Le commis auquel il s'adressa ouvrit l'écrin, mais presque tout de suite il le referma:

—Ce n'est pas un travail pour notre maison, dit-il.

—Vous ne vous chargez pas des réparations? demanda le comte que la fermeture de l'écrin avait péniblement impressionné.

—Mon Dieu, oui, à la rigueur, mais nous ne faisons pas le faux.

—Ah!

—Vous trouverez, sous la galerie à côté, trois maisons plus bas.

Le mot qui était venu aux lèvres du comte était «Vous êtes certain que ces perles sont fausses» mais il l'avait retenu; ce bijoutier ne pouvait pas se tromper, la rapidité avec laquelle il avait refermé l'écrin prouvait que le doute même n'était pas possible pour un homme du métier.

Et cependant, poussé par le besoin de ne pas croire, il voulut entrer dans le magasin qu'on lui avait indiqué; l'enseigne écrite sur la glace de la devanture était trop tentante: «Fabrique de perles et de bijoux»; c'était bien des perles fausses qu'on vendait dans cette maison qui les fabriquait.

Sa demande fut la même que chez le premier bijoutier: pouvait-on remplacer les deux perles qui manquaient au collier par des perles exactement pareilles; et la réponse fut celle qu'il attendait, mais que tout en lui repoussait:

—Rien n'est plus facile; seulement, pour avoir un travail parfait, il faut fabriquer les perles exprès, et cela demandera quelques jours.

Ne pouvant pas accorder ces quelques jours, il sortit, au grand étonnement du fabricant qui se demanda s'il avait affaire à un fou.

Fou, il l'était, en effet; ses idées se heurtaient dans sa tête, le ramenant toujours au même point, celui sur lequel, précisément, il ne voulait pas s'arrêter: les perles étaient vraies en sortant de chez Marche et Chabert; elles étaient devenues fausses depuis ce moment, et quand il avait demandé à Ghislaine de mettre ce collier; il avait rencontré une résistance inexplicable.

S'expliquait-elle maintenant?

Non, car assurément il y avait là un mystère qu'elle éclaircirait cependant d'un mot.

Mais comment le provoquer, ce mot? Comment lui adresser une question qui était un doute et un outrage?

Son amour, sa foi en elle, le bonheur qu'elle lui avait donné depuis dix ans, les vertus d'une vie exemplaire de droiture et de dignité, tout se dressait devant lui pour l'arrêter.

Toute la journée il balança le parti à prendre: depuis dix ans, il s'était si bien habitué à ne rien décider tout seul.

Quand il rentra tard dans la soirée à Chambrais, il la trouva l'attendant; alors, il lui annonça que le lendemain matin, à la première heure, il était obligé de partir pour son département, où son comité l'appelait d'urgence.

Il n'avait trouvé que cela: se reconnaître; gagner du temps; ne rien livrer aux hasards du premier mouvement.

Elle fut stupéfaite; mais elle s'efforça de n'en rien laisser paraître et de cacher son émotion.

IX

Le comte parti, Ghislaine avait été passer la matinée avec Claude, s'imaginant que près de sa fille, s'occupant, jouant, causant avec elle, elle cesserait de chercher la cause de ce départ, et aussi celles de ces changements dans l'humeur de son mari, pour la première fois inégale et bizarre depuis dix ans.

Mais au lieu de la distraire, l'enfant l'avait toujours ramenée à la même pensée, étant elle-même, la pauvre petite, la cause première de tout ce qui arrivait.

D'ordinaire, lorsqu'il partait, elle restait à Chambrais désorientée, désoeuvrée, l'esprit vide, ne sachant que faire, refusant d'aller à Paris, attendant l'heure où elle vivrait en lui écrivant de longues lettres toutes pleines de tendresse; mais ce jour-là si son désoeuvrement était le même, l'inquiétude enfiévrait son esprit bouleversé.

Ce n'était point de cette façon qu'il procédait quand un voyage l'obligeait à une séparation: à l'avance il la prévenait en lui expliquant les raisons qui semblaient rendre ce voyage indispensable, il la consultait; et le plus souvent c'était elle qui, en fin de compte, le forçait à partir. Pourquoi, cette fois, avait-il agi comme s'il se sauvait et la fuyait?

Comme elle se débattait contre des suppositions sans rien trouver de raisonnable, un valet de chambre lui remit une carte sur laquelle elle lut: «Prince N. Amouroff.»

Elle ne connaissait pas ce nom qui ne lui disait rien.

—Vous avez donc dit que j'étais visible? demanda-t-elle contrariée.

—La personne qui m'a remis cette carte savait que madame la comtesse était au château; j'ai cru qu'elle était attendue.

Ghislaine, dans l'état d'agitation où elle se trouvait, n'était pas disposée à recevoir; mais pensant que ce prince Amouroff venait sans doute pour voir son mari, elle ne voulut pas le renvoyer, le voyage de Paris à Chambrais méritant quelques égards.

Elle était à ce moment dans la bibliothèque, assise dans le fauteuil de son mari, devant la table de celui-ci, se préparant à lui écrire en se servant de sa plume et de son buvard.

—Où est cette personne? demanda-t-elle.

—Dans le salon d'attente.

Elle sortit de la bibliothèque, et traversant le vestibule, précédée du valet qui ouvrait la porte, elle entra dans ce salon.

Celui qui l'attendait se tenait devant une fenêtre, regardant dans le jardin, il se retourna: c'était Nicétas.

Elle retint un cri:

—Vous!

Malgré sa stupéfaction et sa frayeur, elle eut la force de lui montrer de la main le salon faisant suite à celui où ils se trouvaient, et il la suivit.

—Vous ne deviez pas vous représenter ici, dit-elle lorsque sa voix ne dut plus être entendue du vestibule.

—Bien que je n'ai pas pris d'engagement à cet égard, je le voulais, en effet; les circonstances en ont décidé autrement; c'est pour atténuer autant que possible les inconvénients de cette nouvelle visite que je me suis présenté sous mon nom.

—Votre nom!

—Celui de mon père, le mien, par conséquent, comme je puis vous l'expliquer et vous le prouver si vous le désirez.

—C'est inutile, car ce n'est pas là, je pense, le but de cette visite.

—Pas précisément, bien que cela fût peut être à propos, mais enfin, passons; je serai à votre disposition quand vous voudrez savoir ce qu'est le père de votre fille, pour vous donner tous les renseignements que vous me demanderez. En ce moment ce que vous voulez savoir, je le vois à votre impatience inquiète, c'est le motif qui m'amène.

Elle fit un signe de tête.

—En deux mots le voici! je n'ai pas trouvé à vendre les perles que vous m'avez remises: à Londres, à Amsterdam, où je me suis rendu, on ne m'en a offert que cent cinquante mille francs au plus; il y a donc loin de ce chiffre maximum à celui que vous m'aviez annoncé; il s'en manque juste de cent mille francs pour parfaire la somme fixée entre nous; dans ces conditions, je viens vous demander ce que vous décidez; voulez-vous que je vous rende les perles pour que vous les vendiez vous-même, ce qui vous serait peut-être plus facile qu'à moi, surtout si vous rétablissez le collier dans son état, avec son fermoir, ou bien êtes-vous disposée à parfaire la somme manquante?

Elle n'eut pas la naïveté de se laisser prendre à cette histoire qui, certainement, n'avait été inventée que pour lui soustraire cent autres mille francs.

—C'est impossible, dit-elle nettement.

—Qu'est ce qui est impossible?

—Ce que vous demandez.

—Je demande deux choses ou plutôt l'une des deux ou vous reprenez les perles et vous me payez deux cent cinquante mille francs, ou je les vends moi-même cent cinquante mille francs et alors vous me payez cent mille francs seulement.

—Je n'ai pas les cent mille francs.

—Vous les trouverez.

—C'est impossible.

—Vraiment impossible?

—Absolument.

—Vous êtes certaine qu'avec un peu de bonne volonté et quelques efforts vous ne réussiriez pas à trouver ces cent mille francs?

—Ni efforts, ni bonne volonté, rien ne me les procurerait.

Elle dit cela avec une fermeté qui devait lui prouver que toute insistance était inutile.

Cependant il ne s'en montra ni embarrassé, ni fâché.

—Puisqu'il en est ainsi, il ne me reste qu'à vous rendre vos perles...

Elle respira.

—... Et à reconnaître ma fille.

Ce fut elle qui laissa paraître son émotion.

—Aussi bien, dit-il en continuant, c'est la solution naturelle, celle que je voulais, parce qu'elle était conforme aux désirs de mon coeur en même temps qu'aux règles légales, et dont je n'ai été détourné que par votre intervention; vous voyez que j'avais raison et que ma faiblesse n'aurait pas dû se laisser toucher.

Elle le regardait éperdue, cherchant à démêler dans son accent et dans son attitude s'il parlait sincèrement ou s'il ne voulait pas plutôt par cette menace l'intimider, et l'amener ainsi à payer ces cent mille francs.

Mais il semblait impénétrable: sa tenue était d'une correction désespérante, il ne faisait pas un geste inutile, sa parole, calme et froide, n'avait aucun accent, ni de colère, ni de reproche.

Il continua:

—Un de ces jours, je vous rapporterai vos perles; quant aux cinquante mille francs que vous m'avez versés, je pense, que vous voudrez les offrir à votre fille; j'avoue que pour elle ils seront les bienvenus, car sans eux, jusqu'à ce que j'aie pu réaliser certaines affaires de succession, elle serait exposée, pendant les premiers mois au moins, à une vie un peu dure, dont elle aurait à souffrir.

—Alors, pourquoi voulez-vous la prendre, si vous ne pouvez pas lui assurer la vie que son état de santé exige pour elle?

—Et vous, madame, pourquoi ne voulez-vous pas la garder, et par un sacrifice d'argent lui assurer cette vie?

—Parce que je ne le peux pas.

Il eut un geste de dignité blessée et d'impatience:

—Voila un débat extrêmement pénible, qu'il ne serait convenable ni pour vous ni pour moi de prolonger.

Il se leva.

De la main, elle l'arrêta.

—Ne partez pas, dit-elle.

—Et que voulez-vous, madame?

—Que vous compreniez qu'en disant qu'il m'est impossible de trouver ces cent mille francs, je confesse la vérité.

—Je le comprendrai, ou tout au moins je le croirai si vous le voulez, madame, mais vous conviendrez qu'il est difficile d'admettre qu'une femme dans votre position, que la comtesse d'Unières, que la princesse de Chambrais soit arrêtée par une aussi misérable somme.

—C'est justement parce que je suis comtesse d'Unières qu'il m'est impossible de me la procurer. Pour les cinquante mille francs que vous avez touchés, j'ai vendu les bijoux dont je pouvais me défaire. Pour les perles qui sont entre vos mains, j'ai détruit un collier que tout le monde connaît, et que sa notoriété même m'impose si bien, qu'il est certaines réunions dans lesquelles je ne puis pas paraître sans le porter. Il m'est impossible de faire davantage. Une femme mariée ne dispose pas de sa fortune, vous le savez; et si cent mille francs sont une misérable somme pour vous, pour moi, c'en est une considérable que je n'ai pas et que je ne peux pas emprunter.

—Alors, restons-en là.

De nouveau il se leva.

Le couteau sur la gorge, elle sentait que si elle le laissait partir, elle aurait à subir quelque nouvelle attaque, qui, dans les conditions où elle se trouvait, pouvait tout perdre; elle devait donc ne reculer devant rien pour l'empêcher; Claude d'un côté, de l'autre son mari, elle était aux abois.

—Si je ne puis pas vous verser cette somme, dit-elle, je pourrais au moins vous en payer l'intérêt, un gros intérêt, et je prendrais l'engagement de vous remettre tous les ans dix mille francs.

Il prit un air indigné.

—Ces marchandages me sont très pénibles, dit-il, cent mille francs ou ma fille.

—Je vous répète qu'à aucun prix je ne puis trouver ces cent mille francs; pour les cinquante milles et les perles, je me suis déjà mis dans une situation pleine de dangers, peut-être même désespérée...

—D'où viennent ces dangers? interrompit-il.

—De mon mari.

—Et vous croyez que c'est parce que les soupçons et la jalousie de M. d'Unières sont éveillés que je vais m'incliner devant vos scrupules? Non, madame, non. Si quelque chose peut me pousser à persister dans ma demande, ce sont ces soupçons mêmes. Jaloux, M. d'Unières, inquiet, tourmenté, amené à chercher ce qui se passe, à le trouver, et que puis-je souhaiter de mieux? Un procès s'engage, une séparation en résulte, un divorce, un scandale, mais c'est précisément ce qu'il me faut.

Elle poussa un cri étouffé.

—Vous n'avez donc pas compris que je vous aime, que je n'ai pas cessé de vous aimer, que je suis aujourd'hui l'homme que j'étais il y a douze ans, et vous savez que pour vous avoir je ne recule devant rien.

Elle s'était levée, et debout, adossée à la cheminée, elle avait pris le cordon de la sonnette.

—Vous n'avez rien à craindre, reprit-il. Dans votre intérêt, je vous engage à écouter ce que j'ai à dire. Que votre mariage avec M. d'Unières soit rompu à la suite du scandale que provoquerait un procès, vous me trouvez prêt à vous épouser, et notre fille grandit entre son père et sa mère. Celui qui vous fait cette proposition, ce n'est pas Nicétas, le pauvre musicien, c'est le prince Amouroff, et ce nom, qui vaut bien celui d'Unières, n'est pas au-dessous de celui des Chambrais; ce n'est pour vous ni une mésalliance ni une déchéance; ma famille a occupé et occupe encore de grandes charges auprès de l'Empereur, à la Cour et dans le gouvernement; les raisons qui m'empêchaient dans ma jeunesse de porter mon nom et mon titre n'existent plus et j'ai pu reprendre l'un et l'autre; je vous les offre; pour votre fille c'est une grande situation, pour moi c'est le bonheur, pour vous c'est l'amour, c'est l'adoration d'un homme qui sera votre esclave.

Tout en parlant il l'examinait; la femme qu'il avait devant lui n'était plus du tout celle qu'il avait vue depuis son retour, tremblante sous la menace, affolée par la peur, paralysée par la honte; elle s'était redressée, le regard fier, l'attitude résolue, et il la retrouvait, telle qu'elle était le soir où il l'avait obligée à sortir de sa chambre.

—Vous avez eu raison de vouloir que je vous écoute, dit-elle, puisque vos paroles sont les dernières que j'entendrai de vous. Vous avez cru qu'elles m'intimideraient et me mettraient à votre merci; elles m'ont donné enfin le courage et la dignité de la résistance. Faites ce que vous voudrez, réalisez vos menaces si vous l'osez, vous me trouverez prête à défendre ma fille et mon honneur le front haut.

Elle sonna.

X

Décidé à livrer bataille, Nicétas ne voulait pas s'engager à la légère: il fallait que chaque coup portât; et pour cela il avait besoin des conseils du vieux crocodile.

Depuis la visite où celui-ci lui avait proposé de partager ce que son habileté obtiendrait, il n'était pas allé le voir; à quoi bon? La lutte se passant entre Ghislaine et lui, il n'avait besoin du concours de personne; mais maintenant la loi devant intervenir, il trouvait opportun et prudent de recourir aux conseils du vieil homme d'affaire.

En rentrant à Paris il se fit conduire rue Sainte-Anne; l'unique clerc que Caffié employait était déjà parti, et au coup de sonnette que Nicétas tira sans trop d'espérance de voir la porte s'ouvrir, ce fut le crocodile lui-même qui parut, car, arrivé le premier à son cabinet, il en partait le dernier, n'ayant pas d'autres plaisirs que le travail.

Il n'avait fait qu'entrebâiller la porte qu'il tenait de la main et du pied:

—Que voulez-vous? demanda-t-il d'un ton bourru.

Il n'aimait pas en effet à recevoir ses clients quand il était seul, plusieurs ayant eu la main trop leste.

—Vous ne me reconnaissez pas? dit Nicétas, je vous ai été recommandé par le baron d'Anthan.

—Pour une reconnaissance d'enfant naturel; entrez.

Mais cet: entrez... Caffié ne le dit qu'après avoir toisé son client. Certainement, Nicétas eût eu la même tenue qu'à la première visite qu'il n'eût point été reçu à cette heure, quand le clerc n'était plus là pour protéger son patron.

—Je vois avec plaisir que vous avez mis à profit le temps de la réflexion, dit Caffié en l'examinant avec un sourire approbatif; que puis-je pour vous?

—Me donner un conseil, ou plutôt une consultation.

—Ah! c'est une consultation que vous demandez?

—Précisément cela et rien de plus.

—Je suis à la disposition de mes clients, dans les limites qu'ils fixent eux-mêmes, dit Caffié qui savait que, le premier pas franchi, il conduirait son client, celui-là comme les autres, où il lui plairait.

—Voilà la situation: j'ai fait une tentative pour que ma fille me soit remise.

—Auprès de qui?

—Auprès de la mère.

—Seule? en arrière du mari?

—Seule; je n'allais pas mêler le mari à l'affaire sans savoir si oui ou non je pouvais m'entendre avec la mère.

—Pas mal; et vous ne vous êtes pas entendu avec la mère?

—Nous avons cessé de nous entendre.

—Au premier mot? demanda Caffié, qui, comprenant très bien ce qui se cachait sous ces paroles discrètes, devinait à peu près comment les choses avaient dû se passer: la nouvelle tenue de son client, comparée à l'ancienne, n'était-elle pas un indice auquel il ne pouvait pas se tromper?

—Non, à la longue.

—Par suite de mauvaise volonté ou d'impossibilité? Les femmes ne font pas ce qu'elles veulent, elles ont les mains liées; et c'est une sage précaution du législateur, sans quoi on les conduirait loin.

—Elle a précisément les mains liées.

—Enfin elle a fait ce qu'elle a pu?

—Je n'ai pas à me plaindre d'elle.

—Allons, tant mieux, mon cher monsieur, tant mieux! Et maintenant vous jugez le moment venu de faire intervenir le mari?

—Justement.

—Vous m'avez dit, je crois me rappeler, qu'il est riche, ce mari?

—A son aise.

—Vous ne voulez pas préciser; comme il vous plaira, mon cher monsieur; quand vous me connaîtrez mieux, vous verrez que je ne pose jamais de questions inutiles; enfin il est en état de prendre *hic et nunc* une certaine somme dans ses affaires sans en être gêné?

—Oui.

—Et il est considéré?

—Très considéré.

—Aime-t-il sa femme?

—Passionnément.

—Bien entendu il ignore qu'avant son mariage madame a éprouvé un accident?

—Jamais le plus léger doute n'a effleuré sa confiance de mari.

—Les circonstances sont excellentes. Et maintenant vous voulez votre fille, dites-vous?

—J'oubliais un point: comme vous l'aviez prévu, l'enfant ne jouira qu'à sa majorité du revenu de la fortune qui lui a été léguée.

—Et cela ne change rien à vos intentions, au contraire, n'est-ce pas? donc, vous êtes disposé à réclamer l'enfant?

—Ce sont les formalités à remplir pour organiser cette réclamation que je viens vous demander.

—C'est bien simple: demain, vous vous présenterez chez un notaire et vous ferez dresser un acte de reconnaissance dans lequel vous indiquerez la mère; puis vous notifierez votre reconnaissance au tuteur avec sommation d'avoir à vous remettre votre fille. Alors nous verrons venir. Et même peut-être n'arriverez-vous pas à la notification. Pour cela, il n'y aurait qu'à vous adresser, pour l'acte de reconnaissance, au notaire de la famille, si vous le connaissez.

—J'ai connu celui de la femme, c'est-à-dire que j'en ai entendu parler autrefois.

—Vous avez retenu son nom?

Nicétas hésita un moment.

—Oh! mon cher monsieur, si vous voulez faire des cachotteries, ne vous gênez pas, tous les clients en font. Seulement, je vous préviens charitablement qu'il arrive un moment où ils s'en repentent, et souvent il est trop tard; je ne veux pas forcer vos confidences, mais vous devez comprendre que dans une affaire aussi délicate, pour vous donner de bons conseils, j'aurais besoin de tout savoir; elle ne va pas aller toute seule, votre affaire; on se défendra, on vous tendra des pièges, et si vous n'avez personne à côté de vous, je vous l'ai déjà dit, je crois, vous serez roulé; alors vous m'appellerez à votre secours et vous m'en conterez long; commencez donc par là tout de suite; c'est le plus simple et le plus court.

—Je cherche ce nom dont je ne suis pas sûr.

—Cherchez sur le tableau, dit Caffié en désignant de la main une affiche blanche attachée au mur par deux épingles; en voyant le nom vous le retrouverez plus facilement.

Le voilà: Le Genest de la Crochardière.

—Un scrupuleux, vieille école, c'est tomber à pic. Allez donc le voir demain, entre dix et onze heures. Demandez à l'entretenir pour une affaire particulière. Faites-lui part de votre intention de reconnaître votre fille, avec insertion dans l'acte du nom de la mère, en vue de poursuivre plus tard la recherche de la maternité; et insistez sur ce point; c'est l'essentiel.

—Je comprends.

—Le vieux notaire vous fera des observations, vous présentera des objections: ne répondez rien, mais notez tout ce qu'il vous dira de façon à me le rapporter exactement; s'il trouve des prétextes pour ne pas dresser l'acte séance tenante, n'insistez pas, c'est qu'il voudra soumettre l'affaire à ses clients, et ce sera le moment décisif. Vous verrez alors ce que vous aurez à faire: si vous croyez pouvoir discuter seul les propositions que très probablement on vous présentera, ou s'il n'est pas plus sage de demander l'assistance d'un conseil avisé, qui vous signalera les chausse-trapes au milieu desquelles on vous promènera. Vous êtes averti, cela suffit.

Nicétas voulut régler le prix de cette consultation, mais Caffié refusa:

—Tout n'est pas fini; j'ose même dire que rien de sérieux n'est commencé, car je ne considère pas comme sérieux les pourparlers avec la femme, quel qu'en ait été le résultat; c'est à l'entrée en scène du mari que l'intérêt va se développer et qu'il faudra jouer serré; nous ajouterons cette consultation à celle que vous demanderez alors; nous sommes gens de revue.

Le lendemain, entre dix et onze heures, comme Caffié le lui avait conseillé, Nicétas se présenta chez le notaire et demanda à parler à Me Le Genest de la Crochardière en remettant sa carte, celle du prince Amouroff, au clerc qui l'avait reçu.

Malgré ce nom et ce titre, on le fit attendre assez longtemps dans l'étude, le laissant confondu, avec de vulgaires clients qui passèrent avant lui, puis enfin on l'introduisit dans un grand cabinet clair, meublé aussi peu que possible de vieux meubles d'acajou; assis à un bureau ministre, le notaire s'était levé, mais sans quitter sa place, et Nicétas s'était trouvé en face d'un homme à l'air grave, de la vieille école, comme disait Caffié, le visage rasé de frais, cravaté de blanc, vêtu d'une longue redingote noire boutonnée.

De la main il indiqua un fauteuil à Nicétas, et s'étant lui-même assis il attendit.

—C'est pour une reconnaissance d'enfant naturel que je viens réclamer votre ministère, dit Nicétas.

Le notaire s'inclina sans répondre.

—D'une fille dont je suis le père et qui a pour mère une Française, et si je m'adresse à vous, de qui je n'ai pas l'honneur d'être connu, c'est que cette mère est votre cliente et que de plus vous êtes le notaire de l'enfant.

Me Le Genest s'était fait depuis longtemps un masque impénétrable, qui ne traduisait que rarement l'émotion ou la curiosité, mais en entendant cette entrée en matière, il laissa paraître un certain étonnement. Un enfant naturel dont il était le notaire, il n'en voyait qu'un: la pupille du comte de Chambrais, la petite Claude. Il n'était pas non plus dans ses habitudes de se risquer dans des questions compromettantes; cependant, avant d'aller plus loin, il voulut savoir à qui il avait affaire.

—Comme vous l'avez dit, prince, je n'ai pas l'honneur de vous connaître, mais je me suis trouvé, il y a une vingtaine d'années, avec le lieutenant-général, aide de camp général, prince Amouroff, êtes-vous de la famille?

—C'était mon père.

Cela méritait considération, le notaire n'en devint que plus attentif.

—Cette enfant, continua Nicétas, est celle que M. de Chambrais a faite son héritière...

Bien que le notaire eût toujours supposé que M. de Chambrais était le père de Claude, il ne broncha pas: ce n'était pas avec son expérience de la vie qu'il allait s'étonner que deux hommes se crussent le père d'un même enfant; et puis il s'intéressait à cette petite, et il ne pouvait être que satisfait de voir cette reconnaissance lui constituer un bel état civil: la fortune du comte de Chambrais d'un côté, de l'autre le nom du prince Amouroff, elle n'était pas à plaindre vraiment.

Nicétas était arrivé au moment décisif, au coup de théâtre qu'il avait préparé:

—Et la mère, dit-il, est la princesse de Chambrais, aujourd'hui comtesse d'Unières; au moment de la naissance de l'enfant elle n'était pas encore mariée.

Le notaire ne poussa aucune exclamation, mais il saisit des deux mains les bras de son fauteuil, et avec une énergie qui disait sa stupéfaction, il resta ainsi, les yeux collés sur son buvard, sans regarder Nicétas.

—Si je vous demande d'insérer le nom de la mère dans l'acte de reconnaissance, continua Nicétas après un moment de silence, c'est que j'ai l'intention d'intenter prochainement une action en recherche de maternité, qu'il me sera facile de prouver, et qui d'ailleurs s'appuiera sur des présomptions presque aussi fortes qu'un aveu, j'entends les soins donnés à l'enfant par madame d'Unières, sa sollicitude, sa tendresse.

La première pensée du notaire avait été de considérer le prince Amouroff comme un fou, mais le mot recherche de maternité donna un autre cours à ses soupçons: le fou qu'il avait cru n'était-il pas plutôt un intrigant et un coquin qui ne méritait que d'être jeté à la porte?

Au commencement de son notariat, il n'eût pas hésité: «Accuser la princesse de Chambrais d'avoir eu un enfant! Sortez, misérable!»; mais l'expérience de la vie et de sa profession lui avaient appris qu'il est sage de ne jeter les coquins à la porte que lorsqu'ils ont vidé leur sac, et celui-là n'avait qu'entr'ouvert le sien; il fallait voir ce qu'il cachait au fond. Notaire de madame d'Unières et de l'enfant, il devait les défendre.

La fin du petit discours de Nicétas lui avait donné le temps de réfléchir et de reprendre son calme professionnel.

—L'acte que vous demandez ne peut pas être dressé aujourd'hui, dit-il d'une voix parfaitement tranquille.

—Et pourquoi donc? dit Nicétas, qui pensa que décidément le crocodile était bien le malin qu'il se vantait d'être.

—Je n'ai pas l'honneur de vous connaître, c'est vous même qui l'avez dit, et je ne puis recevoir cet acte qu'après que deux témoins auront attesté votre identité. Simple formalité, vous le voyez. Et pour vous, petit ennui; parmi vos amis et dans votre monde, il vous sera facile de trouver ces témoins. Voulez-vous que nous fixions rendez-vous? Demain, après demain, je suis pris toute la journée.—Samedi vous convient-il?

—Parfaitement.

—Alors, samedi à onze heures.

Comme Nicétas se levait, le notaire le retint.

—Votre adresse, je vous prie, pour le cas où j'aurais à vous écrire.

—Champs-Élysées, 44 ter.

XI

Nicétas parti, le notaire appela son second clerc.

—Vous allez tout de suite courir à la Chambre des députés et vous vous arrangerez pour savoir si M. le comte d'Unières doit venir à Paris aujourd'hui.

—Mais à cette heure-ci je ne trouverai personne à la Chambre pour me répondre.

Il fallait vraiment que le notaire fût troublé pour n'avoir pas pensé à cela.

—Alors allez rue Monsieur, peut-être le concierge pourra-t-il vous répondre. Tâchez d'apprendre aussi si la comtesse doit venir; ne perdez pas de temps, prenez une voiture à l'heure; faites cela discrètement.

Comme le clerc allait sortir, il le rappela, car ces instructions pouvaient paraître étranges, et il fallait les expliquer.

—Le bail de la maison de la rue de Rennes est-il préparé?

—Pas encore.

—Eh bien! dites qu'on le prépare de façon à ce que M. le comte d'Unières puisse le signer.

Le clerc ne tarda pas à revenir: M. d'Unières était dans son département depuis deux jours; on ne savait quand il rentrerait; en son absence, la comtesse ne quittait que très rarement Chambrais.

M. Le Genest sonna son valet de chambre.

—Allez me commander tout de suite un coupé à deux chevaux; qu'ils soient bons, la course sera longue; qu'on me serve à déjeuner immédiatement.

Quand le coupé arriva devant la porte, le notaire était prêt, il monta en voiture, et dit au cocher de prendre la route d'Orléans.

En faisant demander, rue Monsieur, si le comte devait venir à Paris, son plan n'était pas d'avertir celui-ci des intentions du prince Amouroff; au contraire; et dans les circonstances critiques qui se présentaient, il lui semblait que le mieux était d'avoir tout d'abord un entretien avec la comtesse seule; après, on verrait ce qu'on devrait dire ou ne pas dire au mari.

Madame d'Unières pouvait-elle vraiment être la mère de cette enfant? Cela lui paraissait difficile à admettre, et même invraisemblable. Cependant, comme il y avait incontestablement des points mystérieux dans la naissance de cette enfant, il fallait, avant de lâcher la bride à l'imagination, tâcher de les éclaircir. Après, on verrait. Méthodique, le vieux notaire n'avait pas l'habitude d'aller tout de suite à l'après en négligeant l'avant, et l'imagination pas plus que l'impatience ne l'emportaient jamais; sa règle de conduite était: «Ne brusquons rien, ni les hommes ni les choses», et il s'en était toujours bien trouvé, pour lui comme pour les autres. A quoi bon tourmenter un mari de suppositions, de soupçons que la femme pouvait peut-être arrêter d'un mot?

De là cette démarche qu'il tentait auprès de madame d'Unières: elle était l'avant, le mari serait l'après, s'il le fallait,—mais seulement s'il le fallait.

Quand il arriva à Chambrais, madame d'Unières n'était pas au château; il insista pour la voir; on lui dit alors qu'elle devait être au pavillon du garde-chef, et il pria qu'on lui portât sa carte sur laquelle il écrivit: «Affaire urgente».

Après une demi-heure d'attente, il vit entrer madame d'Unières qui lui parut profondément troublée; mais précisément parce que ce trouble était caractéristique, il crut à propos de ne pas laisser deviner qu'il le remarquait: dans cet entretien il ne comprendrait, il ne montrerait que ce qu'elle voudrait elle-même qu'il comprît et montrât; s'il recevait les confidences qu'on lui faisait de force, il n'en provoquait jamais aucune, et quand il n'était pas indispensable qu'il les reçût, il s'arrangeait toujours pour les éviter.

—Excusez-moi de vous avoir dérangée, dit-il, avec un salut respectueux et affectueux à la fois; j'aurais voulu attendre votre retour sans vous faire avertir de mon arrivée, mais on m'a dit que vous étiez auprès de la jeune Claude, et pensant que vous pourriez y rester longtemps encore, je vous ai fait porter ma carte.

Il avait préparé cette phrase d'entrée en matière de façon à amener tout de suite le nom de Claude, et rappeler du même coup qu'il savait l'affection qu'elle témoignait à l'enfant; la situation était assez délicate pour qu'il ne négligeât rien de ce qui pouvait en faciliter l'abord; c'était de la prudence, de la légèreté, de la finesse qu'il fallait, et s'il était sûr de ne pas commettre d'imprudence, il ne l'était pas du tout de ne pas tomber dans quelque maladresse.

—C'est justement pour elle que je viens, reprit-il.

Le regard que Ghislaine attacha sur lui fut si éloquent dans son angoisse qu'il détourna les yeux et se hâta de continuer:

—Ayant appris que M. d'Unières était auprès de ses électeurs et concluant de là que selon votre habitude vous ne quitteriez pas Chambrais, j'ai pensé devoir venir moi-même pour vous entretenir d'une visite que j'ai reçue ce matin au sujet de cette enfant.

Il fit une courte pause, car il était arrivé au nom qui devait ou tout apprendre à madame d'Unières ou n'avoir aucun sens pour elle.

—Celle du prince Amouroff, dit-il aussi indifféremment qu'il put.

Il avait évité de la regarder en parlant, et comme elle n'avait laissé échapper aucune exclamation, il ne sut pas l'effet qu'il avait produit.

S'il avait levé les yeux sur elle, il l'aurait vue pâle et défaillante.

Il reprit:

—Le prince venait me demander de dresser un acte par lequel il reconnaîtrait cette enfant pour sa fille.

—Et vous avez dressé cet acte? demanda-t-elle d'une voix à peine perceptible.

—Certes non, madame, ce n'est point mon habitude de rien brusquer.

Elle laissa échapper un soupir de soulagement.

—Quand il s'agissait de dresser un acte dans lequel devait figurer une de mes clientes, je n'allais pas manquer à ce principe, qui a été ma règle de conduite depuis que je suis notaire.

De quelle cliente voulait-il parler? de Claude? de madame d'Unières? C'était ce qu'il se gardait bien de préciser.

—Mais le premier venu peut-il donc reconnaître ainsi un enfant? demanda-t-elle.

Depuis qu'elle était sous le coup de cette menace, elle se posait cette question, qui pour elle était devenue une véritable obsession, sans qu'elle eût pu l'adresser à personne: elle allait donc savoir.

—Parfaitement, répondit le notaire, on peut reconnaître qui on veut, même un enfant qui ne vous est rien, mais qu'on a intérêt à faire sien, par une reconnaissance passée devant un officier de l'état civil, c'est-à-dire un maire, ou devant un notaire. Ainsi la petite Claude étant une riche héritière, vous sentez qu'il peut devenir productif d'être son père, sinon en ce moment puisqu'elle ne jouit pas de ses revenus, au moins pour le jour de sa majorité ou de sa mort.

—Et personne ne peut empêcher cette reconnaissance?

—La prévenir, non; arrêter ses effets, oui. Ainsi, au cas où cette reconnaissance aurait lieu, le conseil de famille pourrait la contester, si réellement le prince n'est pas le père de l'enfant. Nous aurions alors à prouver l'impossibilité et l'invraisemblance d'une paternité mensongère et frauduleuse, invoquée dans un but de lucre; tandis que de son côté le prétendu père aurait à faire la preuve du bien fondé de sa prétention. Ce serait donc un procès avec tout ce qui s'ensuit, publicité, enquête ordonnée probablement par le tribunal et, comme complication, le scandale autour du nom de la mère qu'on aurait fait insérer dans l'acte de reconnaissance, en vue de rechercher la maternité.

C'était une porte qu'il ouvrait à la comtesse. Qu'elle lui demandât si le nom de la mère avait été donné, pour être inséré dans l'acte, il répondrait franchement. Qu'elle ne dît rien, de son côté il n'ajouterait rien.

Elle ne lui fit aucune question, alors il continua:

—Vous comprenez, madame, que dans de pareilles conditions je ne pouvais pas recevoir la reconnaissance du prince Amouroff, sans avant tout soumettre sa prétention à ceux qui s'intéressent à l'enfant; de là ma visite.

Cette fois, il n'avait plus qu'à attendre, ayant dit tout ce qui était possible sans préciser et sans aller trop loin; à elle de répondre si elle le voulait et comme elle le voudrait.

Il y eut un temps de silence assez long, embarrassant pour lui, terrible pour Ghislaine.

Enfin elle se décida:

—Ne me disiez-vous pas qu'on ne pouvait pas prévenir la reconnaissance?

—Cela dépend; si celui qui veut reconnaître l'enfant est sincère, s'il est réellement ou s'il se croit le père, il est difficile d'empêcher la reconnaissance; mais s'il ne cherche qu'une spéculation visant l'enfant ou la mère, il y a à considérer s'il ne serait pas opportun de s'entendre avec lui.

Sur ce point non plus il ne pouvait pas aller plus loin; la question était posée aussi nettement que possible, et c'était à madame d'Unières de décider s'il n'avait pas eu la légèreté et la finesse qu'il aurait voulues, au moins sa conscience ne lui reprochait-elle aucune maladresse: la comtesse était prévenue, et il avait réussi à se maintenir dans des termes vagues qui permettaient qu'elle ne fût jamais gênée devant lui,—ce qui, à son point de vue, était l'essentiel.

Ghislaine ne pouvait prendre la main qui lui était tendue qu'en confessant la vérité, mais si touchée qu'elle fût de cette démarche dont elle sentait toute la délicatesse, ce n'était pas au vieux notaire qu'elle pouvait faire sa confession: au point où les choses en étaient arrivées, rien ni personne ne la sauverait, et puisque la vérité devait être connue, ce serait son mari seul qui recevrait l'aveu de la faute et de sa honte; son parti était arrêté.

—M. d'Unières seul peut vous répondre, dit-elle lentement, je vais le prier de hâter son retour.

Ces quelques mots furent prononcés d'un ton si désespéré et en même temps avec une si parfaite dignité que le notaire, qui cependant avait été le témoin pendant sa longue carrière de bien des douleurs et de bien des misères qui lui avaient bronzé le coeur, sentit l'émotion lui serrer la gorge.

—Pauvre petite femme, se dit-il, elle est décidée à un aveu, et déjà son agonie a commencé: elle aime son mari, son mari l'aime, et ils vont être égorgés par ce Cosaque.

N'aurait-il donc entrepris cette démarche que pour arriver à ce résultat? Certes il n'était pas chevaleresque et il se croyait le plus froid et le plus pratique des notaires, mais il ne laisserait pas cet égorgement s'accomplir sous ses yeux, sans risquer un nouvel effort pour la sauver malgré elle puisqu'elle ne pouvait invoquer son secours.

—Ne brusquons rien, je vous en prie, madame la comtesse, dit le notaire revenant à sa formule habituelle et la jetant avec une vivacité chez lui extraordinaire. Pourquoi faire revenir M. d'Unières? Il peut avoir besoin là où il est, et rien ne réclame sa présence immédiate ici; quand on a attendu onze ans pour réclamer sa fille, on n'est pas tellement affamé des joies de la paternité qu'on ne puisse attendre quelques jours de plus. Je n'ai point dressé l'acte de reconnaissance au moment où on me l'a demandé, j'en différerai encore la passation tout le temps qu'il faudra; c'est mon affaire. N'inquiétez donc pas M. d'Unières. Il n'y a pas urgence à lui parler de ma visite et du danger qui menace cette pauvre enfant.

Il insista sur ces derniers mots de façon à ce qu'il fût bien compris qu'il n'admettait pas qu'une autre que «la pauvre enfant» pouvait être menacée; puis il continua:

—Car il n'y a pas d'illusion à se faire, cette reconnaissance est pour elle un danger, ce prince Amouroff m'ayant tout l'air d'un aventurier à la recherche d'une spéculation.

Une question s'imposait, devant laquelle il avait toujours reculé, mais qui maintenant devait être faite:

—Vous n'avez pas de renseignements sur lui, vous ne savez pas ce qu'il est?

Il fallait que Ghislaine répondît:

—Je l'ai connu dans ma jeunesse, mais pas sous ce nom ni avec ce titre: il était alors musicien et il ne s'appelait que Nicétas.

—Comment ce musicien est-il devenu prince? Voilà qui est étrange.

—Je l'ignore.

—Comment l'avez-vous connu?

—Il nous avait été recommandé par Soupert.

—Le compositeur?

—Oui; il était l'élève de Soupert.

—Alors, Soupert le connaissait.

—Je ne sais pas.

—Est-ce qu'il est toujours de ce monde, Soupert? On n'entend plus parler de lui.

—Il demeure dans nos environs, à Palaiseau.

—A Palaiseau, vraiment. Eh bien! je vais lui faire ma visite en rentrant à Paris. Qui sait s'il ne me fournira pas quelque renseignement utile sur ce prince?

Ghislaine n'osa ni approuver ni désapprouver; d'ailleurs, dans sa désespérance, elle s'était abandonnée à la fatalité, et n'avait plus ni jugement ni volonté.

—J'aurai l'honneur de vous écrire, dit le notaire en prenant congé; mais d'ici là dites-vous bien que ma petite cliente a un défenseur dévoué.

XII

En arrivant aux premières maisons de Palaiseau, le notaire fit arrêter sa voiture, et descendant devant une petite boutique de librairie il pria qu'on lui indiquât où demeurait M. Soupert.

—M. Soupert? Est-ce que c'est Couvert, le carrier, que vous demandez?

—Non, M. Soupert, le musicien.

—Il n'y a pas de musiciens à Palaiseau; quand on en a besoin pour une noce, on les fait venir de Longjumeau.

—Faites-vous donc mourir pour la gloire! pensa le notaire.

A la fin, il arriva cependant à se faire comprendre, grâce à un indigène un peu plus ouvert qui, étant entré pour acheter le *Petit Journal*, comprit de qui il était question, et ne confondit point le compositeur Soupert avec le carrier Couvert, qui à vrai dire paraissait beaucoup plus connu que le musicien.

—Au haut de la côte, sur la route de Versailles, la maison aux volets verts dans la plaine.

Le notaire se remit en route, après avoir transmis ces renseignements à son cocher.

Le village traversé et la côte montée, il aperçut dans la plaine la maison aux volets verts qui lui avait été indiquée; assis sur un banc devant une petite table, au bord de la route, un vieillard, aux cheveux blancs et au visage rouge congestionné, était occupé à se confectionner gravement un grog dans un grand verre; de sa main gauche il tenait par le poignet son bras droit qui tremblait terriblement en choquant la bouteille d'eau-de-vie contre le verre.

Vraisemblablement le vieillard était Soupert, bien qu'il ne le reconnût qu'à grand'peine, mais il fit arrêter sa voiture comme s'il n'avait pas le plus léger doute, et vint à lui la main tendue:

—M. Soupert.

Soupert le regarda sans le reconnaître.

—Maître Le Genest de la Crochardière, notaire.

—Ah! vraiment! Asseyez-vous donc, cher monsieur.

Et Soupert, qui avait déjà été sauvé du naufrage par deux héritages inespérés, s'imagina que c'en était un troisième qui lui tombait du ciel.

Le notaire s'était assis sur le banc, à côté de Soupert.

—Vous allez prendre un grog, dit celui-ci, qui n'admettait pas qu'un entretien pût commencer autrement.

—Je vous remercie.

—Si, si, je vous en prie.

Et Soupert appela:

—Eulalie.

Eulalie, qui n'était autre que madame Soupert, parut en camisole et en tablier bleu, les pieds chaussés de savates; si elle avait quarante ans de moins que son mari le jour de son mariage, aujourd'hui ils étaient à peu près du même âge.

—Un autre verre, demanda Soupert.

Quand le verre fut apporté, il prépara lui-même le grog qu'il offrait au notaire et le fit comme pour lui, c'est-à-dire avec beaucoup d'eau-de vie et très peu de sucre.

—Eh bien! demanda le notaire, nous donnerez-vous bientôt un pendant au *Croisé*?

—Ah! le *Croisé*! C'était le beau temps; il y avait des directeurs pour monter les oeuvres sérieuses, des artistes, pour les exécuter, un public pour les apprécier; mais maintenant! Ah! maintenant.

Longuement il exhala sa plainte contre les directeurs, les chanteurs et le public, et le notaire le laissa aller.

Il ne risqua une question que lorsque Soupert se fut soulagé:

—Vous ne laisserez pas d'élève?

—Ma foi non; et c'est heureux.

—Vous en avez eu un cependant qui promettait.

—Qui donc?

—Vous avez oublié Nicétas.

—Ah! vous connaissez Nicétas; mais Nicétas, qui avait des dispositions, n'a jamais été qu'un virtuose.

—Ah! je croyais...

—Est-ce que s'il avait eu l'étincelle sacrée, il aurait abandonné l'art pour courir les aventures à travers les deux Amériques, se faire mineur, gardien de troupeaux, photographe, journaliste, soldat...

—Et aujourd'hui prince.

—Comment, il est prince, Nicétas?

—Prince Amouroff.

—Il a donc hérité du titre de son père?

—Il paraît.

—C'est une fière chance.

—N'est-il pas tout naturel d'hériter de son père?

—Quand on est le fils de son père, mais quand on a légalement pour père un homme dont on n'est pas le fils, je trouve que c'est une fière chance d'hériter de celui qui s'est débarrassé de sa paternité.

—Je ne comprends pas.

Le verre en main, Soupert ne demandait qu'à bavarder, et pourvu qu'il pût assez souvent se mouiller la bouche, il ne s'arrêtait que quand son verre était vide: il raconta ce qu'il savait de la naissance de Nicétas, en réalité fils du prince Amouroff, mais légalement fils d'un professeur au Conservatoire de Marseille, appelé Clovis Blanc, qui l'avait reconnu.

—Eh bien! dit le notaire, quand Soupert fut arrivé au bout de son histoire, il paraît que les choses se sont arrangées, car aujourd'hui votre ancien élève est prince.

—J'en serais bien heureux pour lui; mais est-ce que c'est possible?

—Je ne suis pas au courant de la législation russe.

Et comme le notaire avait appris ce qu'il voulait, il quitta Soupert enchanté de l'avoir revu, et d'avoir passé quelques instants avec lui; mais comme il ne fallait pas que le vieux musicien pût croire que cette visite n'était pas fortuite, au lieu de retourner sur ses pas, il continua tout droit comme s'il allait à Versailles; à Saclay, il prendrait la route de Bièvres pour revenir à Paris.

Aussitôt rentré, il se mit à son bureau et écrivit à Nicétas:

«Prince,

«J'aurais quelques renseignements à vous demander avant de dresser l'acte dont vous m'avez parlé; voulez-vous prendre la peine de passer demain jeudi à mon étude entre deux et trois heures; je vous serais reconnaissant de m'écrire ce soir même un mot pour me dire si je dois vous attendre.

«Veuillez agréer l'expression de mes sentiments de haute considération.

«LE GENEST.»

Il relut sa lettre:

—Prince, se dit-il, haute considération enfin, il le faut.

Le lendemain matin, il ouvrit son courrier avec plus de hâte que de coutume; il s'y trouvait une lettre du prince:

«Mercredi soir, 10 heures.

«Monsieur,

«J'aurai l'honneur de me rendre demain au rendez-vous que vous m'indiquez, et je vous serai reconnaissant de vouloir bien m'attendre.

«Agréez l'expression de mes sentiments de considération.

«Prince AMOUROFF.»

A deux heures, Nicétas, que la curiosité rendait exact, entrait dans le cabinet du notaire, préparé à une discussion serrée sur les propositions que celui-ci allait lui transmettre de la part de la comtesse et du comte d'Unières aussi sans doute: il s'agissait de ne pas se laisser entortiller par la vieille momie.

Debout, une main appuyée sur le bras de son fauteuil, l'autre sur son bureau, le notaire était si froid, si raide, si impassible, qu'on pouvait le prendre en effet pour une momie.

—Lorsque vous vous êtes présenté dans mon étude, dit-il, vous saviez, n'est-ce pas, que j'étais le notaire de madame la comtesse et de M. le comte d'Unières ainsi que de la jeune Claude?

—Je le savais; c'est précisément pour cela que je me suis adressé à vous.

—Cette franchise est de bon augure, elle facilitera notre entretien, car je ne serai pas moins franc que vous, et vous dirai tout de suite que, notaire de M.

et madame d'Unières ainsi que cette jeune fille, mon devoir était de prendre leur défense.

—Leur défense? je ne comprends pas.

—Je vais m'expliquer: vous m'avez dit, n'est-ce pas, que vous désiriez reconnaître la petite Claude, qui serait votre fille et celle de madame d'Unières?

—Qui est.

—C'est, avant tout, ce que vous devez prouver en produisant l'acte de naissance de l'enfant d'abord, et ensuite les pièces qui peuvent établir un commencement de preuve par écrit exigé par la loi pour poursuivre les recherches de la maternité. Vous avez ces pièces?

Nicétas ne put pas ne pas laisser paraître un certain embarras:

—Je les produirai plus tard.

—Quand?

—Lorsqu'il sera nécessaire.

—Mais il est nécessaire, car si vous ne faites pas cette production, on pourrait croire que c'est parce qu'elle vous est impossible, ces pièces n'étant pas en votre possession.

—Que m'importe ce qu'on croit ou ne croit pas?

—Il importe beaucoup dans l'espèce, car dès là qu'on croit que vous n'avez pas ces pièces, on peut être amené à supposer: 1° que vous n'êtes pas le père de l'enfant que vous voulez reconnaître; 2° que madame d'Unières n'en est pas la mère; 3° que cette reconnaissance n'est qu'une spéculation; 4° que la menace de rechercher la maternité est une intimidation devant aider à cette spéculation; vous voyez comme tout s'enchaîne.

—Où voulez-vous en venir? demanda Nicétas brutalement.

—A ceci: c'est que dans de pareilles conditions vous feriez bien de renoncer à cette reconnaissance et à tout ce qui s'ensuit, attendu que tout ce qui s'ensuivrait serait pour vous une source de désagréments graves.

—Vraiment!

—Mon Dieu oui.

—Voulez-vous avoir la complaisance de m'indiquer quels seraient, selon vous, ces désagréments?

—Volontiers: attaqués, mes clients se défendraient et la première chose que leur conseillerait leur avocat serait de prouver que celui qui se prétend le père de cette enfant est un aventurier...

—Monsieur!

—Qui, en vue d'inspirer une confiance qu'il ne mérite pas, a usurpé un nom et un titre auxquels il n'a aucun droit, qu'au lieu d'être le fils d'un prince russe comme il le prétend, il est simplement celui d'un professeur de musique de Marseille appelé Clovis Blanc qui l'a légitimé par mariage subséquent; qu'au lieu de jouir de la fortune et de la grande situation qu'occuperait le fils du prince Amouroff, il arrive misérable, après un séjour de plus de dix ans en Amérique où il a fait tous les métiers, tour à tour gardien de troupeaux, journaliste, soldat; et qu'à bout de ressources, il n'a inventé cette reconnaissance d'un enfant naturel riche que pour sortir de sa misère, sachant bien à l'avance qu'il n'avait aucune chance de réussir puisque sa prétention ne s'appuie sur rien, mais espérant par l'intimidation, la menace du scandale, le chantage en un mot, puisqu'il faut l'appeler par son nom, se faire acheter sa renonciation et son silence. Eh bien! Monsieur, perdez cette espérance; on ne vous achètera rien du tout, par cette raison que vous n'avez rien à vendre et que nous n'avons rien à craindre.

—C'est ce que nous verrons.

—J'en appelle à votre expérience: entre le personnage que je viens d'esquisser et la comtesse d'Unières entourée d'estime et de respect, vous sentez bien qu'il n'y aurait même pas de doute.

—Je vous répète que c'est à voir: quand j'aurai fait dresser l'acte de reconnaissance avec indication du nom de la mère, quand j'aurai notifié cet acte avec sommation d'avoir à me remettre ma fille, enfin quand j'aurais commencé le procès en recherche de maternité, nous verrons si madame d'Unières restera la femme entourée d'estime et de respect que vous dites; et nous verrons si vous avez eu raison de vouloir la guerre quand, de mon côté, je demandais que la paix.

—Encore un mot, le dernier: quand on se prépare à la guerre, il ne faut pas donner d'armes à ses adversaires...

Il prit sur son bureau la lettre de Nicétas et la lui montrant:

—... Et pour commencer on ne leur livre pas des pièces qui vous placent sous le coup de certains articles du code pénal pour usurpation de nom et de titre. J'ai dit. Vous réfléchirez.

Cette fois le notaire ne se leva pas de son fauteuil, et n'adressa pas la moindre inclinaison de tête à Nicétas qui sortit furieux.

Positivement il avait été abasourdi par cette vieille momie en cravate blanche, au parler calme et doux qui prenait ses arguments dans la loi, comme un chirurgien ses couteaux et ses scalpels dans sa trousse. Que répondre à un homme qui à chaque instant vous parle de la loi et du code? Il ne la connaissait pas, lui, cette loi qu'on lui jetait dans les jambes à chaque pas: avec lui on avait beau jeu, colin-maillard, aux yeux bandés, il ne pouvait que s'arrêter quand on lui criait «casse-cou».

Voyant son ignorance, le notaire avait voulu l'intimider; et s'il se trouvait du vrai dans tout ce qu'il lui avait dit, il devait s'y trouver une bonne part de faux.

Comment s'y reconnaître? Là était l'embarras pour lui, mais non le découragement, car pour être battu d'un côté il ne renoncerait pas à la lutte; toutes les arguties, toutes les roueries du notaire et des avocats ne feraient pas que Claude ne fût pas sa fille.

Il n'avait qu'à consulter Caffié; sans doute il lui en coûtait de laisser voir au crocodile qu'il ne pouvait rien sans lui, mais ce n'était pas l'heure de marchander.

Malheureusement Caffié n'était pas chez lui; il serait probablement retenu dans le Midi pendant cinq ou six jours encore par une affaire importante, dit le clerc.

Une affaire importante! Y en avait-il donc d'autre que la sienne? Décidément, sa mauvaise chance le poursuivait.

XIII

Les menaces de Nicétas avaient ému le notaire.

Assurément cette attitude hautaine et provocante n'était pas du tout celle d'un résigné.

Il n'avait rien à perdre à intenter un procès, cet aventurier, et il pouvait espérer qu'il y gagnerait quelque chose.

Il fallait l'en empêcher et, puisque le langage de la sage raison avait échoué, recourir à des moyens plus énergiques, et par cela peut-être plus efficaces.

Un quart d'heure après, il montait les trois étages de la grande caserne de la Cité, et demandait à l'huissier de service d'être admis auprès du préfet de police pour affaire urgente. Comme à la préfecture toutes les affaires sont urgentes, l'huissier se montra résistant: c'était l'heure du rapport, M. le préfet était occupé.

Cependant, sur le vu de la carte du notaire, il voulut bien s'adoucir et porter cette carte au préfet.

C'est un personnage qu'un notaire de Paris, qu'on ne traite pas comme le premier venu.

Après une grande demi-heure d'attente devant une immense glace, le notaire fut enfin reçu, et il put exposer sa demande.

Il avait pour cliente une jeune fille de onze ans, enfant naturelle, née de père et de mère inconnus, à laquelle on avait légué une belle fortune. Cette fortune tentait un aventurier, qui voulait la reconnaître.

—Ceci, interrompit le préfet, est du ressort de la justice.

—Mais derrière la reconnaissance il y a un chantage.

—Un chantage contre un enfant qui n'a ni père ni mère n'est pas bien dangereux.

—Mon aventurier ne réclame pas seulement la paternité de cette petite, il prétend aussi lui imposer une mère; c'est-à-dire qu'il menace une honnête femme de la compromettre dans un procès en recherche de maternité.

—Mais la recherche de la maternité est admise par la loi; c'est affaire au tribunal d'apprécier si cette femme est ou n'est pas la mère de cette enfant.

—Elle ne l'est pas.

—Je vous crois, puisque vous me le dites, mais le rôle de la police n'est pas de prévenir les procès et de se substituer à la justice.

—N'est-il pas de prévenir les scandales et d'être une sorte de Providence pour les familles.

—La Providence est toute-puissante, elle n'a rien ni personne au-dessus d'elle; la police a les mains liées par la légalité, et quelquefois aussi, nous pouvons le dire entre nous, par les journaux.

Il est évident que le préfet rechignait à s'occuper de cette affaire et ne cherchait qu'à décourager le notaire.

—J'aurais voulu ne pas prononcer le nom des personnes menacées par ce chantage.

—Je ne vous le demande pas, et je respecte vos scrupules professionnels.

Si le préfet ne demandait pas ce nom, il était certain, cependant, qu'il l'attendait et qu'on n'obtiendrait rien de lui tant qu'on ne l'aurait pas livré: il fallait que de tout son poids il pesât dans la balance.

—Je vous ai dit, continua le notaire, que cette petite fille avait été instituée légataire universelle d'une belle fortune. La personne qui a fait ce legs est le comte de Chambrais, et le comte de Chambrais avait pour nièce madame la comtesse d'Unières, la femme du député.

—Qui s'est trouvée déshéritée.

—Précisément. M. de Chambrais était-il ou n'était-il pas le père de cette enfant qu'on veut reconnaître aujourd'hui? C'est un secret qu'il a emporté dans la tombe. Et si les probabilités sont pour l'affirmative, je reconnais que nous n'avons que des probabilités. Cependant elles reposent sur un fait à mon sens considérable: madame d'Unières, seule héritière légitime de son oncle, se trouvant exhérédée par le testament dont j'ai parlé, s'est chargée de la surveillance et de l'éducation de l'enfant, ayant pour elle des soins et une tendresse vraiment maternels. Il y aurait là un esprit d'abnégation si extraordinaire, qu'il est plus logique d'admettre que si elle a en quelque sorte adopté cette enfant, c'est qu'elle connaissait les liens qui l'attachaient à M. de Chambrais. Eh bien! c'est madame d'Unières, c'est M. d'Unières que le chantage menace. S'appuyant sur ses soins, mais sans rien produire en plus, ni acte de naissance, ni commencement de preuves par écrit, cet aventurier prétend que madame d'Unières serait la mère de cette enfant qu'elle aurait eu avant son mariage. Et cette prétention, il ne veut pas, vous pensez bien, la faire consacrer par un tribunal, mais il compte s'en servir pour extorquer le plus qu'il pourra au comte et à la comtesse par la menace d'un procès scandaleux.

Le notaire fit une pause, et la physionomie du préfet lui dit que les dispositions auxquelles il s'était tout d'abord heurté se modifiaient.

—C'est pour un adversaire politique que je réclame votre protection, monsieur le préfet, et c'est un titre qui, me semble-t-il, doit vous toucher.

Le préfet eut un sourire disant clairement que les titres de ce genre n'avaient jamais été en faveur dans la maison.

—Et je dois ajouter, continua le notaire, que, s'il ne vient pas lui-même la réclamer, c'est qu'il ignore encore le danger dont son honneur est menacé. J'en ai été le premier informé par une démarche de notre personnage qui va à elle seule vous le faire connaître: sachant que j'étais le notaire de l'enfant ainsi que de M. et madame d'Unières, il est venu me demander de dresser l'acte de reconnaissance, non pour que je le dresse réellement, mais pour que je prépare mes clients effrayés à un arrangement. Au lieu d'aller à eux, je viens à vous.

—L'affaire est délicate.

—Ce qui peut faciliter votre intervention, c'est que notre aventurier, dans l'espoir d'inspirer confiance, s'est paré d'un nom et d'un titre des plus honorables: celui de prince Amouroff, se prétendant le fils du lieutenant-général, aide de camp général, prince Amouroff, qui a occupé une grande situation à la cour de Russie.

—Et selon vous, il n'aurait pas droit ni à ce nom, ni à ce titre?

—Aucun droit.

—Avez-vous une preuve qu'il ait fait usage de ce nom et de ce titre?

—J'ai cette lettre signée par lui.

Et le notaire mit sous les yeux du préfet la lettre qu'il avait eu la précaution de se faire écrire par Nicétas.

—S'il n'est pas celui qu'il dit, il nous donne prise sur lui par cette usurpation de nom et de titre.

—Il ne l'est pas.

—Une enquête doit être faite; accordez-moi un certain temps.

—Il y a urgence.

—Je ne perdrai pas de temps; je vous préviendrai.

Le notaire allait partir, le préfet le retint:

—Pouvez-vous me donner le signalement de ce prétendu prince?

—Trente-cinq ans, taille élevée, cheveux noirs, pas de barbe, gras, bouffi; l'air d'un chenapan bien élevé; il demeure au n° 44 des Champs-Elysées.

—Je vous promets de faire diligence. Si, comme je n'en doute pas, mes renseignements sont conformes aux vôtres, on le conduira à la frontière. Mais c'est tout ce que je peux, car nous n'avons plus la Bastille... Dieu merci. Cela nous débarrassera-t-il de lui? j'en doute: la mort seule interrompt un bon chanteur dans son métier et encore il laisse bien souvent des héritiers.

Le notaire s'étant retiré, le préfet fit appeler un de ses secrétaires, car cette mission n'était pas de celles qui se donnent au premier venu, et le chargea d'aller tout de suite à l'ambassade de Russie: il s'agissait de savoir si le prince Amouroff, lieutenant-général et aide camp général, avait eu un ou plusieurs fils; si un de ses fils se trouvait aujourd'hui à Paris et s'il répondait au signalement d'un homme de trente-cinq ans, de grande taille, aux cheveux noirs.

Le secrétaire revint au bout d'une demi-heure:

—Le lieutenant-général Amouroff était mort, il n'avait laissé qu'un fils mort lui-même depuis trois ans, et quatre filles; son nom et son titre étaient éteints: celui qui les portait n'y avait aucun droit, c'était un aventurier et probablement un escroc.

Immédiatement le préfet envoya au n° 44 des Champs Elysées un inspecteur chargé de dire au prince Amouroff—parlant à sa personne—que le préfet de police le priait de passer à son cabinet le lendemain matin à dix heures. En même temps, il fit prévenir Me Le Genest de la Crochardière d'assister à cette entrevue.

Ce fut le notaire qui arriva le premier; à dix heures moins cinq minutes, il était introduit auprès du préfet, qui lui communiqua les renseignements transmis par l'ambassade.

—Vous voyez, monsieur le préfet, dit le notaire.

—Ce que vous me disiez était vrai, j'en avais la certitude; mais il fallait une preuve qui fermât la bouche à votre coquin, et l'ambassade nous la donne.

—Viendra-t-il?

—Je le crois; ce que vous m'avez dit me donne à penser qu'il voudra payer d'audace; d'ailleurs, il a intérêt à apprendre ce que nous savons, ce que nous lui reprochons et ce que nous pouvons.

L'huissier entra portant une carte.

—Le voici; faites entrer.

Comme le préfet l'avait prévu, Nicétas se présenta la tête haute, froid et calme,—au moins en apparence.

Il salua le préfet poliment, le notaire avec dédain.

—La présence de Me Le Genest de la Crochardière doit vous apprendre de quoi il s'agit, dit le préfet. Me Le Genest prétend que vous n'avez aucun droit à vous dire le père d'une enfant que vous voulez reconnaître.

—Me Le Genest me paraît bien audacieux dans ses affirmations; serait-il décent de lui demander sur quoi il les appuie?

—Et vous, monsieur, demanda le préfet qui avait souri au mot décent, sur quoi appuyez-vous les vôtres?

—Sur des pièces qui seront soumises au tribunal.

—Verriez-vous un inconvénient à les produire ici?

—Je ne crois pas que ce soit le lieu, répondit-il insolemment.

—Au moins est-ce celui de produire d'autres pièces que j'ai le droit de vous demander. Ce sont celles sur lesquelles vous vous appuyez pour prendre le nom d'Amouroff et le titre de prince.

Nicétas ne se troubla point.

—Ce serait avec plaisir, mais en quittant la Russie, je ne me suis pas chargé de ma généalogie, qui constitue un ballot un peu lourd.

—C'est fâcheux, car vous pourriez prouver à votre ambassade qu'elle se trompe en disant que le prince Amouroff n'a laissé qu'un fils mort depuis trois ans, et, à moi, que ce n'est pas en vue d'un chantage que vous avez pris le nom et ce titre, ce qui vous épargnerait le désagrément d'être reconduit à la frontière par mes soins.

—Ce serait une illégalité.

Le préfet haussa les épaules, car s'il parlait volontiers d'illégalité quand il ne voulait pas faire quelque chose, il ne souffrait pas qu'on lui en parlât.

—Réclamez-vous de votre ambassadeur, dit-il; s'il vous prend sous sa protection, je m'incline.

Nicétas ne répondit pas.

—Aimez-vous mieux déclarer que vous n'êtes pas Russe? alors je vous ferai remarquer que vous n'auriez pas dû signer cette lettre—il montra la lettre écrite au notaire—«Prince Amouroff», ce qui constitue un faux.

—Oh! un faux!

Au lieu de répondre, le préfet sonna:

—Prévenez un des messieurs les commissaires aux délégations, dit-il à l'huissier, que je le prie de se rendre ici.

En attendant le commissaire, sans s'occuper du notaire et de Nicétas, il annota quelques pièces à grands coups de crayon rouge.

Quand le commissaire entra, le préfet lui dit quelques mots et celui-ci, s'asseyant à un bureau, se mit à écrire.

—C'est un procès-verbal, dit le préfet en s'adressent à Nicétas, visant votre lettre à Me Le Genest.

Il fut vite rédigé, le commissaire le lut, et tendant une plume à Nicétas:

—Voulez-vous le signer, dit-il, vous aurez aussi à signer *ne varietur* la lettre annexée.

Nicétas hésita un moment.

—J'aime encore mieux la frontière.

—Avez-vous des préférences? demanda le préfet d'un air un peu goguenard: la Belgique, l'Allemagne, la suisse?

—La Belgique, si vous le voulez bien.

—Je vous ferai accompagner pour que vous ne cédiez à la tentation de descendre à Chantilly ou à Creil; si cela vous est utile, je peux vous offrir les frais de ce petit déplacement.

—Merci; c'est moi qui veux les offrir à votre agent; je vous prie seulement de m'en donner un avec qui on puisse voyager en première classe sans se faire remarquer.

—Soyez tranquille, tenue de diplomate; un train part pour Bruxelles à midi trente.

—Parfait. J'aurais le temps de passer chez moi.

Le préfet avait pressé le bouton d'une sonnerie et un agent était presque aussitôt entré; si ce n'était pas tout à fait le diplomate annoncé, cependant c'était un compagnon de voyage suffisant.

Comme Nicétas allait sortir, le préfet le retint d'un signe de main:

—Si vous ne voulez pas passer votre temps sur la ligne du Nord, ne rentrez pas en France.

Quand la porte se fut refermée sur l'agent qui emboîtait le pas derrière Nicétas, le préfet se tourna vers le notaire:

—C'est égal, j'aimerais mieux pour vous qu'il fût dedans plutôt que dehors; heureusement, c'est un violent, malgré son attitude dédaigneuse, et des violents on peut espérer toutes les folies: nous le repincerons.

XIV

Bien que Nicétas eût son billet pour Bruxelles, à Mons il descendit de wagon, et laissant son train continuer sa route, il en prit un autre qui, quelques minutes après, partait pour Charleroi.

De Paris à la frontière, assis en face de son agent, il avait eu tout le temps de réfléchir et de bâtir un plan qui lui donnerait sa revanche; pour le bien étudier sans rien laisser à l'imprévu, il avait à Creil acheté un *Indicateur des chemins de fer étrangers*, qu'il avait pu consulter sans que l'agent s'en inquiétât: n'était-il pas tout naturel de se tracer un itinéraire, alors; surtout, qu'on partait aussi à l'improviste?

Le propre de sa nature était de ne pas se laisser abattre et par conséquent de s'acharner contre la chance, quand elle lui était contraire; il n'avait fait que cela toute sa vie, étant un rageur et un vindicatif, non un résigné; il serait ce qu'il avait toujours été.

Aussi bien il avait joué un métier de dupe en voulant se servir de la loi; c'était une arme à laquelle il ne connaissait rien, et qui toujours se tournerait contre lui comme il arrive aux maladroits.

Depuis longtemps l'expérience lui avait appris qu'on ne fait bien ses affaires que soi-même, avec l'outil qu'on a aux mains, celui-là valant toujours mieux que celui qu'on emprunte, par cette seule raison qu'on y est habitué. Son outil à lui, c'était ses poings. Si au lieu de s'en remettre à Caffié et de suivre les sentiers détournés de la chicane que le crocodile lui avait fait prendre, il avait eu simplement recours à ses poings, et s'était jeté bravement dans le droit chemin sans souci de personne ni de rien, les yeux sur son but, brisant tout ce qui l'en écartait, il ne serait pas maintenant dans ce wagon, roulé par ce vieux notaire et ce préfet de police du diable.

Si le jour où il s'était dit que l'héritière de M. de Chambrais pouvait bien être sa fille, il l'avait simplement enlevée et cachée à l'étranger quelque part, tout cela ne serait pas arrivé: au lieu d'avoir à s'adresser à madame d'Unières avec des détours et des ménagements, c'eût été madame d'Unières qui aurait dû s'adresser à lui; et pour ravoir l'enfant il aurait bien fallu qu'elle capitulât.

Eh bien! ce qu'il n'avait pas fait alors, il fallait qu'il le fît maintenant; et avec de la décision et de l'énergie, toutes ses maladresses pouvaient se réparer. Pour cela, il n'avait qu'à prendre Claude. Il n'était plus le pauvre diable sans le sou que deux mois auparavant la *Normandie* débarquait au Havre: il disposerait de plus de trois cent mille francs qui lui permettraient de soutenir gaillardement la lutte contre la comtesse, le notaire et le préfet de police; au bout, il faudrait bien céder; alors, il imposerait ses conditions et ne rendrait l'enfant que donnant-donnant; elle valait bien deux millions, cette petite.

Mais pour que cette combinaison, à laquelle il avait déjà pensé plus d'une fois, réussît, il ne fallait pas perdre de temps, car le notaire, conseillé par le préfet de police, qui avait deviné qu'un homme qu'on expulse ne reste pas là où on le conduit, voudrait faire mettre Claude à l'abri d'un coup de main, et alors tout serait perdu, les deux millions et le reste, les choses en étaient arrivées à un point où le procès en reconnaissance serait une folie.

Jusqu'à la frontière il n'avait consulté son indicateur que pour trouver des trains de Mons à Charleroi et de Charleroi à Givet, car une surveillance devant être, sans aucun doute, organisée contre lui à la gare du Nord, il n'allait pas être assez naïf pour rentrer à Paris par là; ce serait par celle de l'Est qu'il rentrerait en prenant le train à Givet. Débarrassé de son agent à Quiévrain, il put, sans éveiller de soupçons, étudier la marche des trains de Givet à Paris en passant par Épernay et il vit qu'il pouvait arriver le lendemain avant cinq heures.

Comment admettre qu'on eût pris si vite des précautions pour qu'il ne pût pas aborder Claude? Si on l'attendait, ce ne serait assurément pas aussitôt.

Dans ses précédents voyages à Chambrais, il avait eu le temps de s'informer des habitudes de Claude: il savait qu'elle restait la plus grande partie de la journée chez Dagomer et que c'était de quatre à cinq heures qu'elle venait travailler chez lady Cappadoce; il n'avait donc qu'à se trouver sur son passage à l'aller ou au retour, et à lui donner rendez-vous à la nuit tombante, dans un endroit désert où il l'attendrait avec une voiture. Il faudrait qu'il fût vraiment bien maladroit s'il ne la décidait pas à venir avec lui pour «voir son père»; une fois en route, on ne les rattraperait pas, il saurait l'amadouer. A l'accent avec lequel elle s'était écriée: «Où sont mes parents?» il savait à l'avance qu'avec ces deux mots il la mènerait loin.

Il avait pris un billet direct de Givet à Paris, mais en route il modifia son premier plan pour le perfectionner et mettre toutes les chances de son côté, même celles peu vraisemblables où on le guetterait à la gare de l'Est. A Meaux, il monta dans un train de banlieue, et descendant à Noisy-le-Sec, il prit la Grande-Ceinture jusqu'à Longjumeau.

Là il loua une voiture, un cabriolet, qu'il conduisit lui-même, et choisit un cheval qui lui parut assez bon pour n'être pas ratteint s'il pouvait prendre un peu d'avance. C'eût été naïveté de se montrer dans les rues du village, aussi s'en alla-t-il mettre à l'auberge son cheval à Villemeneu, qui est à deux kilomètres de Chambrais, et vers trois heures et demie, il vint en promeneur flâner dans le chemin que Claude devait suivre pour se rendre chez lady Cappadoce.

Il avait cru qu'elle serait seule, ce qui aurait été naturel chez une fille qu'on laisse courir à travers les blés cueillir l'herbe de ses lapins, mais quand il la vit venir, elle était accompagnée d'une paysanne qu'il reconnut pour la femme du garde; alors, prenant vivement son carnet, il se mit en posture de faire un croquis.

Quand elles passèrent devant lui, madame Dagomer ne parut pas s'inquiéter de le voir là, et Claude, sans tourner la tête de son côté, lui lança un regard significatif: elle l'avait reconnu et se demandait sûrement ce qu'il voulait.

Il attendrait son retour; mais comme il fallait prévoir qu'elle pouvait être encore accompagnée, il prépara un billet qu'il devait trouver moyen de lui remettre: «Soyez ce soir, à la nuit tombante, au Calvaire de la RÉSERVE, vous m'y trouverez, je vous dirai tout.»

Il ne s'était pas trompé: au retour, la femme du garde, fidèle aux prescriptions de madame d'Unières, accompagnait encore Claude; il les laissa venir jusqu'à lui, alors se levant, il aborda madame Dagomer de façon à se placer entre elle et Claude.

—Auriez-vous la complaisance, madame, fit-il en saluant poliment, de me dire, si en suivant ce chemin j'arriverai à la Croix-du-Roi?

C'était de la main gauche étendue qu'il montrait le chemin; de la droite, placée derrière son dos, il agitait doucement son papier: il sentit qu'on le lui tirait des doigts; alors il remercia, et les laissa passer.

Rentré à Villemeneu, il dîna gaîment, puis, à sept heures et demie, il fit atteler et partit grand train comme s'il était pressé; arrivé à la *Réserve*, il descendit de voiture et attacha son cheval à un arbre; le soleil venait de se coucher, et du ciel empourpré tombait une lumière rose qui promettait une soirée sereine.

Ce qu'on appelle la *Réserve* est un grand étang long de près d'un kilomètre, et large d'une cinquantaine de mètres creusé pour recevoir les eaux de pluie et de neige qui tombent sur le plateau de Chambrais; recueillies dans des rigoles qui sillonnent les champs et les bois, de ce plateau elles s'emmagasinent là, et par des conduites souterraines, elles vont alimenter les bassins, les cascades, les jets d'eau du parc et des jardins.

D'un côté, l'étang sert de clôture au parc, de l'autre il est longé par une route—celle que Nicétas avait choisie comme lieu de rendez-vous,—à un endroit assez rapproché du pavillon du garde pour que Claude pût y venir facilement, et assez éloigné cependant pour qu'on ne la suivit point du regard. Que de fois, dans ses promenades sentimentales, était-il resté là à rêver à celle qu'il aimait, imaginant les charmes d'un tête à tête avec elle!

Depuis douze ans l'aspect des choses n'avait pas changé, et il les retrouvait, après cette longue absence, comme s'il les avait quittées la veille: c'était le même calme, le même silence, la même douceur, la même végétation foisonnant de roseaux et de plantes aquatiques dans l'étang, le même cadre noble que lui faisaient les grands arbres du parc. Il se rappelait que la dernière fois qu'il y était venu des ouvriers faucardaient ces roseaux et ces plantes, qui, si on les avait laissé pousser librement, n'auraient pas tardé à envahir l'étang et à le transformer en un marais; maintenant ce travail était encore en train, et sur la rive, que longeait la route, retenue à un têtard par une chaîne, il revoyait une toue, que les ouvriers, leur journée finie, avaient attachée là; si ce n'était pas celle dans laquelle il s'était souvent promené, au moins en était-ce une semblable, à fond plat, avec des avirons retenus aux tolets par un anneau de fer.

Le temps s'écoulait, le ciel pâlissait, la verdure des arbres et des buissons s'assombrissait, Claude ne paraissait pas.

Ne la laisserait-on pas sortir seule; si on l'accompagnait au village, on ne pouvait pas l'enfermer, elle devait avoir au moins la liberté d'aller et venir aux abords de la maison.

Pour voir de plus loin, il monta sur les marches du calvaire, mais il ne l'aperçut point: la route, déserte, filait droit entre l'étang et les champs, sans que personne s'y montrât.

L'impatience et l'inquiétude commençaient à le prendre, lorsque de l'autre côté de l'étang, sur la rive herbue du parc, il la vit arriver en courant; mais l'autre côté de l'étang ne faisait pas du tout son affaire; il eut un mouvement de colère; cependant, descendant au bord de l'eau, il agita son mouchoir.

Elle ne tarda pas à se trouver en face de lui, alors mettant ses deux mains autour de sa bouche, elle cria en étouffant sa voix:

—Prenez la toue.

Il n'y avait pas pensé. Vivement il détacha la chaîne enroulée autour du saule, et à coups vigoureux d'avirons il traversa l'étang; bientôt l'avant de la toue toucha la rive.

—Montez, dit-il en se retournant.

—Dites-moi ce que vous avez à me dire, monsieur.

—Ce n'est pas possible ici; il ne faut pas qu'on me voie; montez vite; dans les roseaux nous serons à l'abri.

Si dans la plus grande partie de l'étang les roseaux faucardés laissaient les eaux libres, il en restait une où ils n'avaient pas été encore coupés, et il n'y avait qu'à amener la toue dans leur fourré pour y être caché.

Elle hésitait.

—C'est pour votre bonheur, dit-il, vos parents sont retrouvés.

Elle monta et vint près de lui.

Alors il se mit à ramer, mais au lieu de se diriger vers les roseaux, il vira de bord pour gagner le calvaire.

—Où allez-vous, monsieur?

—Je vous conduis près de votre père.

—Où est-il?

—Vous ne tarderez pas à le voir.

—Monsieur, je ne veux pas, s'écria-t-elle effrayée; si vous ne me débarquez pas, j'appelle.

—Je vais vous débarquer de l'autre côté.

—Non, ici, tout de suite.

Il rama plus fort.

—Monsieur, je crie.

Et de fait elle se mit à appeler au secours; mais qui pouvait l'entendre? la route était déserte.

—Au secours, à moi, à moi...

—Ne criez pas, mon enfant, vous allez voir votre père.

A ce moment, un homme sortant d'une allée se montra sur la rive du parc; il accourait en boitant.

Claude et Nicétas l'aperçurent en même temps.

—Papa Dagomer, cria Claude, à moi, on m'emporte.

—Arrêtez, cria le garde.

Mais encore quelques coups d'aviron, et la toue atteignait la route, il ne pouvait pas traverser l'étang à la nage.

—A moi, à moi, continuait de crier Claude avec plus de force depuis qu'elle espérait être secourue.

—Arrêtez, cria Dagomer ou je tire.

Nicétas rama plus fort; ce ne serait pas la première fois qu'il sortirait sain et sauf d'une fusillade.

—Claude, couche-toi, cria Dagomer qui avait abaissé son petit fusil.

Elle se laissa tomber au fond de la toue; une détonation retentit, en même temps elle sentit rouler sur elle un corps qui l'écrasait.

XV

C'était le mercredi que Me Le Genest avait fait sa visite à Ghislaine, et après qu'il était parti en la réconfortant par des paroles d'espérance, elle s'était dit qu'elle devait s'en rapporter à lui.

Et pendant tout le reste de la journée, comme pendant celle du jeudi, elle se l'était répété.

Cet homme calme, froid, honnête, connaissant la loi et les affaires qu'elle ignorait, lui avait inspiré une certaine confiance; il trouverait un moyen de défense; assurément, il ne se serait pas avancé à la légère.

Mais à mesure que cette visite s'était éloignée, elle avait perdu de cette confiance qui à la vérité n'était pas bien robuste, et en réfléchissant il lui avait semblé que c'était son mari seul qui devait la défendre,—les défendre, lui et elle, puisqu'ils étaient l'un et l'autre menacés.

Elle n'avait déjà que trop attendu, et il y avait là un manque de franchise et de foi qui était une faute en même temps qu'une injure.

Quelque dût être le résultat d'un aveu, il était impossible qu'elle reculât davantage; c'était inquiet qu'il était parti, tourmenté, peut-être jaloux. Elle ne pouvait pas, par son silence, le laisser en proie à des angoisses qu'elle ne se précisait pas, mais qui certainement n'étaient que trop réelles, elle le sentait.

Elle passa la nuit du jeudi dans ces hésitations, et aussi la matinée du vendredi, bouleversée, affolée, voulant et ne voulant pas, ne se décidant que pour retomber bientôt dans ses perplexités: enfin, dans l'après-midi elle lui envoya une dépêche ne contenant qu'un mot: «Reviens.»

Puis, faisant atteler, elle alla à Paris prendre, rue Monsieur, la lettre et la note que lui avait remises le notaire, et qui devaient la sauver, croyait son oncle; mais auraient-elles cette vertu? Cependant, malgré ce doute, il fallait qu'elle les eût aux mains, et pût les mettre sous les yeux de son mari, s'il consentait à les regarder.

Le samedi matin, elle reçut la réponse à son télégramme: «J'arriverai ce soir à Paris par le train de six heures, à Chambrais à huit.»

En temps ordinaire elle eût été l'attendre au chemin de fer comme elle le faisait toujours, heureuse de recevoir son premier regard, et de répondre à l'étreinte de sa main par une étreinte aussi tendre, aussi passionnée.

Mais ce jour-là, que dirait ce premier regard? Et puis, était-ce dans une voiture qu'ils pouvaient avoir cet entretien qui allait décider de leur vie? Enfin, lui-même ne prenait-il pas soin d'indiquer qu'il ne comptait pas sur elle à la gare, puisqu'il parlait de Chambrais—ce qu'il n'avait jamais fait?

Dès sept heures et demie, elle se tint dans le vestibule, écoutant avec son coeur le tic-tac de la grande horloge battant les secondes avec une lenteur qui faisait penser à l'éternité. Enfin, comme huit heures sonnaient, elle entendit le roulement d'une voiture, et aussitôt elle descendit le perron.

Ce qu'elle lut dans le premier regard qu'elle rencontra, ce fut une interrogation inquiète, comme c'en fut une éperdue et navrée qu'il lut lui-même. En n'échangeant que des paroles insignifiantes, ils montèrent à leur appartement, dont elle ferma la porte.

Anxieux, il la regardait. Enfin, d'une voix rauque, il lui posa une question:

—Que se passe-t-il?

Au lieu de répondre, elle lui tendit la lettre de Nicétas sur laquelle se trouvait la note de M. de Chambrais: le papier claquait dans sa main tremblante.

Il les lut; alors la regardant avec des yeux effarés:

—Je ne comprends pas, dit-il.

Elle hésita un moment:

—Cher Elie, dit-elle enfin, depuis dix ans non seulement je vous ai aimé, mais je n'ai pas eu une pensée qui ne fût une franche adoration pour vous. Rien ne m'a jamais détournée de vous; vous seul existiez; je ne voulais plaire qu'à vous. Je ne me vante pas de cela comme d'une vertu particulière, cependant il me semble que peu de femmes vivent ainsi pour un être unique d'une façon si abandonnée, et qu'il y a là une preuve de cet amour dont je voudrais que vous ne puissiez douter jamais, et qui n'a jamais été aussi profond, aussi passionné qu'en ce moment. Aussi quoi que vous puissiez apprendre, quel que soit le coup qui vous frappe, avant de me juger, de me condamner, songez à ce que j'ai été, à cette longue suite de journées heureuses jamais troublées, à l'union de notre esprit et de nos âmes; à cette constante harmonie qui prouvait si bien que nos deux coeurs n'étaient plus qu'un, et cela non seulement depuis que je suis votre femme, mais avant de la devenir alors que je pensais à vous comme au seul homme que je pourrais aimer, comme à un être au-dessus des autres, pour lequel j'étais trop imparfaite, et que je ne devais jamais sans doute mériter. Cependant à force d'amour j'étais devenue votre vraie compagne, pas trop indigne de vous par la tendresse et le dévouement.

Il la regardait, tâchant de lire en elle ce que ces paroles laissaient d'obscur et d'incompréhensible pour lui.

—La lettre, lui dit-il, la lettre.

—Cette lettre explique une fatalité qui me fait la plus misérable, la plus malheureuse des femmes.

Haletante, la voix sourde, elle lui refit le récit qu'elle avait fait à son oncle et aussi celui de leur voyage et de leur séjour en Sicile.

—Cet enfant, c'est Claude, s'écria-t-il.

Elle baissa la tête.

—Et l'homme, où est-il?

—Nous ne sommes pas arrivés au bout de notre malheur: laissez-moi la force d'achever. Vous devez vous souvenir combien j'ai résisté avant de devenir votre femme. Je n'ai cédé qu'aux prières de mon oncle, et aussi à mon amour qui m'a entraînée. Je voulais parler, tout dire; avec l'autorité d'un père que sa tendresse lui avait donnée sur moi, mon oncle ne l'a pas permis. J'ai eu la faiblesse, la lâcheté de céder. C'est mon crime. Je vous aimais tant! Mais ce crime depuis dix ans m'a écrasée; et si vous m'avez vue quelquefois sombre, c'est que j'étais sous le poids de cette fatalité, balançant toujours la résolution de tout vous dire, ne me laissant arrêter que par la honte et plus encore par la douleur que je vous causerais. Ce qui m'accablait aussi c'était la pensée qu'un jour je pouvais me trouver en face de... celui qui a écrit cette lettre.

—Et cela est arrivé?

—Le jour où vous prépariez votre dernier discours, vous devez vous rappeler que vous m'avez vue bouleversée en recevant une lettre: elle était de lui; il me donnait un rendez-vous à la *Mare aux joncs*.

—Vous y êtes allée?

—Non. Il est venu ici. Il m'a dit que je devais prendre Claude avec moi, dans cette maison, ou qu'il reconnaissait sa fille et commençait un procès pour rechercher ma maternité. Malgré ce que cette menace contenait de terrible, j'ai refusé, car jamais cette enfant ne pouvait se trouver entre nous; je vous l'avais dit quand vous me proposiez de la prendre; j'ai persisté dans cette résolution. A la fin de l'entretien, j'ai compris qu'il n'agissait que par spéculation, et que ce qu'il voulait c'était de l'argent et non sa fille. J'ai vendu des bijoux à Marche et Chabert. Il ne s'est pas contenté de ce que je lui remettais. Alors, n'ayant pas d'argent, ne pouvant pas m'en procurer, j'ai fait remplacer les perles de mon collier par des fausses et je lui ai remis les vraies.

Il l'arrêta:

—Quelle douleur tu m'aurais épargnée si tu avais parlé alors et quelles hontes tu te serais évitées.

—Vous saviez?...

—Oui; c'est pour cela que je suis parti.

—Tu vois donc que la grandeur de l'amour peut fermer les lèvres.

Elle se jeta aux genoux de son mari:

—Ainsi, s'écria-t-elle dans un élan affolé, t'aimant, t'adorant, n'ayant jamais eu dans le coeur que le désir et la volonté de te plaire et de te rendre heureux; toi le meilleur et le plus noble des hommes, toi qui mériterais le paradis en ce monde, je t'aurais apporté, pour prix de ton amour, la honte et le malheur.

Il la contempla longuement, puis la relevant:

—Le malheur, si effroyable qu'il soit, peut être supporté quand on est deux.

—Elie!

—Il y a des maris qui pardonnent la faute de leur femme, je n'ai pas la tienne à te pardonner, puisque tu es une victime.

A ce moment on frappa plusieurs coups forts à la porte. Ils ne répondirent pas, les coups furent plus précipités.

Le comte alla ouvrir:

—Quoi donc? demanda-t-il au valet de chambre qui avait frappé:

—Je demande pardon à M. le comte de m'être permis de frapper ainsi: mais Dagomer est là, il dit qu'il vient d'arriver un malheur.

—Claude! s'écria Ghislaine.

Éperdue, elle descendit l'escalier en volant; le comte la suivit.

Dans le vestibule, Dagomer se tenait debout, l'air consterné.

Arrivée la première, ce fut elle qui l'interrogea:

—Qu'est-ce qu'il y a? s'écria-t-elle.

—Ah! madame la comtesse, j'ai la main maudite, je viens de tuer un homme. Qué malheur!

—Un braconnier? demanda le comte.

—Hé non, un monsieur qui voulait enlever Claude.

Le comte et la comtesse se regardèrent; ils n'eurent pas besoin de paroles pour se comprendre.

—V'là l'affaire, dit le garde, comme elle est arrivée, aussi vrai que je m'appelle Dagomer.

Il leva la main pour attester le ciel.

—Il l'avait fait monter sur la toue, continua Dagomer, et à travers la *Réserve*, il l'emmenait du côté de la grand'route, où il avait une voiture toute prête, le cheval attaché à un des arbres du Calvaire. L'enfant criait, appelait au secours. Je suis arrivé; l'hasard m'avait fait prendre l'avenue de *Baccu.* J'y ai dit d'arrêter. Il s'est mis à ramer plus fort. Il allait aborder. Ni à gauche ni à droite je ne pouvais courir après; personne sur la route; Claude était perdue. Qué que vous auriez fait, monsieur le comte? moi j'ai tiré pour sauver la petite; je voulais lui casser un bras, ça l'aurait arrêté; il a roulé au fond de la toue, mort; il ne faut jamais tirer quand on est versibulé.

—Et Claude? s'écria Ghislaine.

—Brave comme tout. Elle s'était couchée pour que je tire par-dessus elle; en tombant il l'avait écrasée, mais a s'a relevée et m'a crié: «J'ai rien!» Pensez si j'ai été soulagé. C'est elle qui a ramené la toue au bord avec le mort au fond.

Le comte jeta un coup d'oeil à Ghislaine pour appeler son attention.

—Vous l'avez regardé?

—Bien sûr.

—Comment est-il?

—Bel homme, fort, bouffi, les cheveux noirs.

Ghislaine, répondant au coup d'oeil de son mari, fit un signe affirmatif: c'était lui.

—C'est-y un malheur, continuait Dagomer, j'avais déjà l'homme de Crèvecoeur qui souvent la nuit se lève contre moi, v'là que je vas avoir celui de la *Réserve*; pourtant je ne pouvais pas laisser enlever Claude; il lui a dit que c'était pour la conduire auprès de ses parents.

—Vous avez fait votre devoir, dit le comte.

—Vrai? monsieur le comte; ça me fait du bien d'entendre ça d'un homme comme vous.

—Je l'expliquerai à la justice.

S'adressant au valet de chambre:

—Faites-vous donner une des charrettes anglaises et allez prévenir la gendarmerie.

Puis, revenant à Dagomer:

—Où est-il?

—Dans la toue; le pauvre bougre, il n'y a pas de danger qu'il en sorte!

—Je vais avec vous.

Ghislaine voulut le suivre.

—Restez, dit-il.

Mais après avoir fait quelques pas du côté du perron, il revint à elle.

—Je vais vous envoyer Claude.

Elle avait retrouvé son mari tout entier, avec sa droiture, sa générosité, sa confiance,—son amour.

FIN

NOTICE SUR «GHISLAINE»

J'ai toujours eu, même jeune, la curiosité des enfants; et cela m'a valu plus d'une mésaventure, car lorsque l'enfant voit, et il le voit très vite, qu'on s'intéresse à lui, il s'apprivoise aussitôt et se familiarise rapidement. Pas besoin de paroles pour cela: un regard échangé, tout est dit; il sait jusqu'où il peut aller, c'est-à-dire jusqu'au bout de sa fantaisie. Aussi, que de fois, en wagon ou en omnibus, cette familiarité spontanée s'est-elle traduite en avances qui consistaient surtout dans l'essuyage de petites mains potelées, et encore plus poissées de sucre ou de gâteaux, sur mes genoux ou sur la manche de mon vêtement!

Au début, cette curiosité se partagea à peu près également entre les petits garçons et les petites filles, je n'avais pas de préférences; mais peu à peu les petites filles l'emportèrent, non pas qu'elles fussent plus faciles à suivre, au contraire, mais précisément parce qu'avec leurs détours et leurs mystères, elles étaient plus attrayantes.

L'enfant éclaire l'homme et plus encore la femme. Aussi, qui veut lire dans celle-ci, sans avoir commencé à épeler avec la petite fille, se trouve-t-il en face d'un grimoire diabolique dont il peut tourner pages après pages sans y comprendre un traître mot.

Ce n'est plus croyance courante que l'homme est sorti parfait des mains de la nature, et que ce qu'il y a de mauvais en lui est l'oeuvre de la civilisation. S'il était né avec cette perfection, l'homme des cavernes n'aurait pas triomphé de ses premières luttes pour la vie, dans lesquelles comptaient seules certaines forces que développe la nature, mais qu'affaiblit la civilisation en se perfectionnant: la férocité, l'astuce, la ruse, l'audace, tout ce qui constitue le caractère du tigre, du loup, ou simplement du sauvage. Il est évident qu'aujourd'hui, l'homme policé, avec son éducation, ses relations, son milieu, s'est éloigné,—plus ou moins—de l'homme des cavernes. Mais l'enfant, avant qu'il subisse les leçons de l'éducation, combien en est-il près! Quel enfant n'est pas cruel, astucieux, menteur? et beaucoup le sont si parfaitement qu'il semble que le mensonge soit un besoin naturel qui les domine et les dirige. Et parmi les enfants, combien les petites filles l'emportent-elles dans le mensonge! probablement parce qu'il est chez elles une conséquence de leur faiblesse en même temps qu'une délicieuse satisfaction pour les fantaisies de leur chimère. Un prêtre me disait qu'au confessionnal, avec les petites filles, c'est toujours le même refrain:—«J'ai menti, menti, menti.—Combien de fois?—Oh!—Et pourquoi avez-vous menti?—Je ne sais pas.»—Et c'est la vérité qu'elles ne savent pas, quoique souvent aussi, ce serait la vérité d'avouer qu'elles ont menti pour rien, pour le plaisir, parce que le mensonge leur est une jouissance dont elles se grisent.

Ayant la curiosité des enfants, je devais donc tout naturellement, en suivant cette pente de mon esprit, leur donner une large place dans mes romans; et c'est ce que j'ai fait, en quelque sorte inconsciemment, au moins en cela que c'est seulement arrivé au bout de ma tâche que je me suis rendu compte de l'importance exagérée peut-être de cette place.

En tous cas, je n'ai pas pris mon public en traître et le premier roman où j'ai mis des enfants en scène,—c'était le quatrième que je publiais,—je lui ai donné pour titre: *Les Enfants*, en faisant la part égale entre le garçon et la fille.

Puis, tout de suite, j'écrivis pour les enfants, et en vue d'être lu par eux, un roman: *Romain Kalbris*, où un garçon tient le premier rôle, mais en ayant près de lui une petite fille qui lui donne la réplique.

Un laps de temps assez long s'écoule sans que je m'occupe de l'enfance dans mes romans; une fille m'est née et, à la regarder grandir, ma curiosité trouve suffisamment à s'employer sans chercher des combinaisons de roman; puisque j'ai la réalité sous les yeux, je ne vais pas faire de l'observation de parti pris, aimant mieux suivre le développement et l'enchaînement de la vie qui confirment ou contredisent les faits déjà notés. Mais pour cela, l'observation naturelle n'en fonctionne pas moins spontanément avec la mémoire toujours affectueusement en éveil pour dégager ce qu'elle voit et l'enregistrer.

L'enfant, le mien, me ramène enfin aux enfants, et j'écris *Sans famille* que j'essaie sur ma fille en lui lisant chaque soir le travail de la journée.

Jusque-là, j'ai indifféremment mis en action des garçons et des petites filles; maintenant, il n'y aura plus de place pour les garçons, les petites filles la prennent toute pour elles: *Pompon*, la *Petite soeur*, *Paulette*, *Micheline*, le *Sang bleu*, et enfin *Ghislaine*, pour finir par *En famille*.

Voilà donc dix romans dans lesquels l'action pivote sur l'enfant. Peut-être est-ce beaucoup sur l'ensemble de ceux que j'ai écrits? Je ne me suis posé cette question qu'en faisant ma récapitulation en ce moment même: j'ai été où mon goût me portait.

Et cependant, quand j'envisage la place que l'enfant tient dans la vie, je ne peux pas trouver démesurée celle que je lui ai donnée: tout ne part-il pas de l'enfant, tout n'y ramène-t-il pas?

Sans doute, ce n'est pas une situation courante que celle d'une honnête fille entourée d'un milieu respectable, qui a un enfant avant son mariage; cependant, si l'on veut bien établir une statistique des enfants nés hors mariage, on sera surpris de voir combien ils sont nombreux.

C'est la situation de cette honnête fille et de son enfant que j'ai voulu présenter dans *Ghislaine*, un peu parce que dans *Micheline* je l'avais déjà abordée dans des conditions différentes et sans lui faire rendre tout ce qu'elle peut donner, limité que j'étais par mon sujet. Les deux romans forment donc pendant. S'il se trouve un lecteur curieux de les comparer, il verra comment, avec un point de départ presque le même, ils se ressemblent peu, et comment les deux petites filles, Micheline et Claude, diffèrent entre elles.

Parce que j'ai maintenant renoncé au roman, je n'ai pas en même temps perdu ma curiosité des enfants, qui s'est portée sur ceux d'un âge auquel on ne s'intéresse guère généralement,—les tout petits. J'ai une petite-fille et c'est elle que je suis, c'est à elle, à la naissance et au développement, aux manifestations de ses facultés, que s'appliquent mes études expérimentales. Et comme les notes qu'elles me fournissent ne seront jamais publiées, je peux leur donner une sincérité incompatible d'ordinaire avec l'imprimé, ses scrupules et ses apprêts; car ce n'est pas par des observations en robe de chambre qu'elles ont commencé, mais plus simplement encore,—en maillot.

Curieux le regard d'un enfant d'un jour? Mon Dieu oui, et d'autant plus que la science ne l'admet pas. Curieuse la façon dont s'exerce la première succion? Curieuse celle de la production des sons? Curieux le premier rire? Curieuse la mimique de l'enfant pour montrer les choses dont on lui parle? Mon Dieu oui, et d'autant plus que ces faits portent avec eux des interprétations qui ne tiennent pas dans ce que les philosophies d'un autre âge expliquent d'un mot commode,—l'instinct.

Le développement se fait vite chez l'enfant, et si vite qu'il surprend à chaque instant celui qui regarde, au point de se refuser à croire ce qu'il voit, retenu qu'il est par les idées qu'impose la tradition acceptée. Mais si l'on est de bonne foi, il n'y a qu'à suivre les différentes phases des transformations par où il lui plaît de passer: la sensibilité, la volonté, l'intelligence, dans un ordre mystérieux qu'il brouille et intervertit, et où ne se fera un peu de lumière qu'à la suite de nombreuses observations consciencieusement notées.

Milton Keynes UK
Ingram Content Group UK Ltd.
UKHW012242180624
444315UK00005B/543